基督教经典译丛

主编　何光沪

副主编　章雪富　孙　毅　游冠辉

# Hexaemeron

# 创世六日

［古罗马］巴西尔　著

石敏敏　译

**图书在版编目（CIP）数据**

创世六日／（古罗马）巴西尔著；石敏敏译．—北京：生活·读书·新知三联书店，2010.10 （2022.8 重印）
（基督教经典译丛）
ISBN 978－7－108－03512－7

Ⅰ．①创… Ⅱ．①巴… ②石… Ⅲ．①圣经－研究
Ⅳ．① B971

中国版本图书馆 CIP 数据核字（2010）第 138794 号

丛书策划 橡树文字工作室
责任编辑 张艳华
特约编辑 许国永
封扉设计 罗 洪
责任印制 董 欢
出版发行 生活·讀書·新知 三联书店
（北京市东城区美术馆东街 22 号）
邮 编 100010
网 址 www.sdxjpc.com
经 销 新华书店
印 刷 北京隆昌伟业印刷有限公司
版 次 2010 年 10 月北京第 1 版
2022 年 8 月北京第 4 次印刷
开 本 635 毫米 × 965 毫米 1/16 印张 17.75
字 数 229 千字
印 数 14,001－17,000 册
定 价 48.00 元
（印装查询：01064002715；邮购查询：01084010542）

基督教经典译丛

# 总　序

何光沪

在当今的全球时代，“文明的冲突”会造成文明的毁灭，因为由之引起的无限战争，意味着人类、动物、植物和整个地球的浩劫。而“文明的交流”则带来文明的更新，因为由之导向的文明和谐，意味着各文明自身的新陈代谢、各文明之间的取长补短、全世界文明的和平共处以及全人类文化的繁荣新生。

“文明的交流”最为重要的手段之一，乃是对不同文明或文化的经典之翻译。就中西两大文明而言，从17世纪初以利玛窦（Matteo Ricci）为首的传教士开始把儒家经典译为西文，到19世纪末宗教学创始人、英籍德裔学术大师缪勒（F. M. Müller）编辑出版五十卷《东方圣书集》，包括儒教、道教和佛教等宗教经典在内的中华文明成果，被大量翻译介绍到了西方各国；从徐光启到严复等中国学者、从林乐知（Y. J. Allen）到傅兰雅（John Fryer）等西方学者开始把西方自然科学和社会科学著作译为中文，直到20世纪末叶，商务印书馆、生活·读书·新知三联书店和其他有历史眼光的中国出版社组织翻译西方的哲学、历史、文学和其他学科著作，西方的科学技术和人文社科书籍也被大量翻译介绍到了中国。这些翻译出版活动，不但促进了中学西传和西学东渐的双向“文明交流”，而且催化了中华文明的新陈代谢，以及中国社会的现代转型。

清末以来，先进的中国人向西方学习、“取长补短”的历程，经历了两大阶段。第一阶段的主导思想是“师夷长技以制夷”，表现为洋务运动之向往“船坚炮利”，追求“富国强兵”，最多只求学习西方的工业技术和物质文明，结果是以优势的海军败于日本，以军事的失败表现出制度的失败。第二阶段的主导思想是“民主加科学”，表现为五四新文化运动之尊崇“德赛二先生”，中国社会在几乎一个世纪中不断从革命走向革命之后，到现在仍然需要进行民主政治的建设和科学精神的培养。大体说来，这两大阶段显示出国人对西方文明的认识由十分肤浅到较为深入，有了第一次深化，从物质层面深入到制度层面。

正如观察一支球队，不能光看其体力、技术，还要研究其组织、战略，更要探究其精神、品格。同样地，观察西方文明，不能光看其工业、技术，还要研究其社会、政治，更要探究其精神、灵性。因为任何文明都包含物质、制度和精神三个不可分割的层面，舍其一则不能得其究竟。正由于自觉或不自觉地认识到了这一点，到了20世纪末叶，中国终于有了一些有历史眼光的学者、译者和出版者，开始翻译出版西方文明精神层面的核心——基督教方面的著作，从而开启了对西方文明的认识由较为深入到更加深入的第二次深化，从制度层面深入到精神层面。

与此相关，第一阶段的翻译是以自然科学和技术书籍为主，第二阶段的翻译是以社会科学和人文书籍为主，而第三阶段的翻译，虽然开始不久，但已深入到西方文明的核心，有了一些基督教方面的著作。

实际上，基督教对世界历史和人类社会的影响，绝不止于西方文明。无数历史学家、文化学家、社会学家、艺术史家、科学史家、伦理学家、政治学家和哲学家已经证明，基督教两千年来，从东方走向西方再走向南方，已经极大地影响，甚至改变了人类社会从上古时代沿袭下来的对生命的价值、两性和妇女、博爱和慈善、保健和教育、劳动和经济、科学和学术、自由和正义、法律和政治、文学和艺术等等几乎所有生活领域的观念，从而塑造了今日世界的面貌。这个诞生于亚洲或“东方”，传入了欧洲或“西方”，再传入亚、非、拉美或“南方”的世界第一大宗教，现在因为信众大部分在发展中国家，被称为“南方宗教”。但是，它本来就不属于任何一“方”——由于今日世界上已经没有一个国家没有其存在，所以它已经不仅仅在宗教意义上，而且是在现实意义上展现了它“普世宗教”的本质。

因此，对基督教经典的翻译，其意义早已不止于“西学”研究或对西方文明研究的需要，而早已在于对世界历史和人类文明了解的需要了。

这里所谓“基督教经典”，同结集为“大藏经”的佛教经典和结集为“道藏”的道教经典相类似，是指基督教历代的重要著作或大师名作，而不是指基督徒视为唯一神圣的上帝启示“圣经”。但是，由于基督教历代的重要著作或大师名作汗牛充栋、浩如烟海，绝不可能也没有必要像佛藏道藏那样结集为一套“大丛书”，所以，在此所谓“经典译丛”，最多只能奢望成为比佛藏道藏的部头小很多很多的一套丛书。

然而，说它的重要性不会“小很多很多”，却并非奢望。远的不说，只看看我们的近邻，被称为“翻译大国”的日本和韩国——这两个曾经拜中国文化为师的国家，由于体现为“即时而大量翻译西方著作”的谦虚好学精神，一先一后地在文化上加强新陈代谢、大力吐故纳新，从而迈进了亚洲甚至世界上最先进国家的行列。众所周知，日本在“脱亚入欧”的口号下，韩国在其人口中基督徒比例迅猛增长的情况下，反而比我国更多更好地保存了东方传统或儒家文化的精粹，而且不是仅仅保存在书本里，而是保存在生活中。这一事实，加上海内外华人基督徒保留优秀传统道德的大量事实，都表明基督教与儒家的优秀传统可以相辅相成，这实在值得我们深长思之！

基督教在唐朝贞观九年（公元635年）传入中国，唐太宗派宰相房玄龄率宫廷卫队到京城西郊欢迎传教士阿罗本主教，接到皇帝的书房让其翻译圣经，又接到皇宫内室听其传讲教义，“深知正真，特令传授”。三年之后（公元638年），太宗又发布诏书说：“详其教旨，玄妙无为；观其元宗，生成立要。……济物利人，宜行天下。”换言之，唐太宗经过研究，肯定基督教对社会具有有益的作用，对人生具有积极的意义，遂下令让其在全国传播（他甚至命令有关部门在京城建造教堂，设立神职，颁赐肖像给教堂以示支持）。这无疑显示出这位大政治家超常的见识、智慧和胸襟。一千多年之后，在这个问题上，一位对中国文化和社会贡献极大的翻译家严复，也显示了同样的见识、智慧和胸襟。他在主张发展科学教育、清除“宗教流毒”的同时，指出宗教随社会进步程度而有高低之别，认为基督教对中国民众教化大有好处：“教者，随群演之浅深为高下，而常有以扶民性之偏。今假景教大行于此土，其能取吾人之缺点而补苴之，殆无疑义。且吾国小民之众，往往自有生以来，未受一言之德育。一旦有人焉，临以帝天之神，时为耳提而面命，使知人理之要，存于相爱而不欺，此于教化，岂曰小补！”（孟德斯鸠《法意》第十九章十八节译者按语。）另外两位新文化运动的领袖即胡适之和陈独秀，都不是基督徒，而且也批判宗教，但他们又都同时认为，耶稣的人格精神和道德改革对中国社会有益，宜于在中国推广（胡适：《基督教与中国》；陈独秀：《致〈新青年〉读者》）。

当然，我们编辑出版这套译丛，首先是想对我国的“西学”研究、人文学术和宗教学术研究提供资料。鉴于上述理由，我们也希望这项工作对于中西文明的交流有所贡献；还希望通过对西方文明精神认识的深化，对于中国文化的更新和中国社会的进步有所贡献；更希望本着中国传统中谦虚好学、从善如流、生生不已的精神，通过对世界历史和人类文明中基督教精神动力的了解，对于当今道德滑坡严重、精神文化堪忧的现状有所补益。

尽管近年来翻译界出版界已有不少有识之士，在这方面艰辛努力，完成了一些极有意义的工作，泽及后人，令人钦佩。但是，对我们这样一个拥有十几亿人口的千年古国和文化大国来说，已经完成的工作与这么巨大的历史性需要相比，真好比杯水车薪，还是远远不够的。例如，即使以最严格的“经典”标准缩小译介规模，这么一个文化大国，竟然连阿奎那（Thomas Aquinas）举世皆知的千年巨著《神学大全》和加尔文（John Calvin）影响历史的世界经典《基督教要义》，都尚未翻译出版，这无论如何是令人汗颜的。总之，在这方面，国人还有漫长的路要走。

本译丛的翻译出版，就是想以我们这微薄的努力，踏上这漫长的旅程，并与诸多同道一起，参与和推动中华文化更新的大业。

最后，我们应向读者交代一下这套译丛的几点设想。

第一，译丛的选书，兼顾学术性、文化性与可读性。即从神学、哲学、史学、伦理学、宗教学等多学科的学术角度出发，考虑有关经典在社会、历史和文化上的影响，顾及不同职业、不同专业、不同层次的读者需要，选择经典作家的经典作品。

第二，译丛的读者，包括全国从中央到地方的社会科学院和各级各类人文社科研究机构的研究人员，高等学校哲学、宗教、人文、社科院系的学者师生，中央到地方各级统战部门的官员和研究人员，各级党校相关教员和有关课程学员，各级政府宗教事务部门官员和研究人员，以及各宗教的教职人员、一般信众和普通读者。

第三，译丛的内容，涵盖公元1世纪基督教产生至今所有的历史时期。包含古代时期（1—6世纪），中古时期（6—16世纪）和现代时期（16—20世纪）三大部分。三个时期的起讫年代与通常按政治事件划分历史时期的起讫年代略有出入，这是由于思想史自身的某些特征，特别是基督教思想史的发展特征所致。例如，政治史的古代时期与中古时期以西罗马帝国灭亡为界，中古时期与现代时期（或近代时期）以17世纪英国革命为界；但是，基督教教父思想在西罗马帝国灭亡后仍持续了近百年，而英国革命的清教思想渊源则无疑应追溯到16世纪宗教改革。由此而有了本译丛三大部分的时期划分。这种时期划分，也可以从思想史和宗教史的角度，提醒我们注意宗教和思想因素对于世界进程和社会发展的重要作用。

中国人民大学宜园
2008年11月

# 目　录

# 凯撒利亚的巴西尔与
# 一种基督教神学的创立
## （中译本导言）

托马斯·卡托*

381 年的 8 月或者 9 月，纳西盎的格列高利为朋友巴西尔致葬辞，不仅称颂他在信仰上的献身精神，在哲学和修辞学上的精湛造诣，同时还赞美巴西尔家人对基督信仰的长期不屈不挠的委身。[①]他告诉我们，“巴西尔父母的主要特点就是敬虔”，他的父母“对德性有一种共同的鉴赏力”，他们因“关爱穷苦人、款待外来客”而闻名遐迩。[②]

从巴西尔弟弟尼撒的格列高利的笔下，我们也可以看到一个富足但具有非同寻常之热心的卡帕多西亚家族的生动画面，这位弟弟本人也注定作为卡帕多西亚教父之一被载入史册。在歌颂他们的姐姐玛克丽娜（Macrina）的传记里，我们读到，巴西尔（约出生于 330 年）、格列高利以及他们的兄弟瑙克拉提奥（Naucratios）都进了最好的修辞学学校，表面上是追随父亲的脚踪，但也“在敬虔的功课上接受训练”。[③]后来，由于他们的父亲过世，母亲又信奉一种严格的隐修制度，巴西尔就搬到

---

* Thomas Cattoi，加州伯克利圣克拉拉大学耶稣会神学院和联合神学研究院教授。

① 纳西盎的格列高利《神学讲演录》43（PG 36，493—605）。

② 纳西盎的格列高利《神学讲演录》43（PG 36，500b）；9（PG 36，505a）。

③ 尼撒的格列高利《玛克丽娜传》（*Vmac.*）3—12，见圣尼撒的格列高利《隐修作品集》（*Ascetical Works*，trans. By Virginia Woods Callahan，Washington，DC：Catholic University of America），163—191。

了卡帕多西亚的凯撒利亚，就是在那里遇见他的终身朋友纳西盎的格列高利。两人在君士坦丁堡学习过一段时间，有机会聆听著名的利巴尼奥（Libanios）讲课，而此人是拒不皈依基督教的极少几位修辞学家之一。他们最后在雅典待了差不多六年；4世纪中叶的雅典正处于经济文化持续复兴时期。两个好朋友在雅典肩并肩一起研究未来帝王叛教者朱利安（Julian），这段时间可说是巴西尔个人生涯中的关键时期，而这一时期的经历也确立了他作为一位基督教思想家和哲学家的自我认识。

格列高利的作品与巴西尔的作品一样，处处提到雅典人。在《自传》(*De Rebus Suis*）里，格列高利称雅典人为"希腊的荣耀"①，《生平》(*De Vita Sua*）里也不时提到雅典城；②在巴西尔的葬礼演说上，他抒情般地谈到"雅典，辩才之乡；雅典，在我心目中，如在任何人心目中一样，是真正的黄金之城，一切美善之物的扶持者"。③ 但是，他意识到雅典"对灵魂之事是有害的"，因而他的热情才有所缓和。在《生平》里他说，他总是想方设法利用"出身不正的文字"——古典哲学和文学——服务于"真正的文字"，即基督教圣经。④ 根据格列高利的记载，当他与巴西尔来到雅典时，年纪尚轻，但他们的信仰已经很稳固，所以他们在那里经历的一切都使他们更加坚定。与奥利金年轻时非常相似，他们的目标是成为基督教修辞学家；他们在文字的技巧上花了大量时间，但是"就是这些"，格列高利说，"我也置于基督的脚下，向永恒的上帝之道致敬"。⑤

年事渐高之后，巴西尔对他年轻时如此热衷于文字领域大加批判，他写的大量书信都对非基督信仰的理智形式提出很多批评。有些书信强

① 纳西盎的格列高利 *De Rebus Suis*，96—98，收于卡洛林·怀特（Caroline White）《圣纳西盎的格列高利：自传体诗集》，Cambridge：Cambridge University Press，1996。

② 纳西盎的格列高利《生平》(*De Vita Sua*）113（trans. By Christoph Jungck. Heidelberg：Carl Winter Universitatsverlag，1974）。

③ 纳西盎的格列高利《神学讲演录》43，14（PG 36，513—514）。

④ 纳西盎的格列高利《生平》113。

⑤ 纳西盎的格列高利《自传》98。

调指出，他的家庭和祖先因信基督而遭受很多磨难，这对他的灵性发展影响最大。① 在另一封信里，他进一步声称“在被上帝变为愚昧的那种智慧的空洞教训上浪费了大量时间”之后，他醒悟了，“如同从沉睡中”清醒过来，仰望“福音那奇异的光”，他认识到世俗智慧实际上徒劳无益。② 巴西尔没有说他这一叙述是指一种特殊的皈依经历，或者——更有可能——指渐渐对世俗教育不抱任何幻想。我们所知道的一点是，在357年，巴西尔受洗之后，就游历到叙利亚、巴勒斯坦、埃及等东方地区学习更多关于隐修生活的知识。然而，巴西尔与几十年后的本都的埃瓦格里奥（Evagrios of Pontos）不一样，他没有发现单独隐修的魅力，而是选择回到故土建立一个宗教团体，这个团体吸纳了他家族里的许多成员。几年后，在362年，巴西尔成了一位执事；365年，他得到祭司职分，370年被选为继优西比乌后的凯撒利亚主教。巴西尔委身于教牧之职并没有妨碍他持续不断的写作，作品中有些是释经的，有些是告诫的，有些则讨论更思辨的神学问题，其中主要是对三位格之间关系的争论。本书的两篇作品——《创世六日》和《论圣灵》——表明巴西尔对释经学和三一论发展的贡献，但更广泛地说，这证明了他相信基督教神学源于一种活生生的灵性实践。正是这种灵性经验的背景，使巴西尔能够从古典文化遗产中找到用于为真理斗争所需要的材料，而把其余无益或有害的东西丢弃。格列高利在379年巴西尔逝世后谈到巴西尔和他自己时，自豪地说：“我们［从古典文化］采纳了探究和思考的原则，同时我们拒斥了一切通向恶灵、错误和地狱的东西。”基督教隐修主义教导他们“分辨善恶”，分辨异教学问中的瑕疵，使他们自己的教义坚不可摧。③

早在400年的时候，巴西尔的大部分作品都已译为其他语言，现存的有叙利亚语、格鲁吉亚语、拉丁语、亚美尼亚语、科普特语、阿拉伯

---

① 参见凯撒利亚的巴西尔《书信》204，210（PG 36，743—756；767—778）。
② 凯撒利亚的巴西尔《书信》223，2（PG 32，323—324）。
③ 纳西盎的格列高利《神学讲演录》43，11（PG 36，507—510）。

语、古斯拉夫语。第一个现代印刷版本由哲罗姆·弗洛本（Jerome Froben）于1532年出版，但弗洛本没有把巴西尔专门为隐修实践而写的作品包括进去。1535年，雷金纳德·波勒（Reginald Pole）出了第二版，这是一个更为完整的版本，在18世纪修道院院长圣莫尔（Saint Maur）的本尼迪克版出现之前一直都被作为标准版。1857年，米涅（Migne）基本上重印了所谓的莫尔版，称为《希腊教父集》(*Patrologia Graeca*)，不过，里面有很多讹误和遗漏。[①] 1968年，斯坦尼斯拉斯·吉特（Stanislas Giet）为"基督教文献资料"(*Chretiennes Sources*）丛书推出了《创世六日》，随后贝诺特·普鲁奇（Benoit Pruche）1947年为同一文集出版了《论圣灵》。这里第一次向中文读者推出的巴西尔的这两篇作品就是以这两个版本——分别重印于2002年和2006年——为参考的标准。我们可以期待，随着中国对西方思想的兴趣越来越大，越来越多的巴西尔和其他早期基督教作家的作品将渐渐有中文版面世。

《创世六日》的九篇布道书是作为一种赎罪操练在凯撒利亚宣讲的，就如禁食期间——比如基督降临节和四旬节期间——典型的做法。虽然没有明确的信息可供我们判断布道书的写作时间，但其中偶然提到巴西尔作为教牧者的责任，又讲到教会在抨击异端之后终将享有一段和平时期，根据这些我们可以推测，《创世六日》可能写于巴西尔被选为主教之后。[②] 前四篇布道书与后四篇均系为期两天的讲演，第五篇是一个插曲，可能是某一天因为经过了较长时间的崇拜仪式，再讲两个布道书显然不现实，故而就有了这样一个讲演。第一天，巴西尔上午讨论天地的被造（布道书一），晚上接着讲光的被造（布道书二）。第二天，巴西尔上午讲论天空的被造（布道书三），晚上论及诸水的聚集（布道书四）。布道

---

① 关于巴西尔作品的现代出版史，见斯蒂芬·希尔德布兰特（Stephen Hildebrandt）《凯撒利亚的巴西尔的三一神学：对希腊思想和圣经真理的一个分析》(Washington, DC: Catholic University of America Press, 2007) 193—194。

② 凯撒利亚的巴西尔《创世六日》4（SC 26bis, 39E)。

书五讨论植物的被造，从而结束对前三天创世的探讨。第三天，巴西尔上午思考日月星辰的被造（布道书六），晚上讲爬行动物的被造（布道书七），由此在一天之内讨论了创世的第四天和第五天。最后一天的讲论覆盖创世的第六天即最后一天，上午讲飞鸟的被造（布道书八），晚上讲地上活物的被造（布道书九），还简要涉及人的被造。

按当时的惯例，巴西尔用的圣经是希腊文七十士译本，从未想过希伯来原文。巴西尔的主要意图是注释经文，因而他的目标是为听众梳理出属灵的意义，但他采用了今人称之为跨学科法的进路；历史、地理、动物学、天文学、数学、气象学、植物学方面的参考资料遍布全文，还不时提到古典的文学、哲学作品，当然还有圣经的其他经文。我们从这九篇布道书里一次又一次地看到，对巴西尔来说，神学的任务就是证明神的启示如何成全，如何从根本上终结古典学术的见解和智慧。《创世六日》有许多段落揭示神性三位格的活动，但这不是三一神学作品；巴西尔想要表明整个创世是作为造物主之上帝的作为，他的神圣计划确保所有造物都走向各自的目标，都是圣爱的领受者。巴西尔强调宇宙的秩序性，也同样强调这种秩序与在圣经里所发现的道德诫命最终是一致的。前两天讨论创世时还常常转向思考不同的哲学体系，而后两天的讨论则完全致力于道德教导。

《创世六日》是巴西尔的晚年作品，因此，我们可以从中粗略地了解他成熟时期的思想，这时的他对圣经智慧与世俗知识之间的关系已经历多年思考，对这个问题的看法已经趋向精致完善。本作品采取布道书的形式，而这提醒我们注意，在阅读《创世六日》时不应寻求关于创世的一个系统化神学。尼撒的格列高利在为哥哥的作品辩护时，似乎想要说明巴西尔不愿意从事更抽象的思考是有道理的，他指出巴西尔“面对大庭广众讲话时，总是想方设法使用听众听得懂的语言”。事实上，巴西尔的听众中有不少人能够参与深奥的哲学谈话，但更多的人“不可能从事更深的思考，他们只是普通民众、体力劳动者、不曾受过文科七艺教育的妇女、少年人和老年人”。[①] 事实上，在这一方面，《创世六日》达到了自己的目标；巴西尔并没有因对手的反对而离开自己的轨道，他努力通过向听众揭示圣经的奥秘，激励他们振奋精神。尼撒的格列高利注释《创世记》时使用历史和比喻描述上帝的内在生命（神圣的逻各斯——道），因而其圣经注释必然试图揭示神圣计划的内在一致性，而巴西尔只限于对创世故事的各个不同部分加以注释，并不试图将它们纳入一个宏大的理论体系。[②]

格列高利在评论《创世六日》时指出，上帝的创造行为怎样在创世的一瞬间就使其旨意[③]渗透整个宇宙，这旨意决定造物后来在一切方面的变化和显现。从这个角度看，我们必须专注于特定陈述的含义，对经文的理解不能只求它的寓意，或者只求它的字面意义，而是“保留”经文的字义，同时能够提炼出它的哲学意义。[④] 然而，格列高利似乎更愿意接受寓意解释，在为寓意解释辩护的时候，甚至基于这样的理由：这是经文真实的字面含义；他指出质料的创造不可能与理智的创造相混合，所以声称，论到高处的水与低处的水分开的段落表明，天使之族超越于自然世界。[⑤] 巴西尔则相反，只要寓意解释不敬地抛弃圣言本来的含义，将它们用于人的某些推测，[⑥]他就公开指责寓意解释。在他看来，高处的水不是别的，就是水；亚当和夏娃不是别的，就是我们的始祖，有自己的特质；创世故事里的每一个词都应当从字面意义去理解。在最后一篇布道书里，巴西尔清楚地说，“在我，青草就是青草；无论是植物，是鱼，是野兽，是家禽家畜，我都按字面意思理解。因为‘我不以福音为耻’。”这种字面意义论使巴西尔得出一些同时代的读者可能觉得难

---

① 尼撒的格列高利《〈创世六日〉辩护篇》(*Apologia in Hexaemeron*) (PG 44，65a)。
② 尼撒的格列高利《驳欧诺米》(*Adversus Eunomium*)，12 (PG 45，996d)。
③ 尼撒的格列高利《〈创世六日〉辩护篇》(PG 44，77d)。
④ 尼撒的格列高利《〈创世六日〉辩护篇》(PG 44，124b)。
⑤ 尼撒的格列高利《〈创世六日〉辩护篇》(PG 44，76cd，124b)。
⑥ 凯撒利亚的巴西尔《创世六日》(SC 26，15)。

以接受的结论，比如：天空和诸天是两种不同的实体。[①] 同时，如果有经文作证据，巴西尔并不拒绝多种意义解释的可能性，比如，在论到有神的灵在水面上运行这一段，巴西尔声称经文直接谈及的是风（空气的弥漫），但我们甚至可以在这段话里看到圣灵，只要这样的理解可以使人从中受益。[②] 因此，无论是尊重术语的字面含义，还是有时引申为灵意解释，都是为了使读者能从经文中汲取灵性上的益处。

然而《创世六日》——还有格列高利对它的注释——并非试图表明圣经故事包含了对一切有关创世和宇宙结构的问题的回答。比如，在第九篇布道书里，巴西尔指出《创世记》根本没有讲到日食的原因，也没有对地球的真实大小提供任何暗示。究其原因在于，圣经向那些能够看见的人提供有关不可见世界的准确线索，但对我们不应感兴趣的问题保持沉默，因为它们无益于教化我们的灵魂。[③] 在为巴西尔的《创世六日》辩护时，尼撒的格列高利一度讲到"我们没有必要费力地寻求真理的一切痕迹"[④]，相反，正是借助于可能性，思考才引导我们走向真理。[⑤]格列高利与其说是对实体（reality）的确定性感兴趣，不如说是对突现其逻辑结构感兴趣，而后者是神圣智慧的一面镜子。巴西尔似乎嘲笑那些追逐世俗智慧的人，他们终其一生致力于无法解决的问题，比如元素的数量问题。在第一篇布道书里，他指出，在有些人看来，诸天是由四种元素构成的，但有些人拒绝这个观点，认为它站不住脚，又假定了第五种元素的存在；然而还是有人不接受这种回答……[⑥]巴西尔告诫听众不要去寻找答案，这样的答案不是我们力所能及的；试图去弄明白是否有一个支撑大地的三角墙，这只能使我们迷惑而混乱。[⑦] 在巴西尔，圣经

---

① 凯撒利亚的巴西尔《创世六日》(SC 26，23e)。
② 凯撒利亚的巴西尔《创世六日》(SC 26，18b)。
③ 凯撒利亚的巴西尔《创世六日》(SC 26，80e)。
④ 尼撒的格列高利《〈创世六日〉辩护篇》(PG 44，97a)。
⑤ 尼撒的格列高利《〈创世六日〉辩护篇》(PG 44，100b)。
⑥ 凯撒利亚的巴西尔《创世六日》(SC 26，10d)。
⑦ 凯撒利亚的巴西尔《创世六日》(SC 26，9ab)。

的话为我们提供通向真理的路径，而世俗智慧只能以其荒谬的推论使我们混乱。①

鉴于这些考虑，我们在阅读《创世六日》时，可以认为这是巴西尔关于神圣启示与世俗学识之间关系问题的定论。这个问题，如我们提到的，在其他卡帕多西亚教父的作品中一再地出现。为“基督教文献资料”丛书编辑《创世六日》的斯坦尼斯拉斯·吉特指出，吊诡的是，这篇作品论到世俗学识时总是带着悲观主义，而这种悲观主义可以在柏拉图本人的作品中找到根源。② 在《蒂迈欧篇》里，我们看到很多段落反思属人推论的错谬，甚至认定必须有神的介入。人的智慧所能获得的东西是可能性，不是确定性；“雅典哲学家说：唯有神的介入才能确保我们找到真理”。③ 大多数时候，如果我们对实体的描述与世界实际的情形一致，那我们就应对已经取得的知识心满意足，而不应奢求更多。柏拉图甚至说“唯有神能够混入单一的成分，然后又将它们分开。没有人具有这种能力，他也永远不可能有这种能力”。巴西尔对人的能力或者世俗学问持不信任的态度，而且整部作品都是如此，所以他对那些博学的人不能明白人性的内在有限性感到非常悲哀：“有些人有能力极其精确地思考某些转瞬即逝的对象，但是一涉及人的才智和技能从何而来的问题，他们就束手无策了。其实他们只缺乏一样技能：就是使他们发现宇宙之创造主上帝的技能，有了这种技能，他们才可能领会与审判论相一致的世界结构。”从这个角度看，神圣启示超越并成就人智力的见解，后者最大的危险就是自我封闭，不接受更高智慧的暗示。《创世六日》使我们将《创世记》里关于创世的叙述看做神圣教育上的一次操练；在巴西尔看来，思考并反思这卷书，可以使我们洞悉神对宇宙的计划，而这一计划的最终目标则是对人类的救赎，我们永远不可忘记这一点。

---

① 凯撒利亚的巴西尔《创世六日》(SC 26，30e)。

② 见斯坦尼斯拉斯·吉特《〈创世六日〉导论》32—47。

③ 柏拉图《蒂迈欧篇》72de。

事实上，如斯蒂芬·希尔德布兰特（Stephen Hildebrandt）在研究巴西尔三一论时指出的，在巴西尔看来，救赎就是知识本身。[①] 奥古斯丁关注人的意志，它知道何为对，何为错，但不能依此行动；巴西尔则坚持认为，罪是因为无知而引发的。在《论圣灵》里我们看到一个段落直接复述柏拉图《理想国》第七卷里著名的洞喻神话，这个神话描述了心灵如何被从无知的黑暗里引出，进入知识的光明之中。[②] 圣经里之所以有这样一个循序渐进的进程，原因在于上帝让"我们先是学习基础性的、较容易的课程，就是那些与我们的智力相适合的内容，同时我们命运的管理者始终引导我们向上，使我们渐渐习惯，就如眼睛离开黑暗，抬升到伟大的真光。"[③]然后引我们走向完全。上帝丰富的智慧何其深，他智性的判断何其难测；他宽恕我们的软弱，开出这样温和的处方，以适合我们的需要，使我们逐渐习惯先看物体的影子，看水中的太阳，以使我们避免一下子撞上纯净未有掺杂的真光而变成瞎子。[④] 智力逐渐上升到真理这个观念与本都的埃瓦格里奥作品里的灵性进步可谓很相似，后者约于相同时代在埃及将奥利金主义传统与科普特的修道主义融合为一种新的灵性生活观，这种观点影响苦修实践达几个世纪。[⑤] 在《论圣灵》里，救赎并不要求必须从罪到义的转变，但这种转变伴随着从无知到有知的转变。罪为何使我们无法辨认上帝为人制定的计划，原因在于"属肉体的人，就是心窍从未习练通达，反倒沉溺于对肉体的体贴之中，就如陷在烂泥里的人，没有力量仰望真理属灵的光"。[⑥]

因而，《论圣灵》不仅是巴西尔论三一神学的主要论著，也是最完全地阐述巴西尔信念的作品，他坚定地相信，救赎论、救赎史和对三一奥

① 斯蒂芬·希尔德布兰特《凯撒利亚的巴西尔的三一神学》174。

② 柏拉图《理想国》(514a—17c)。

③ 凯撒利亚的巴西尔《论圣灵》14，33（PG 32，27e)。

④ 凯撒利亚的巴西尔《论圣灵》14，33（PG 32，27e—28a)。

⑤ 见比如埃瓦格里奥《论祷告的一百五十三段经文》，G. E. H. Palmer，P. Sherrard and Kallistos Ware，*Philokalia* Vol. 1 (Faber and Faber，London，1979)，55—72。

⑥ 凯撒利亚的巴西尔《论圣灵》22，53（PG 32，46a)。

秘的神学思考是内在一致的。巴西尔娴熟地将这些主题融合为一个统一的体系，但我们不能因此忘记，巴西尔自己的三一神学经历了一个漫长的发展过程，他后来的神学立场往往与前面的各个阶段完全不同。鉴于他后来比较赞同尼西亚正统论，其早期作品中最令人瞩目的是其神学术语的可塑性，因为他为与有争论的正统信仰观点相关的术语留出余地。

比如，我们可以看看巴西尔怎样改变对本质同一（homoousios）这个术语的态度。这是阿塔那修三一神学的一个关键术语。在写于约360年的一封信里，巴西尔声称他对使用这种术语持保留意见，怀疑这个词是否能指父与子；他还表明他赞同使用homoios（相似）这个词，认为可以说子与父本质“相似”。然而，几年后，巴西尔表明自己更欣赏本质同一，但他并没有说其他术语不恰当。亚历山大的狄奥尼修斯（Dionysius of Alexandria）是3世纪的一位主教，曾是著名的亚历山大学派的领袖；巴西尔在评论他的作品时认为，他在父与子之间做出位格上的区分是对的，但他进一步确立这两个位格之间“本体上有区别，权能上有大小，荣耀上有变化”，是完全错误的，并对此做了猛烈抨击。[①] 巴西尔还批判欧诺米（Eunomios）的观点，后者表面上承认“相似”这个术语是合宜的，但指出，子是被造的，是父在时间中生育的。[②]一方面，巴西尔说诸如此类的术语其实是第二位的，因为凡是质疑定型的父子同质论的，不论他使用什么样的术语，都是异端。另一方面，巴西尔也指出，“本质同一”更可取，因为这个术语不太容易被歪曲。后来，他论到圣灵时使用homoios，也时常与其他术语比如isos和tautos结合起来使用。[③]

在后来的一篇布道书《驳撒伯里乌、阿里乌和非相似派》（*Contra Sabellianos et Arium et Anomoeos*）里，巴西尔批判撒伯里乌混淆本体（ousia）和位格（hypostasis），指出撒伯里乌主义者声称尼西亚会议支持他们的观点

---

① 凯撒利亚的巴西尔《书信》9，2（PG 32，267—272）。
② Eunomios，*Lib. Apol.* 21—22.
③ 凯撒利亚的巴西尔《论圣灵》8，21（PG 32，18c）。

是错误的。撒伯里乌的信徒没有质疑三一体里三个主体性原则之间的分别，但他们更愿意使用 prosopa 这个词表示这三个有分别的实体；同时，他们保留 hypostasis 表示分有同一本性的位格，4 世纪早期的这种用法甚至可以在阿塔那修的作品里找到痕迹。在巴西尔看来，那些论断三位格（prosopa）之间有分别，然后声称父、子和圣灵的 hypostasis 是“一”的人，犯了大错，而且不明智地弱化了三一体中三行动者之间的分别。[①] 三一体中的三位格是有分别的，即使当他们联合起来救赎人类时。

父、子和圣灵在经世行为上的联合本性是《论圣灵》里的核心主题，如我们从巴西尔讨论洗礼这一圣礼时所看到的。我们前面说过，救赎源于对神圣实体的认识，所以在洗礼套语中，对三位格都得求告。斯蒂芬·希尔德布兰特指出，人不可能只在父里受洗，因为耶稣本人在跟门徒离别时说，若不是子，我们就不可能认识或者明白父。[②] 然而，即使子使我们认识父，我们仍然不可能只在父和子的名里受洗而没有圣灵。原因在于，在巴西尔看来，一方面子是父与人的中保，另一方面，圣灵则是人与子的中保。《哥林多前书》12：3 里的经文——“若不是被圣灵感动的，没有人能说‘耶稣是主’”——是巴西尔自己思考的基础，因为他基本上是从认识论方面来看子与圣灵的中保地位。圣灵若不通过子与父结合，就不可能启示人，使之成圣，或者支配他。因此，圣灵必然全然分有三一体里其他位格的神秘性，否则他就不可能将关于父和子的知识传给人。

注意以下这一点很重要，即对巴西尔来说，仅仅以圣经为基础不可能证明圣灵的完全神性。他复述了在纳西盎的格列高利反驳欧诺米主义者的作品里也可看到的一个论证，承认旧约和新约都没有以精确的形式使用哲学专论中典型的语言，所以，当欧诺米主义者将经文脱离圣

---

① 凯撒利亚的巴西尔《书信》214，3（PG 32，785—788）。
② 《约翰福音》14：9。

经原有的上下文，认为从单个句子可以洞见上帝的本性时，就犯错了。这种方式尤其见于《论圣灵》的那些章节——巴西尔集中讨论诸如“藉着圣灵”、“在圣灵里”以及“与圣灵”这些不同表述的含义。到了4世纪，荣耀颂套语“荣耀在圣灵里藉着子归于父”已经使用了一段时间，但它的结构容易导向与尼西亚正统教义不吻合的从属论解释。根据阿里乌主义者，圣灵不能与父和子同数，这就导致，不能给予圣灵同等的尊荣，或者说，其不配得到同等的尊崇。出于这样的原因，巴西尔引入套语“荣耀归于父、子与圣灵”，强调三一体里三位格的同等尊荣。① 在《论圣灵》里，巴西尔告诉我们，阿里乌主义者怎样基于《哥林多前书》8：6②把“本于他”的话归于父，“藉着他”的话归于子，“在他里面”归于圣灵。③ 巴西尔告诉我们，阿里乌主义者埃提乌（Aetius）认为“本于他”指明创造宇宙所用的质料，“藉着他”表明完成创世所用的器具或者工具，而“在他里面”是指创世发生的时间或空间。巴西尔指出，单纯地将三个介词中的一个与父相联系，一个与子相联，一个与圣灵相联，是一种误导人的进路，揭示了阿里乌主义者仍然沉迷于古典语文学中。这里再次显示，对“世俗学问”持不批判态度是导致错误的原因。巴西尔在《论圣灵》26补充说，对“在圣灵里”这个表述，不必因为阿里乌主义的解释就加以拒斥；事实上，它指出正是圣灵使我们处于敬拜父和子的状态之中。④

《论圣灵》第二部分讨论大量关于圣灵的“论题”，在讨论时巴西尔一并论到对一切可能的异议的驳斥。在第一个论题里，巴西尔开始探讨*pneuma*（圣灵）的含义，指出圣灵不可能受限制，而是全能的，全知的，以无限的善为特点；圣灵也是绝对不变的，是圣洁和完全的源泉；

① 凯撒利亚的巴西尔《论圣灵》1，3（PG 32，71c）。
② “一位神，就是父，万物都本于他……一位主，就是耶稣基督，万物都是藉着他有的。”
③ 凯撒利亚的巴西尔《论圣灵》2，4；3，5（PG 32，4bc；5ac）。
④ 凯撒利亚的巴西尔《论圣灵》26，63（PG 32，53b—d）。

最后，圣灵可以给予不同的人，同时保持整体不变。[1] 然后他指出，个人必须在道德上是纯洁的，才能领受圣灵。事实上，只有当我们“摒弃恶欲”的时候，圣灵才会进入我们，而恶欲通过与肉体的友好关系进入我们心里，离间我们与上帝的亲密关系。[2] 一旦内在得以洁净，灵魂就能够与圣灵建立某种关系，并因而建立与父和子的关系。巴西尔认为圣灵显明了“不可见者的像”(子)，向那些配得这种知识的人显明，通过这个像，人才可能上升到“不可言说的原型的美”(父)。显示父这个原型的是子，但是引导人上升到他面前的却是圣灵。[3]

在接下来的部分里，巴西尔讨论天使的被造，进一步探讨圣灵与父、子的关系。如斯蒂芬·希尔德布兰特所说的，根据巴西尔，三一体里的位格在创世中担当不同的角色：父发令，子创造，圣灵圣化。[4] 巴西尔论断，这种动力学体现在创造天使中；父决定要创造天使，子实际地创造了他们，而圣灵使他们成圣。事实上，天使并非天然就是圣洁的，正是圣灵使他们成为圣洁的，即使——与人不一样——这种成圣并不是经历时间之后才发生的，天使乃是从被造之初就成为完全的。[5] 所以，如果圣灵不是与三一体的其他两个位格同实质，并且拥有同等的尊荣，那么天使不可能是圣洁的。巴西尔写道，如果圣灵处于从属位置，“那么天使一族就被解散，天使长的主权就遭破坏，一切都陷入混乱，他们的生命不再有法则、秩序和特性”。[6] 显然，如果天使没有经圣灵而得圣化，他们就不可能看见父，因为我们从圣经知道，唯有圣灵显明了奥秘（林前2：10)。巴西尔用一个诗化的比喻指出，没有圣灵，任何人想要见父就如同有人夜间住在一个房子里，所有光都灭了，他的眼睛无法

---

① 凯撒利亚的巴西尔《论圣灵》9，22 (PG 32，19c—20a)。
② 凯撒利亚的巴西尔《论圣灵》9，23 (PG 32，20a)。
③ 凯撒利亚的巴西尔《论圣灵》9，23 (PG 32，20b)。
④ 斯蒂芬·希尔德布兰特《凯撒利亚的巴西尔的三一神学》182。也见巴西尔《论圣灵》16，38 (PG 32，32b)。
⑤ 凯撒利亚的巴西尔《论圣灵》16，38 (PG 32，33d)。
⑥ 凯撒利亚的巴西尔《论圣灵》16，38 (PG 32，32de)。

发挥正常的功能，因为他无法分辨对象的真正价值，他会把金子当做铁。①

《论圣灵》的最后部分包含一系列论证，基于圣经段落，进一步探讨圣灵的完全神性。比如，在《帖撒罗尼迦后书》3：5保罗说："愿主引导你们的心，叫你们爱上帝，并学基督的忍耐。"在巴西尔看来，因为这段话里的"上帝"显然指父，所以，"主"必然是圣灵，因而必然是圣的，这样才能完成这一任务。②在同一部分里，巴西尔引用《哥林多后书》3：14—17，在那里保罗告诫读者，"直到今日"，许多人读圣经却找不到里面的基督，似乎有一块帕子蒙在他们心上。然而，保罗写道：人的心"几时归向主，帕子就几时除去了。主就是那灵"。保罗是要抨击不能在摩西律法里看到基督降临之暗示的犹太人。在巴西尔看来——在这点上与奥利金一样——正是圣灵使人找到圣经里的基督，甚至在我们没有看到直接提及基督的话时，也能找到基督。领受了圣灵的基督徒能够透过字义的含糊性抓住无法言喻的真理。③

虽然读者在《论圣灵》里能看到巴西尔最全面的圣灵论，但我们不应忘记，巴西尔还著有其他作品，比如《驳欧诺米》，讨论三位格之间的关系。在《驳欧诺米》里，巴西尔探讨了三位格之间关系的本质，质疑为支持世俗的或本体论的父、子、圣灵从属论而提出的各种论证。无论是在《驳欧诺米》里，还是在《论圣灵》的后面部分，巴西尔都有效地使用圣经和他的朋友纳西盎的格列高利或者他的弟弟尼撒的格列高利作品中出现过的反思性论证：父、子乃至圣灵，彼此同质，因此彼此共契。④各位格之间的共契并不反映样式或者形状的一致（因为毕竟永恒的父在样式和形状之外），而是指具有同等的权能，这种权能联合起来共

① 凯撒利亚的巴西尔《论圣灵》16，38（PG 32，33ab）。
② 凯撒利亚的巴西尔《论圣灵》21，52（PG 32，44b）。
③ 凯撒利亚的巴西尔《论圣灵》21，52（PG 32，44e—45a）。
④ 凯撒利亚的巴西尔《驳欧诺米》1，20（SC 299：242，4—6）；关于类似的论证，《论圣灵》26，64（PG 32，53e—54b）。

同创世。①

在阅读《论圣灵》和《创世六日》时，都应与巴西尔的其他大量著作联系起来看；不仅如此，还应当将其放置于更广阔的4世纪希腊神学背景之下，当时基督教与古典文化相遇，导致一种思想大融合，决定了直到现代的基督教神学的发展路途。从伟大的尼西亚会议（325年），到第一次君士坦丁堡会议（381年），最后再到卡尔西顿公会议（451年），渐渐出现了一种条理清晰的神学正统论，围绕两条基本教义——神的三一本性，永恒之道化为肉身——确立了规范的概念界限，构成基督教世界观。凯撒利亚的巴西尔不仅在后来与纳西盎的格列高利和尼撒的格列高利一起成为著名的卡帕多西亚教父，而且与一个世代前的亚历山大的阿塔那修和一个世代后的西利尔（Cyril）并列，成为促使基督教神学发展为一门知识学科、一种新的知识分支的主要贡献者。

① 凯撒利亚的巴西尔《驳欧诺米》1，23（SC 299；254，13—20）；《论圣灵》26，64（PG 32，53e—54b），所谈到的权能是使个体圣化得以成全的权能。

# 创世六日

# 导　　言

《创世六日》是圣巴西尔关于《创世记》开篇几章宇宙起源所发表的九篇布道书的题目。至于这些布道书发表于何时何地，完全不得而知。它们是在大斋节期间的早祷和晚祷礼拜上的布道，并且看起来听众都是做工的人［《布道书》（三）1］。有观点认为，这些布道都是即兴演讲，与公认的巴西尔的惯常做法相一致，①《布道书》（八）中的有些话证实了这一点。《布道书》的内文风格也指向同样的方向，因为可以想象，像《论圣灵》这样的为阅读而写的作品，与准备在公众场合演讲的作品，两者的风格有明显的差异，《创世六日》的种种迹象表明它是一部口头作品。

在早期历史中这是巴西尔最著名也最受人褒扬的作品。福提乌（Photius，Migne，Pat. Gr. cxli）把它放在首位，热情地谈到它雄辩的力量和磅礴的气势。他愿意把它作为演说的一个典范，与柏拉图和德摩斯梯尼（Demosthenes）的作品相提并论。

苏达斯（Suidas）专门挑出这部作品大加赞美。哲罗姆（Jerome，*De*

① 参见 Rufinus 2.9。

*Viris Illust.*）在巴西尔众多的作品中只提到《创世六日》、《论圣灵》和《驳欧诺米》。

巴西尔的朋友们对这部作品也评价甚高，认为它是最值得期许的。纳西盎的格列高利（Gregory of Nazianzus）说："每当我拿起他的《创世六日》，引用其中的话，我就被带到造物主面前，与他面对面：我开始理解创造的方式：当我单单注目于上帝的工作时，我感受到前所未有的敬畏。"（《神学讲演录》43.67）

巴西尔的弟弟格列高利在他自己的《创世六日》的序言里夸张地谈到巴西尔的作品是受圣灵感动而作，并且在他看来，与摩西的作品一样妙不可言。

安波罗修（Ambrose）的《创世六日》与其说是对巴西尔这篇作品的翻译或改编，不如说是一种模仿。巴西尔的《创世六日》被欧大悌（Eustathius）译成拉丁文（约公元440年），据说6世纪的西徐亚（Scythia）修士狄奥尼修斯·厄克西古斯（Dionysius Exiguus）也曾翻译过这部作品，我们今天从救主诞生开始计算纪元的惯例就是由他而来的。

## 布道书（一）

起初上帝创造天地。

1. 没错，人若要叙述世界的形成，就应从支配可见事物的美好秩序开始。我现在准备讨论天地的创造。天地可不是如有些人所设想的那样，是自发产生的，天地乃是上帝所造。什么样的耳朵才配聆听这样的故事呢？灵魂该怎样热切地预备接受如此崇高的教导！它应当如此纯洁地脱离属肉的情绪，如此地不被世俗的焦虑所遮蔽，如此积极而热切地钻研，如此渴望在它周围寻找与上帝相匹配的上帝观！

不过，在思索这句话的正确性，考察这短短几个词所包含的全部意义之前，我们要先看看是谁在向我们这样说话。因为即使我们智力不高，无法洞察作者的思想深处，我们也会被他权威的力量吸引，不由自主地对他的话深信不疑。要知道，编写这段历史的乃是摩西。这位摩西，当他还吃奶的时候就被描写为俊美非凡，[①] 法老的女儿收养了他，使他接受了王子的教育，得到埃及智慧人的教诲；[②]然而，他鄙视王室的浮华，与同胞们共同面对他们的卑微处境，宁愿与上帝的百姓一起受苦，也不愿享受短暂的罪中之乐；摩西天性热爱正义，甚至在未受命担当上帝百姓的领袖之前，就出于对邪恶的天生憎恶，对作恶者穷追猛击，乃至以死惩罚他们；摩西被那些曾受他保护的人驱逐，急速逃离埃及的骚乱，在古实（Ethiopia）避难，远离先前的那些追求，在沉思自然中度过了四十年，最后在八十岁的时候，他看见了上帝，对人来说这是在可能的意义上看见了上帝；或者毋宁说，上帝以前从不曾允许人看见他，就如上帝亲自见证的："你们中间若有先知，我耶和华必在异象中向他显现，在梦中与他说话。我的仆人摩西不是这样，他是在我全家尽忠的。我要与他面对面说话，乃是明说，不用谜语，并且他必见我的形像。"[③] 唯有摩西这个人，上帝认为他配看见上帝，面对面地看见，就像天使那样，也正是他把他从上帝那里领受的知识传授给我们。那就让我们聆听这些真理的话语吧，它们不是出于"人之智慧委婉的言语"[④]，乃是在圣灵吩咐下写的，不是为了得到听众的掌声，而是为了叫受教诲的人得救。

2. "起初上帝创造天地。"[⑤] 这一思想令我钦佩不已。首先我该说什么呢？该从哪里开始我的故事呢？我是该先指出异教徒的虚空，还是该赞美我们信仰的真理呢？希腊哲学家费尽力气解释自然，但没有一种体系是立场坚定、不可动摇的，所有理论都被各自的后继者推翻。我们不

① 《使徒行传》7：20。
② 参见 Joseph. 2. 10. 2。
③ 《民数记》12：6、7、8。
④ 《哥林多前书》2：4。
⑤ 《创世记》1：1。

必愚蠢地一一驳斥它们，因为它们自身就足以彼此摧毁。那些无知至极、不可能获得关于上帝的知识的人，是不会承认宇宙诞生时有个智性的原因掌管，这是导致他们陷入可悲结论的主要错误。这些人中，有的求助于质料原理，认为宇宙的起源出于世界的几种元素；[①]有的猜想原子[②]和不可分物体、分子和波道通过结合构成了可见世界的本质。原子的重合或分离导致事物的产生和毁灭，最稳定的物体之所以持续存在，全在于原子彼此之间的吸引力——这些著作家为天地、为海洋找到的是如此软弱无力的起因，如此不堪一击的连贯性，他们编织的是一个真正的蜘蛛网！这恰恰因为他们不知道如何说"起初上帝创造天地"。他们被与生俱来的无神论蒙蔽，所以在他们看来，没有什么事物管理或统治着宇宙，一切都受制于或然。为使我们避免这种错误，《创世记》作者开头第一句话就教导我们，以上帝之名开启我们的智慧："起初上帝创造。"多妙的遣词造句啊！他首先确定有一个开端，免得有人以为世界从来就没有开端。然后他加上"创造"一词，表明被造的事物只是造物主的权能中微不足道的一部分。就如制陶匠，虽然付出相当大的劳动制作了大量器皿，但无论是他的技艺还是他的天赋，都没有因此衰竭。同样，宇宙造主的创造力能够扩展到无限，远不是一个世界所能束缚，他只要一发念，浩瀚无际的可见世界就立即形成。既然这世界有一个开端，既然它是被造的，那么就要问，是谁给了它开端，是谁创造了它？或者毋宁说，摩西担心属人的推理会使你们偏离真理，就预先想到了这样的问题，就把上帝这个令人敬畏的名字刻在我们心里，就如一个封印和一道安全屏障："起初上帝创造"——正是这位"起初创造天地"的上

---

① 参见 Letter 8. 的注释中论到的伊奥尼亚哲学家提出作为宇宙开始的基本元素。参阅柏拉图 *Legg*. 10. § 4；亚里士多德《形而上学》1. 3。

② 斯多葛主义者波西多纽（Posidonius）认为西顿（Sidon）的摩斯科（Moschus）或摩科（Mochus）是"特洛伊时代之前"的原子论的创始人。参阅 *Strabo*，16. 757。但是最著名的原子论者留基波（Leucippus）和德谟克利特（Democritus）约于公元前5世纪兴起，反对爱利亚学派，然后是第三代原子论者伊壁鸠鲁。参阅 Diog. Laert. 9. § 30. *sq*. 及 Cicero *De Nat. Deor*. 1. 24—26。

帝，他是仁慈的自然（Nature），无法测度的至善（Goodness），所有被赋予理性的存在者所值得爱慕的对象，最值得渴求的美，一切存在物的起头，生命的源泉，理智之光，难以参透的智慧。

3. 所以，人啊，不要以为可见世界没有开端，只因为天体循环运动，所以我们的感官很难判断循环的起点，但是不能以为做循环运动的物体本质上没有开端。毫无疑问，我们很难感知到圆（我指的是用一条线在平面上画成的图形）的端点，我们不可能找出它始于何处，终于哪里，但是我们不应据此就以为它没有开端。尽管我们看不到它的开端，但它实际上是始于某一个点，画图者是从这一点开始以一定的半径画出这个圆的。因此，即使我们看到做圆周运动的事物始终自我回归，有序的运行轨道没有片刻中断，我们也不可愚蠢地设想世界没有开端，也没有终点。“因为这世界的样子将要过去”[①]，“天地要废去”[②]。在受灵感动而写的历史书的开头，短短的一句话“起初上帝创造”，就预告了关于世界的结局和更新的教义。凡是在时间中开始的事物都注定要在时间中终结。既然有一个开端，就必然有结局。我们知道，几何学（即算术的运算）研究几何体和威名远播的天文学，如果从事这些研究的人认为这个可见世界是与创造一切的造物主，与上帝本身同为永恒；如果他们认为这个有限的、物质的世界与那不可领会、不可见的事物具有同样的荣耀；如果他们不相信一个由可灭、可变的部分组成的整体必然要像它的各部分一样走向终结，那么他们研究的学问有什么用？不过徒劳无功而已。于是，“他们的思念变为虚妄，无知的心就昏暗了。自称为聪明，反成了愚拙”。[③] 有些人断言天永远与上帝同在，有些人则认定唯有上帝自己无始无终，他是万物各具特色的因。

4. 毫无疑问，总有一天他们要为这属世的智慧遭受更可怕的定罪，

---

① 《哥林多前书》7：31。
② 《马太福音》24：35。
③ 《罗马书》1：21、22。

因为他们虽然如此清晰地看到科学的虚妄，却仍然故作看不见真知识。这些人测量星辰之间的距离并记载下来，包括在我们看来北方那些永远闪闪发光的星星和南极那些南半球人才能看见，我们却无法看到的星星；他们把北极圈和黄道带分成无数部分，极其精确地观察到星辰的运行轨道，固定位置、偏离和复位，以及它们环行的时间。我得说，这些人发现了一切，唯独不知道一个事实：上帝就是这个宇宙的造物主，是按各人的功过报应各人一生行为的公正审判者。他们不知道如何提升自己，设想万物圆满的状态，不知道从审判论能推出什么结论，不明白如果灵魂从此生转移到新的生命，世界就必然改变。事实上，就如现世生命的本质与这个世界关系密切，同样，在将来的生命中，我们的灵魂将享有与它们的新环境相适应的生活。然而，他们非但不引用这些真理，当我们向他们宣告万物的终结和世代的更新时，他们还嗤之以鼻。由于开端必然先于从开端衍生的事物，所以作者向我们论到始于时间的事物时，就自然而然地说“起初上帝创造”，以此作为他叙事的起句。

5. 事实上，在这个世界之前似乎还存在一类事物，[①] 我们可以形成对它们的一定观念，但是无法言说，因为对在知识上还是婴孩的初学者来说，这样的题目太过高深。在这个世界诞生之前，超自然的权能大行其道，他们超越时间的界限，永恒而无限。宇宙的创造者和得穆革（Demiurge）成就了他的这类作品：一切爱主者的福祉所需要的灵光，理智的、不可见的种类，有序排列[②]的纯智性存在者，这些存在者不是我们的心灵所能领会，我们甚至不知道他们的名字。他们构成了这个不可见世界的本质，就如保罗教导我们的。“因为万有都是靠他造的，无论是天上的、地上的、能看见的、不能看见的，或是有位的、主治的、执政的、掌权的”[③]，或是德性天使（virtues）、众天使、高位的天使长。末了，这个

---

① 参见奥利金《论首要原理》2：1、3。
② 参见亚里士多德《形而上学》1.5，2。
③ 《歌罗西书》1：16。

世界之外必须加上一个新的世界，它既是人的灵魂受教育的学校和训练场，也是注定要出生并死亡的存在物的家。于是时间绵延不绝，其性质类似于这个世界以及生活于其中的动植物，总是一个劲儿地向前，一去不复返，从不停止它的进程。时间的本性不就是这样的吗？过去已经不再，将来还未到来，而现在未等识别就迅即飞逝。这也是生活在时间中的造物的本性——注定要成长，要毁灭，没有片刻的安宁，没有可靠的稳定。因而，动物之躯、植物之体都不得不随从某种潮流，在引导它们或生或死的运动中无法自控，这些动植物体确实应当生活在周围都是可变之物的环境之中。[①] 因而智慧地向我们讲述宇宙诞生故事的作者没有忘记在叙述一开始就写下这样的话，“起初上帝创造”，也就是说，这是时间的开端。既然他认为世界出现在时间的开端之处，那就不是要证明世界的诞生先于所有其他被造的事物。他只是希望告诉我们，可见的、能感知的世界，是存在于不可见的、理智的世界之后。

最初的运动被称为开端。“行义是良善之路的开端。”[②] 义行确实是通向幸福生活的第一步。再一次，我们说“开端”是事物发展的至关重要的第一部分，就如房子的地基，船的龙骨；正是在这个意义上，经上说“敬畏耶和华是智慧的开端”[③]，也就是说，敬虔是事物成全的地基和根本。技艺是艺术家创作的开端，比撒列（Bezaleel）的技能“开始了”帐幕的装饰工作。[④] 甚至作为最终原因的善往往也是行为的“开端”。因此上帝的许可是馈赠的开端，在应许里为我们积聚的目标是一切行善努力的开端。

6. 这些都是开端这个词的不同意义，但请注意，我们这里并没有罗列它的所有含义。如果你们追溯过去，努力找到第一日，你们就可能知

---

① 参见柏拉图《蒂迈欧篇》§14。

② 《箴言》16：5（七十士希腊文译本）。

③ 《箴言》9：10。

④ 参见亚里士多德《形而上学》4.1。

道这世界形成之初的那一时刻。由此你们会发现什么是时间的最初运动，然后发现天地的创造就像是立好了地基和根基，再后发现有一个理智性原因——就如开端这个词所表明的——掌管着可见事物的秩序。最后你们会发现世界原来不是偶然地、毫无原因地构造出来的，而是有一个有益的目标，是为了众存在者的巨大益处，因为它实际上就是理性灵魂自我训练的学校，是它们学习认识上帝的训练场；须知，心灵看见了可见的、可感知的事物之后，就被引领着——就如有一只手牵着它——沉思不可见之事物。如使徒所说："自从造天地以来，上帝的不可见之事是明明可知的……藉着所造之物就可以晓得。"①或许"起初上帝创造"这话表示迅速而感觉不到的创造瞬间。开端实质上是不可分的，是一瞬间的。就如路的开端还不是路，房子的开端还不是房子；同样，时间的开端还不是时间，甚至不是时间的最小部分。如果有反对者告诉我们，开端就是时间，那么如他清楚地知道的，他应当进行时间的划分——开端、中间和末端。然而，设想一个开端的开端是荒谬的。再进一步说，如果我们把开端分为二，那么我们提出的不再是一而是二，或者毋宁说是多，我们其实是提出了一个无限，凡是被分的都是无限可分的。所以，作者既然说"起初上帝创造"，那就是在教导我们，上帝的意愿一旦发出，瞬间不到就产生了时间。为了更清楚地表达这样的含义，另有阐释者说过"上帝即时创造"，那就是说，一切都在瞬间同时被造。关于开端，有很多解释，但提出这么几个就足够了。

7. 就技艺而言，有些着眼于生产，有些为了实践，还有的服务于理论。第三类技艺的目标是思想的操练，第二类的目标是身体的活动，身体若是停止活动，一切也都停止，再没有什么东西是可见的。舞蹈和音乐没有东西隐藏于背后，所以它们的目标是其自身。相反，在创造的技艺中，作品在创造活动结束之后留存下来。比如建筑——那些在木头、

---

① 《罗马书》1：20。（"不可见之事"即"永能和神性"。——中译者注）

黄铜上加工的技艺，编织的技艺，事实上，所有这些技艺即使离开了工匠，仍能显示出灵巧和智慧，使建筑师、黄铜匠或者编织者因其作品而备受尊敬。同样，为了表明世界是所有人都能看见的艺术作品，使他们认识创造它的造物主，摩西没有使用别的语言，而是直接说“起初上帝创造”。他没有说“上帝工作”，“上帝形成”，而是说“上帝创造”。在那些想象世界与上帝永恒同在的人中，许多人否认世界是上帝所造，认为它是自发产生，如同（上帝）这种权能的影子。他们说，上帝是它的原因，不过是非自觉的原因，就如身体是影子的原因，火焰是光明的原因一样。正是为了纠正这种错误，我们的先知才如此清晰地断言“起初上帝创造”。上帝没有使事物自身成为其存在的原因。上帝是良善的，他把世界造为有用的作品；上帝是智慧的，他使它的一切都成为最美的；上帝是万能的，他使它也变得非常伟大。① 摩西可以说向我们展示了这样一幅图画：这位至高工匠的手上拿着宇宙的材料，以完美的和弦构造各不相同的部分，使整体成为一首和谐的交响乐。

“起初上帝创造天地。”摩西提出这两极，暗示了整个世界的实体，天的地位高，有特权，而地处于次级位置。两极之间的所有存在者都与这两极同时被造。因而，虽然他没有提到各大元素，水、火、气等，但是只要想到它们原本全都混合在一起，你们就会在土里发现水、气、火。石头可以喷射出火来，从地里挖出来的铁一摩擦也会产生大量的火。多么奇异的事实！封闭在物体里的火处于潜伏状态，丝毫不会伤害物体，但一旦释放出来，就旋即毁灭迄今为止一直保护着它的事物。地里蕴藏着水，挖井的人这样教导我们。它也包含气，因为潮湿的地面一经太阳晒烤就散发出水蒸气。按天地的本性来说，天在空间中占据高位，地处于低位（事实上我们看到，一切轻的东西都飞向天空，而重的实体则落到地面）；至高处与至深处是截然对立的两个点，我们只要提到这两个相

---

① 参见柏拉图《蒂迈欧篇》§10。

距最远的部分，就足以表明充塞在两极之间的所有事物。所以，不需要罗列全部元素，从圣经所显明的话语就可以推出一切隐含的事物。

8."起初上帝创造天地。"如果我们打算把我们所沉思或者感知的诸存在物的本质都找出来，那么我们就会远远地偏离正题，因为要解决问题就要充分地进入考察，而这不是三言两语能说清楚的。把时间花在这样的问题上显然不符合教会的教化之责。关于诸天的本质，我们觉得以赛亚说的话就足够了，他用简单的语言使我们对诸天的本性有了充分的认识，"天被造成烟云一般"，[①]也就是说，上帝造了一种稀薄的实体，没有硬度或密度，用这种实体构造出诸天。至于诸天的样式，我们也满足于同一位先知的话，他赞美上帝说："他铺张穹苍如幔子，展开诸天如可住的帐棚。"[②] 同样，关于地的问题，我们不必费尽心思去寻找它的本质，不必耗费心智去寻求它所隐藏的实体。对于缺乏性质的事物，我们不可根据它的存在状态去寻找它的本性，而要知道它所呈现的一切现象都与它的存在状态相关，并成全它的本质。如果试图用理性剔除它所拥有的性质，你们就会面对虚空。取消黑色、寒冷、重量、密度、有关味觉的性质，总之，把我们看到的它所包含的所有这些都一并除去，那么它的实体也就荡然无存了。

如果我请你们放下这些无聊的问题，我也不会指望你们去尝试找出地的支点。心灵若是看到自己的推论毫无目标，就会因迷失自我而晕眩。你们说地坐落在一层空气上吗？[③] 那么这种柔软的实体，没有坚固性的东西，怎么能支撑压在它上面的如此巨大的重量？它怎么会不四散逃逸，以避免压下来的重量，并弥漫在这个压倒它的物体的四周？你们推想水是地的根基吗？[④] 那么你们就得始终问自己，如此沉重而不透明的

---

① 《以赛亚书》51：6（七十士希腊文译本）。（和合本译为"天必像烟云消散"。——中译者注）

② 《以赛亚书》40：22。

③ 参见亚里士多德，*De Caelo*.2.13，16。

④ 泰勒斯的理论。参见 *Letter* 8.2 的注解，以及亚里士多德，*De Caelo*.2.13，13，他论到泰勒斯对大地的描述：大地就像漂浮在水上的木头。

物体怎么可能不穿透水面；这样分量的物体怎么能由一个比它柔弱的东西支撑？于是你们必须再为水寻找一个基座，但是你们也将更难以回答水本身又是依凭于什么。

9. 你们猜想有一个更重的物体阻止大地不坠入深渊吗？那么你们必须想到这个支撑物自身也需要一个支撑物防止它坠落。我们能想象这样一个支撑物吗？即使能，我们的理性马上又要求有另一个支撑物，由此我们就会陷入无穷倒退，总是要为已经找到的基础设想另一个基础。[①]我们越是在这样的推论中前进，就越是需要赋予这种根基更大的力量，这样它才可能支撑压在它上面的整个质量。所以要限制你们的思想，免得你们在考察不可领会之事时过于好奇，招来约伯的指责，被他质问："地的根基安置在何处?"[②] 你们若听过《诗篇》里的话"我曾立了地的柱子"，就请想想支撑地的这些柱子有多大的力量。因为另一句话"他把地建立在海上"，[③] 若不是指水四处弥漫在地的周围，还能指什么意思？那么，水这种向低处流淌的液体怎么会保持悬浮状态而不流动呢？你们没有想一想，大地自我悬浮这种观点使你们的理性陷入同样甚至更大的困境，因为从本性看，地是重物。但是我们不妨承认大地依赖于自身，或者我们可以说它立在水上，无论如何，我们必须始终忠实于真正敬虔的思想，必须认识到一切都是靠造物主的力量得以维持。这样我们就可以回答自己，也回答那些向我们询问是什么东西支撑这个巨大物体的人，"地的深处在他手中"。[④] 就我们自己的知识来说，这一教义确实可靠，对我们的听众来说，也是有益的。

10. 有一些自然哲学家（探究自然本性的人）[⑤]用大量华丽的词藻证明地是不动的。他们说，地被置于宇宙的中心，不会倾向任何一边，因

① 参见亚里士多德，*De Caelo*. 2. 13。
② 《约伯记》38：6。
③ 《诗篇》24：2。
④ 《诗篇》95：4。
⑤ *οἱΦυσικοὶ* 是对苏格拉底之前的伊奥尼亚哲学家和其他哲学家的称呼。

为它的中心到表面的距离处处相等，所以它必然是自我静止的，重量处处相等的东西不可能向任何一边倾斜。他们接着说，地占据宇宙中心的位置不是毫无理由或者偶然形成的，这正是合乎它本性的必然位置。他们论证说，就如天体占据空间的顶端，所有重物——我们可以猜想它们都是从高空坠落的——都将从四面八方落向中心，这个中心是各部分都趋向的点，显然也就是整个物体被推聚到一起的处所。既然石头、木头、地上的各种物体都从上向下坠落，那么这必然就是整个大地固有的、合乎本性的地方。如果相反，轻的物体脱离中心，那么显然它要升向高处。因此重物从顶端向底端运动，根据这一推理，底端不是别的，就是世界的中心。所以，世界永不下落，它占据着宇宙的中心，也就是合乎它本性的地方，对此我们也就不必惊奇了。无论如何，它必然保持在自己的位置上，除非有一种与本性相反的运动取代它。[①] 如果在这一体系中有什么事物在你们看来大致确实可信，那就应当钦佩如此完美秩序的源泉，就应该赞叹上帝的智慧。即便我们洞悉了壮观现象背后的奇特机制，也不会丝毫减少对现象的感叹。难道不是这样吗？在一切事件上，我们不妨选择单纯的相信，而不是理性的证明。

11. 关于诸天我们也同样可以这样说。这世上的智慧者曾多少次谈论过诸天的本性！有些人说天是由四种可感可见的元素构成的：一种是土，因为它有阻力；一种是火，因为它引人注目；还有气和水，因为它们可以混合。[②] 另一些人则驳斥这种体系，认为它难以令人信服，而把第五种元素引入世界，经他们自己精心加工构成诸天。他们说，存在着一种以太的物体，它既不是火，也不是气；既不是土，也不是水。总之，不是任何单一物体。这些单一物体的本性运动是直线状的，轻的物体向上，重的物体向下，而这种向上和向下的运动与圆周运动不同，事实

---

① 参见 *De Caelo*. 2.14，4。

② 这是柏拉图的理论，参阅《蒂迈欧篇》。

上，直线运动与圆周运动之间的差异要多大就有多大。因而可以说，运动方式如此大相径庭的物体的本质也必然迥异。然而，我们甚至不可能设想诸天是由我们称为元素的原初物体构成的，因为既然各个单一物体从各自本性获得的是不同的推动力，那么相反力量的重新联合不可能产生均衡的、自然的运动。因而，要使复合体持续运动下去是很难的。事实上就是让它们中的一种运动与那些彼此相背的运动保持一致与和谐也不可能，因为轻的粒子所特有的属性与重的粒子相互冲突。如果我们想要上升，就会因属地元素的重量而无法上升；如果我们任自己下坠，那就违背了我们存在中似火的部分，逆着它的本性把它往下拉。要知道，元素之间的这种冲突导致它们分崩瓦解。一个物体若是受到强力作用，并被置于逆性的位置，经过短暂有力的抵制之后，不久就分解为许多部分，它原有的元素有多少，就分为多少部分，每一个组成部分都回归到自己的自然位置。发明第五种物体来说明天和众星产生的那些人说，正是考虑到这些原因，他们不得不拒斥前辈的体系，而求助于他们自己的假设。[①] 然而，又出现了另外的杰出论述者，他们驳倒和推翻这种理论，使自己炮制的思想占据优势。

我们不可步他们的后尘，免得落入同样的轻率无聊；就让他们彼此辩驳吧，我们不会因此对实体问题有丝毫不安，我们要像摩西一样说："上帝创造天地。"我们要因一切被明智巧妙地创造出来的事物荣耀至高的造物主；我们要通过可见事物的美上升就近超越于一切美的上帝；透过可感知且有限的宏伟天体，设想那无限的存有（Being），他的宏大和全能超越于一切想象。因为就算我们无视被造之物的本性，那些各方面都吸引我们注意力的对象却是如此奇异，就是最敏锐的心灵也无法了解世界的现象——哪怕是最微不足道的现象，以对现象做出恰当的解释，

① 这似乎是参考了亚里士多德 *De Gen. Ann.* 2.3，11。关于亚里士多德的第五元素，参见 Cic.，*Tusc. Disp.* 1.10。

给予造物主应有的赞美。一切荣耀、尊贵和权柄都属于他，直到永远。阿们！

## 布道书（二）

“地是空虚混沌。”

1. 今天早上我们发现，在我们集中思考的这短短一句话里包含着如此深邃的思想，我们甚至不敢再深入一步。如果这是圣所的前庭，如果圣殿的门廊已然如此宏伟庄严，如果它的美丽光辉如此使灵魂之眼晕眩，那么至圣所又会如何？谁还胆敢试图进入圣所的最内层？谁敢洞悉它的奥秘？事实上，我们不允许长时间观察它，在表达心灵所构想的事上，语言显得多么苍白无力。然而，只要有行善的动机，公正的法官就为我们保留奖赏，而且是最令人向往的奖赏，所以我们不必犹豫，继续我们的研究。虽然我们可能到达不了真理，但是如果在圣灵的帮助下，我们不偏离圣经的含义，就不该遭弃，并且仰赖恩典，我们将帮助上帝的教会履行教化之责。

圣经说，“地是空虚混沌”。天地被造的时候，没有任何区别。那么当地仍然是空虚混沌的时候，天怎么可能完全呢？或者说，地的混沌是什么状态？为何它是空虚的呢？地的肥沃富饶就是它最后的成全：各种植物生长发育，大树高耸入云，无论是结果的还是不结果的花，都散发出甜美的芳香，呈现出美丽的色彩，以及一切从地里生发出美化它们共同的母亲大地的东西。所有这些稍后就要在上帝的命令下发出，但此时还未存在，所以圣经说地“混沌”是恰当的。我们也可以说诸天还不完全，还没有接受其自然装饰，因为那个时候它们还没有日月的荣光闪耀，还没有群星覆盖。这些天体还没有被创造出来。因此你们可以说诸天也是“混沌”的，这样说不会偏离真理。地是空虚的，出于两个原因：可能是因为人，也就是观看者尚未存在；也可能是因为大地被淹没在诸水里，地表到处弥漫着水，所以没法看见地，此时诸水还没有聚集起来归到自己的处所，上帝后来才把它们聚集在一处，还给这些地方命名为海。什么东西是不可见的（空虚）？首先是我们肉眼看不见的东西，比如我们的心灵；其次是那本性上可见，但被某种物体盖住的东西，比如地底下的铁。说地还是空虚不可见，正是在这个意义上说的，因为它被掩盖在诸水之下。然而，正如光还不存在，地就处于黑暗之中，因为它上面的气模糊不清。同样的原因，我们不应惊讶于圣经所说的地是"空虚"。

2. 但是真理的败坏者不能理解圣经的话，就故意歪曲圣经的意思，妄称这话是指质料说的。他们说，因为质料就是本性上没有形式、混沌不可见的——就它的存在状态来说，是没有性质、没有形式和形状的。造物主拿它来作为他的智慧之工的材料，给它加上形式，把它组织起来，由此出现了可见的世界。

如果质料是非受造的，它就有权利声称与上帝同享荣耀，因为它必然与上帝处于同一地位。这岂非邪恶之极？一种极端丑陋的东西，用他们自己的话来说，没有性质，没有形式、形状，没有结构，这样的东西竟然要与上帝，就是智慧、权能和美本身的上帝，创造宇宙的得穆革享有同等的特权？还有，如果质料如此伟大，能够按上帝的全部智慧行动，那么它应在一定意义上使自己的实在（hypostasis）上升到与上帝不可企及的权能同等的位置，因为它能自主地测量上帝的全部智性范围。如果认为上帝不是自足地工作，那么我们就陷入了更荒谬的渎神行为，因为我们是在指责上帝由于缺乏质料而无法成就自己的工作。人性的软弱使人被这些推论者蒙骗了。我们的每一种工艺都需要某种特定的质料，比如打铁要有铁，木匠要用木料。总之，要有受动者、形式和由形式而产生的作品。质料出于虚无——技艺产生形式——而作品由形式和质料共同构成。①

---

① 参见亚里士多德《形而上学》6.7。

这就是他们提出的有关上帝工作的观点。世界的形式出于至高造物主的智慧，而质料从虚无中向造物主显现，所以，世界源于双重原因。它从外部获得自己的质料和本体，从上帝获得自己的形式和形状。由此他们否认全能的上帝掌管宇宙的形成，妄称他只是对双重原因产生的作品起了决定性的作用；至于存在者的起源，他只是提供了一小部分作用。他们无法从这种卑微的推论中抬头仰望崇高的真理。没错，在下界，技艺在质料之后——被作为必不可少的东西引入生活。先有羊毛，后有编织术；编织术使羊毛能弥补自然的某种不足。先有木头，后有木工；有了木工之后，木头就能每天满足新的需要，我们就能看到木头给我们带来的种种好处，船员有了桨，农民有了扬谷机，战士有了长矛。然而，上帝存在于所有如今吸引我们注意力的那些事物之前，他在心里再三思量之后，决定使原本不存在的事物存在，想象世界应是如此这般的模样，然后按照他所希望的形式造出质料。① 他把适合于诸天的本性分配给诸天，把与大地的形式一致的本性给予大地。他按自己的意愿造出火、气、水，使每一种元素获得各自的存在目标所需要的本质。最后，他用牢不可破的带子把宇宙的所有各不相同的部分连接起来，并在它们之间确立完美的联合与和谐关系，就是最遥远的事物也连接在同一个普遍的和谐系统之中。而那些不自量力的人，不顾自己的论证多么软弱无力，妄图测度人的理性不能领会、人的话语也不能言说的权能，请他们务必抛弃自己荒谬的幻想。

3. 上帝创造天地，但并非只创造一半——他创造了整个的天和整个的地，创造了形式，也创造了本质。他不只是一切存在物形状的发明者，也是其本质的创造者。再者，请他们告诉我们，上帝的推动权能如何处理质料的被动本性，后者装备无形式的质料，前者拥有无质料的形式的知识，两者彼此需要；创造者需要质料是为了展现他的技艺，质料

---

① 《创世记》2：5，“野地还没有草木”。这里似乎暗示上帝心里的真实创造。

需要形式是为了不再是毫无形式的，而得到形式。不过，我们就此打住，还是回到我们的主题。

“地是空虚混沌。”当圣经作者说“起初上帝创造天地”时，略过了许多东西没有明说，比如水、气、火以及它们产生的结果，所有这些实际上成了世界的真正组成部分，毫无疑问，它们都是与宇宙同时被造的。作者希望通过这种缄默，训练我们的智性活动，给它一个突破点，迫使它从这一点开始追寻真理。因而，圣书没有告诉我们上帝创造了水，而是说，如我们所读到的，地是空虚的，于是你们就要自己寻思，是什么东西遮盖住了它，使它无法显现？火不可能覆盖它，火总是照亮周围的事物，向周围发光，不是使其黑暗。更不要说是包围着地的气。气的本性是密度极小且透明。它接受任何形式的可见物体，并把它们传送给观看者。剩下来就只有一种猜测了，那在大地表面漂浮的就是水——这种流动之物当时还没有聚集到自己的处所。因此地不只空虚不可见，还混沌未成全。即便在今天，过分的潮湿还是影响地上产出的一个阻力。同时，同样的原因使它无法显现出来，地的自然装饰才是它的成全：山谷里麦浪滚滚，草地上绿草如茵，繁花点缀，肥沃的平地和丘陵覆盖着浓密的森林。所有这一切都还没有出现，地因从造物主接受了力量，正处于孕育的阵痛之中。但她在等待指定的时间，等待上帝让她生发的命令。

4.“渊面黑暗。”如果有人出于自己的想象歪曲这话的含义，它就成了谎言和幻想的新的源泉。这些恶人不明白“黑暗”实际上意指什么——未照亮的空气，物体的介入所产生的影子，或者由于某种原因失去了光的某个处所。在他们看来，“黑暗”是一种邪恶力量，或者毋宁说是恶的化身，恶源于在自身中与上帝的善对立，并永远与善作对。他们说，既然上帝是光，那么毫无疑问与他作对的权能必是黑暗，“黑暗”不是产生自外在的源头，而是独立存在的恶。“黑暗”是灵魂的仇敌，是死亡的首要原因，是美德的对手。他们错误地认为，先知的这句话表明黑暗是存在的，而且并非源于上帝。由此推出了多么悖逆不敬的教义！产生了何等凶暴的豺狼，[①] 依附于灵魂，扰乱主的羊群！什么马西昂主义者（Marcions）、瓦伦廷主义者（Valentini）[②]，以及令人作呕的摩尼教（Manicheism）[③]，这些异端邪说岂不正是由此引发？你们可以称之为教会腐烂发臭的体液，这样说绝不会错得离谱。

人啊，为何如此偏离真理，为自己幻想出那导致你毁灭的东西？“地是空虚”这话很简单，谁都能理解。地为何空虚？因为“深渊”覆盖在它的表面。什么是“深渊”呢？一大片深不可测的水。我们知道，如果是清澈而透明的水，我们就能透过水看到许多物体。那么地为什么没有哪个部分在水里透现出来？因为它周围的空气还没有光，处在黑暗之中。太阳的光线穿透水面往往能使我们看见构成河床的小鹅卵石，但是在漆黑的夜里，我们的视力就不可能看见水下的东西。因此，后面的话解释了“地是空虚（不可见）”这一句话，因为“深渊”覆盖着它，而它本身还处在黑暗之中。由此可见，深渊并非如有些人所设想的那样是大量敌对势力，[④]“黑暗”也不是与善作对的独立的恶。实际上，两种势均力敌的对抗原理如果一刻不停地彼此争战，最终只能自我毁灭。但是如果一方得胜，它就会彻底消灭被征服的一方。因此要保持善恶之争中的平衡，就要说它们处在无穷无尽的争战中，在永恒的毁灭中，对立双方同时是征服者又是被征服者。如果善是强者，谁能阻止它不完全毁灭恶？但是如果真是这样，就是说出这样的话也是大为不敬的。我不禁自问，他

---

① 《使徒行传》20：29。

② 如果不加细分，可以把马西昂和瓦伦廷放在一起作为诺斯替主义二元论的类型。关于两种体系的区别，请参见 Dr. Salmon in *D. C. B.* 3. 820。据说马西昂是西诺坡（Sinope）一位主教的儿子，是诺斯替主义中最伟大的基督徒，他“试图在他的二元论里与基督教信条和圣经相吻合”。但是他清楚地“断言有两位上帝存在”。瓦伦廷的思想及其产生的精神流传得更加广泛。

③ 关于摩尼教，参阅 Beausobre，*Critical History of Manicheism* 和 Walch，*Hist. Ketz.* 1. 770。它的两原理论在 4 世纪的罗马帝国广泛传播，9 世纪在亚美尼亚势头迅猛，据说 12 世纪出现在法国（参见 Bayle，*Dict. s. v.*）。巴西尔时代关于异端邪说的观点，参见尼撒的格列高利《驳欧诺米》（*Against Eunomius*）1. § 35。

④ 即那些把《创世记》1：2 里的“ἄβυσσος”看做与《路加福音》1：31 的词等同的人，他们认为这个词的意思是指恶灵在监狱里的住所。这个希伯来词出现在《约伯记》28：14 以及《申命记》33：13，表示深渊。

们若是想到自己设想了如此可恶的渎神观念，怎么会不因此充满惊恐呢？

说恶起源于上帝也同样不敬，[①] 因为对立者不可能从它的对立面产生。生命不会引起死亡；黑暗不会产生光明；疾病不是健康的制造者。在环境的变化中，可以出现从一种情形向相反情形的转变，但在起源上，每个存在者都出于自己的同类，而不是出于它的对立面。那么，如果恶既不是非受造的，也不是上帝造的，那它的本性来自何方？恶当然存在，凡生活在世上的人谁也不会否认。那么我们该怎么说呢？恶不是一个活生生的具有生命的本质，它是与美德对立的灵魂的状态，是因为灵魂从善坠落，在草率中产生的。

5. 因此不可不自量力地探寻恶，以为有一种邪恶的原初本性。我们不妨承认，我们每个人就是我们自己的恶行的始作俑者。在日常生活中，有些事是自然而然出现的，比如年老和疾病，有些是偶然出现的，比如不可预见的事件，其原因在我们之外，一般都是不幸的，比如去集市的路上遇到疯狗；但有时候也会很幸运，比如挖井挖到了财宝。还有的取决于我们自己，比如是控制自己的情欲还是放纵自己的快乐，是压抑自己的怒火还是打击惹怒我们的人，是说真话还是说谎话，是和蔼可亲、有条有理还是暴躁、浮夸、骄傲自大。[②] 此时你是你自己行为的主人。不要去寻找你自身之外的引导因，而要认识到真正的恶就在于我们自愿堕落。如果恶不是自愿的，不是取决于我们自己，律法就不会对罪人具有如此大的威慑力，法庭在根据恶人的罪行审判时也不会如此毫无怜悯。关于真正意义上的恶就谈到这里。疾病、贫困、卑微以及一切人生痛苦，都不应算做邪恶，因为我们也不把它们的对立面算做最大的恩福。在这些痛苦中，有些是自然的结果，有些显然对许多人来说是一种有益的源泉。那么就让我们暂时对这些隐喻保持沉默，不带任何愚蠢的

---

① 普鲁塔克（Plutarch）指责斯多葛主义（Stoics）的这一观点。

② 参见爱比克泰德（Epictetus）*Ench.* 1。

好奇，单纯追随圣经的话语，我们要从黑暗接受它赐给我们的思想。

但是理性发问说，黑暗是与世界同时受造的吗？它比光明更早吗？既然它比光明低级，为何又在光明之前？我们回答说，黑暗并非存在于本质之中；它是由于光的退隐而在空气中产生的状况。那光突然从世界消失，让黑暗笼罩渊面，那么这光是什么呢？如果有什么事物存在于这可感知、可毁灭的世界形成之前，那么毫无疑问，我们可以推断说，它应该就存在于光里。天使、天上之族，一切有名或无名的理智种类，所有服役的灵，[①] 都不是生活在黑暗里，而是在光里，在属灵的喜乐里享有与各自等级相适应的状态。[②]

谁也不会否认这一点，至少寻求天上的光作为所应许的美德的奖赏之一的人不会，这光就如所罗门说的，总是义人的光，[③] 这光令使徒说“又感谢父，叫我们能与众圣徒在光明中同得基业”[④] 。最后，如果被定罪的人要被丢在外边的黑暗里，[⑤] 显然，那些生来配得上帝赞许的人就要在属天的光里安息。当天在上帝的命令下显现，包裹它里面所围绕的一切，一个巨大而完整的形体把外面的事物与它所内藏的事物分开，此时它必然使里面的空间处在黑暗之中，因为没有外面的光线透射进来。事实上，要形成一个影子需要三样东西：光线、物体和暗处。天的影子形成世界的黑暗。我举一个简单的例子，希望你们能理解我所说的意思。请你在正午支起由稠密不透光的材料做成的帐篷，然后把你自己关在里面，你就一下子进入黑暗之中。设想原初的黑暗就是这个样子，不是靠它本身直接存在的，而是源于某些外在的原因。如果经上说它停

---

① 参见《希伯来书》1：14。

② 参见 Theod.（*Quaest. in Gen vi.*），他愿意接受先造天使后造世界的观点。奥利金（Origen，*Hom. i. in Gen.*；*Hom. iv.* in Is.）教导天使“先于伊翁”（aeons）存在。纳西盎的格列高利《神学讲演录》38……有助于希腊教父形成一般性的观点。托名狄奥尼修斯（pseudo-Dionysius）对天使的级别做了分类，并通过约翰·伊里吉纳（John Erigena）传播到西方。参见 Milman，*Lat. Christ*. 9. 59。

③ 《箴言》13：9。

④ 《歌罗西书》1：12。

⑤ 参见《马太福音》22：13。

留在渊面，那是因为空气的末端必然触及物体的表面；同时由于水覆盖着一切，所以我们不得不说黑暗降临在渊面上。

6.“上帝的灵运行在水面上。”①这灵是指空气的弥漫吗？圣洁的作者希望罗列世界的各大元素，告诉你们上帝创造了天、地、水、气，气此时开始扩散，处在运动之中；或者毋宁说，他说的上帝的灵是指圣灵，这样理解更准确，也是古代权威所确认的。就如前面指出的，这是特定的名称，是圣经最喜欢用来称呼圣灵的名字，并且始终用上帝的灵来意指圣灵，就是成全神圣而有福的三位一体的圣灵。因此你会发现在这个意义上能更好地理解它。那么上帝的灵是如何运行在水面的呢？我所提供的解释不是新的，而是一个叙利亚人②的解释，他对这世界的智慧一无所知，而对真理的知识十分精通。他说，这句话用叙利亚语表达含义更加丰富，因为叙利亚语更类似于希伯来语，因而也更接近圣经的原义。他说，在叙利亚人看来，“上帝的灵运行在水面上”这句话的意思是指它拥抱水的本性，就如人们看到母鸟用自己的身体孵蛋，以她自己的体温赋予它们生命的力量。这就是对“上帝的灵运行”这句话的最贴切理解。我们务必要明白，那就是使水的本性具备潜质，能孕育有生命的活物。有人问圣灵在创造世界中是否担当了主动的角色，这就是充分的证明。

7.“上帝说，要有光。”③上帝的第一句话创造了光的本性；它驱散黑暗，赶走阴郁，照亮世界，同时赋予一切存在物某种甜美、优雅的特点。在此之前诸天一直被包裹在黑暗之中，此时才尽显壮美，这种美至今仍然呈现在我们眼前。空气变得明亮起来，或者毋宁说使光结合它的本体传播，把它的光辉迅速地洒向四面八方，从而将它自身传播到它的

---

① 《创世记》1：2。
② 第尔蒙（Tillemont）认为是撒摩撒他的优西比乌（Eusebius of Samosata）。本笃版注释更倾向于是塞鲁斯的以弗冷（Ephrem Syrus），还比较了哲罗姆（Jerome）*Quaest. Heb.* Col. 508。
③ 《创世记》1：3。

极处。它向上传到以太和天空，瞬间就点亮了整个世界，从东到西，从南到北。因为以太还是一种非常细微的实体，透明无比，所以光穿透它不需要多少时间。正如它瞬间就把我们的视线带到视觉对象上，[①] 同样，它几乎不需要时间，以难以想象的速度在它最远的极处接受这些光线。有了光，以太变得更加宜人，诸水变得更加清澈。后者不只是接受它的光辉，还反射光，向四面八方迸发出摇曳的光波。上帝的话使每个对象都变得更加赏心悦目，更具有吸引力，正如人在深海里使石油汩汩流出时，要把他们附近的地方清理干净。这样，万物之造物主只用一句简单的话，在一瞬间就把光的恩惠赐给了整个世界。

“要有光。”这命令本身就是工作，产生了事物的某种状态，人心甚至无法想象，我们还能享有比这更宜人的状态。我们必须充分明白，当我们讲到上帝的声音、上帝的话语、上帝的命令时，这种神圣的语言对我们并非意味着从说话器官发出来的响声，舌头击打空气产生的碰撞；它完全是上帝旨意的记号，如果我们赋予它命令的样式，就更能给我们所教导的灵魂留下印象。

“上帝看光是好的。”[②]既然造物主已经见证了光的好，我们还能用什么语言赞美它才与它相匹配呢？即使在我们中间，话语也要靠眼睛来论断，感官已经感知的观念，语言仍不能准确表达。[③] 但是，如果形体上的美源于各部分的对称，色彩表现上的和谐，那么像光这种本质简单而均一的事物如何能保存美的观念呢？光的美与其说在于各部分表现出来的对称，不如说在于看到光时所感到的愉快和喜乐。金子的美也是这样，不在于它的各部分组合得巧妙恰当，而在于它具有吸引眼睛的美丽颜色。

---

① 据说光以每秒195000英里的速度直行，这个速度是根据木卫发蚀时的观察材料估算出来的。现代关于光的波动论，也就是一般认为由惠更斯（Huvghens，1695年）创立的理论，认为光是通过不可测量的物质“以太”的振动传播的。

② 《创世记》1：4。

③ 其实圣巴西尔论述的是“美”的含义，即七十士希腊文译本中的 *καλόν*，武加大拉丁文译本译为 *pulchra*。

同样，暮星是星辰中最美的，不是说组成它的各部分形成一个和谐的整体，而是由于我们的眼睛看到了纯净而美丽的亮光。再进一步说，上帝宣告光是好的，它的好不在于它能吸引眼睛，而在于为将来提供益处，因为那时还没有眼睛来判断它的美。“就把光暗分开了”[①]，也就是说，上帝使它们成为不能混合的种类，永远彼此相对，并在它们之间设置最广阔的空间和最遥远的距离。

8. “上帝称光为昼，称暗为夜。”[②] 自从太阳产生之后，它的光穿越空气，照亮我们的半球，这就是昼；随着太阳的消失，出现了黑影，这就是夜。但是那个时候，昼夜不是根据太阳的运动产生的，而是根据这种原始的光以上帝所决定的尺度在空气中传播或者撤退划分的，昼来了，夜随后出现。

“有晚上，有早晨，这是头一日。”[③]晚上是昼与夜的分界线；同样，早晨是从夜转向昼的过渡。圣经把第一昼的结束放在第一夜的前面，这正是为了给昼优先权，让夜跟在昼之后。要知道，在光还未造出来之前，世界并非处在黑夜之中，而是处在黑暗之中。正是昼的对立面才称为夜，所以，有了昼之后才有了夜的名称。由此造出了晚上和早晨。[④]圣经描述的是一个白天一个夜晚的时间，后来再也没说昼和夜，而是把它们都归入更重要的名称之下，所有地方都用日来计算时间，并未同时提到夜，你会发现整部圣经都遵循这一习惯。“我们一生的年日”，《诗篇》作者说。[⑤]“我平生的年日又少又苦”，[⑥]雅各说。另外还有“我一生一世”[⑦] 这样的说法。由此，以历史的形式定立了要遵循的律法。

---

① 《创世记》1：4。
② 《创世记》1：5。
③ 《创世记》1：5。
④ 七十士希腊文译本。希伯来文本直译：“有晚上，有早晨，这是一日。”
⑤ 《诗篇》90：10。
⑥ 《创世记》47：9。
⑦ 《诗篇》23：6。

“有晚上，有早晨，这是一日。”[①]圣经为何说“一日”，而不是“第一日”呢？在还未向我们谈到第二日、第三日、第四日之前，把那整个系列的第一个称为一，这岂不更自然吗？因此，如果它说“一日”，这是想要确定昼夜的尺度，将它们所包含的时间合为一体。我们知道，二十四小时构成一日的长度——我们的意思是指一昼一夜；即使在至日时昼夜不是平分、长度相等的，圣经里标示的时间照样划出它们的长短。就好比它是说：二十四小时是一日的长度，或者说，实际上一日就是诸天从一点开始运动再回到这点的时间。因此，太阳的每一次旋转，世界都会出现晨昏，它们的周期性更替都是在一日之内。

那么我们是否一定要相信这里有一个神秘的原因呢？上帝造出时间，用日子的长度来分配它、测定它；他要用一周作为时间的度量单位，就吩咐时间按星期一次次地循环，以便计算时间的运动，使一日循环七次形成周：一个始于自身终于自身的固定圆圈。这也是永恒的特点，围绕自身旋转，没有终点。如果时间的开端称为“一日”，而不是“第一日”，那是因为圣经想要确定它与永恒的关系。事实上，把这样的昼称为“一”原本就是适当而自然的，它的特点就是完全与其他日子分离而独立。如果圣经向我们谈到许多世代，每一处都说“世代之世代，诸世代之世代”，我们不会认为这是把各个世代排列为第一、第二、第三。因此，我们看到的界限、终点和世代的更替并没有像行为的各种状态和样式之间的分别那么多。圣经说：“耶和华的日子大而可畏”[②]；另一处又说：“想望耶和华日子来到的，有祸了！你们为何想望耶和华的日子呢？那日黑暗没有光明。”[③] 黑暗的日子为那些应得黑暗的人预备。而这日子没有晚上，没有更替，没有终点，圣经并非不知道这日子，它

① 《创世记》1：5，七十士希腊文译本和希伯来文本。
② 《约珥书》2：11。
③ 《阿摩司书》5：18。

就是《诗篇》作者所说的第八日，因为它在按周循环的时间之外。[1] 因此，不论你称它为日子，或者称它为永恒，表达的都是同一个意思。如果把这种状态取名叫日，这日子没有几个，只有一个。如果你称它为永恒，它也是独一无二，而非多种多样。正是为了使你们的思想指向将来的生命，圣经才用“一”这个词来修辞预表永恒的这个日子，这是日子的最初果子，与光同时存在，是圣耶和华的日子，由我们主的复活来荣耀的日子。“有晚上，有早晨，这是一日。”

当我在与你们谈论世界的第一个晚上时，晚上不期而至了，我的讲道也得告一段落。真光的父已经用天上的光装备白昼，又造出火来发光，在夜晚为我们照明，还为我们在将来世代的平安里保留了属灵且永恒的光，愿他在你们心里点亮真理的知识，免除你们的困惑，使你们“好像行在白昼”[2]。但愿你们就像在圣徒的荣光中的太阳一样闪耀，好叫我在基督的日子里因你们而得荣耀，荣光和权柄都属于基督，直到永远。阿们！

## 布道书（三）

论天。

1. 我们已经叙述了第一天，或者确切说一天的工作。事实上，我绝不是要取消它所享有的特权，即它是专门为造物主而存在的一日，是不与其他日子同列的一日。我们昨天讨论了这一日所做的工，并分早晚两次叙述，这样，早晨给你们的灵魂提供食粮，晚上给它们喜乐。今天我们要转到第二日的奇迹。这里我不想讨论作者的天赋，只想论及圣经的恩典，因为叙述的展开如此自然而然，使真理的所有朋友都充满愉悦和

---

① 这里的论证源于对《诗篇》6 篇和 11 篇标题里的“第八”一词的误解。

② 《罗马书》13：13。

喜乐。正是对这种真理的魅力，《诗篇》作者做了大力描述，他说："你的言语在我上膛何等甘美，在我口中比蜜还甜。"① 昨天我们尽己之所能讨论了上帝的谕言，使我们的灵魂喜乐，今天我们又聚集在一起沉思第二日的奇迹。

我知道聚集在我周围的人有许多是手艺人，干技术活儿，一天的劳作几乎还不能维持生计，所以我不得不缩短我的布道，免得他们长时间离开自己的工作。我要对他们说什么呢？你们借给上帝的时间没有失去，他会高息返还给你们。不论你们有什么样的困难，主都会把它们排除。对那些选择了属灵福祉的人，主必赐给健康的身体，敏锐的头脑，使他生意兴隆，财运亨通。即便在今生我们的努力不能实现我们的愿望，圣灵的教导在永世中也仍然是一笔丰富的财产。因而，请让你们的心从此生的事务中脱离出来，集中精力听我讲话。如果你们身在曹营心在汉，人在这里，却挂念着属世的财宝，那我的布道对你们有什么用呢？

2. 上帝说："诸水之间要有空气，将水分为上下。"② 昨天我们听到上帝的法令"要有光"；今天我们听到上帝命令说："要有空气。"这话不只是一个简单的命令，这里显然有言外之意。它规定了使空气得以形成的动因：就是要将水与水分开（分为上下）。首先我们要问，上帝是怎样说话的？是不是像我们一样说话？是不是先让他的智力从对象接受一种印象，然后构思出这些对象，再通过与各个对象相适应的特定记号把它们表达出来？由此他是否就得求助于发声器官来表达他的思想？他是否必须通过嗓子的发声运动来振动空气，把隐藏在他心里的想法显露出来？若说上帝需要这样的一种曲折方式表达自己的思想，看起来岂不如同毫无意义的谎言？若说上帝的话就是上帝的旨意和上帝最初发出的智性活

① 《诗篇》119：103。
② 《创世记》1：6。

动，这岂不更符合真正的信仰？圣经隐晦地说，正是上帝向我们表明他不仅想要创造世界，也希望有合作者相助一起创造。圣经完全可以像刚开始那样叙述历史的发展：起初上帝创造天地；后来创造光，再后创造天空。但是圣经记载上帝命令、说话，是在巧妙地向我们显示接受这个命令、聆听这些话语的那位。① 圣经并非不愿意给予我们真理的知识，但是只向我们表明奥秘的某一痕迹和迹象，是为了激发我们求知的欲望。经过千辛万苦得来的果子，我们会满心欢喜地抓住，并小心谨慎地保管，轻而易举获得的果实我们不会重视。②这就是圣经采取的道路和方式，引导我们认识独生子 (the Only begotten)。上帝的本性是非质料的，当然不需要质料性的声音语言，他的任何念头都可以传达给他的同工。对那些仅凭念头就能彼此交流的，还需要说话吗？声音为听力而发，听力为声音而造。若是没有空气，没有舌头，没有耳朵，也没有把声音传送给头部感官的声带，就不需要话语，心里的念头就足以传递意愿了。所以如我所说的，这种语言只是一种明智精致的技巧而已，目的是使我们的心灵去寻找受这话的那一位。

3. 其次，被称为天的天空与上帝起初造的天空有分别吗？是否有两个天呢？讨论天的哲学家们宁愿失去自己的舌头，也不愿承认这一点。他们妄称，只有一个天，③ 它的本性不容许有第二个、第三个或更多个天。天的广袤整体完全由天上的形体构成。他们说，这是因为每个做圆周运动的物体都是一，是有限的。如果这形体在构造第一个天时用完了，就不会再有材料留下来造第二个或第三个天了。这里我们看到，那些把非受造质料放在造物主手上的人所想象的究竟是什么；这是由第一个谎言滋生出来的一个谎言。但是我们恳求希腊的圣贤们，在自己还没有达成一致观点之前，请不要嘲笑我们。因为他们中间有些人说有无穷

① 参见奥利金《驳克尔苏斯》VI。
② 梭伦 (Solon) 有名言：“好事不易。”参见德国谚语：“好的事都是难的。”
③ 柏拉图说过只有一个天。见《蒂迈欧篇》11。

的天和世界。[①] 既然有重大的证据推翻他们愚蠢的体系，既然几何学法则规定，根据天的本性，不可能有两个天，那么我们岂不更该嘲笑这种精致、科学但毫无意义的理论。这些博学多才的人不只是看到一个水泡，还看到由同一个原因形成的多个水泡，但是他们却怀疑创造的智慧能够使多重天得以存在！当然，只要我们举目仰望全能的上帝，就能发现诸天的力量和威严不同于泉源表面形成的水泡。可见，他们的不可能论是多么荒唐可笑！至于我本人，绝不会不相信第二重天，我还寻求圣保罗被认为有资格凝视的第三重天。[②]《诗篇》作者不是说过“天上的天”[③]吗？使我们知道确实有多重天。几乎所有的哲学家都承认七大行星运行的七个圆圈——按他们的描述，这些圆圈的位置就如桶套桶，彼此相连，那么多重天难道比这七大圆圈更加不可思议吗？他们说，这些圆圈逆着世界运行，击打以太，发出甜美而和谐的声音，再美妙的旋律也无法与之相比。[④]如果我们问他们要感官的证据，他们会怎么说？我们从小习惯于这种噪音，因为一直在听，所以失去了对它的感觉；就如铁匠的耳朵一直处在喧嚣声中，习以为常了。如果我去驳斥这种精致的无聊之说——其实从第一句话就可以看出它的虚假——倒显得我似乎不懂得时间的珍贵，不相信听众的智力水平。

我还是把局外人的虚枉留给那些非信徒，回过头来看看教会所特有的主题。如果我们相信一些先辈所说的话，那么我们这里看到的不是创造一个新的天，而是对最初的天的新解释。他们的理由是，前面的叙述

---

① 比如阿那克西曼德（Anaximander）(Diog. Laert. 2. 1，2）和德谟克利特（Democritus）(Diog. Laert. 9. 44)。

② 参见《哥林多后书》12：2。

③ 《诗篇》147：4。(和合本为148篇。——中译者注)

④ “你必须设想它（圆拱）是这样的一种东西：就如某个中空的大圆拱，从头至尾切开，里面有同样一个圆拱，比它小一些，正好套在里面，就如桶里面再套一个桶。同样，第三个套在第二个里，第四个套在第三个里，其余四个也一一如此，总共有八个圆拱，因为圆圈都是圈套圈的……每个圈里的上边都站着一位塞壬，随着圆圈一起旋转，每一个发出一个声音，各种声音有不同的韵律，八种声音合起来却构成一种和谐的声音。”(柏拉图《国家篇》第十卷616D—617B)

简洁地描述了天地的创造，而这里圣经更详尽地叙述了天地被造的方式。然而，由于圣经给这第二个天取了另外的名称，赋予其特有的功能，所以我坚持认为它不同于起初被造的天，它具有更强大的本性，有独特的宇宙功用。

4. “上帝说，诸水之间要有天空，将水分为上下。上帝就造出天空，将天空以下的水、天空以上的水分开了。”[①]在领会经文的含义之前，我们要先设法回应来自其他方面的反对观点。我们受到这样的质问：如果天空是一个球体，看起来似乎如此，那么它那球形的圆周怎么能容纳在更高区域流动并循环的水呢？我们该如何回答？其实只要说明一点就够了：因为一个物体的内部显现为完全的球形，并不能由此必然推出它的外表也是球形的，也是均匀的圆周。看看浴室的石头拱顶，窑洞式结构的房子，内室是圆顶，但外面的屋顶仍然是通常的平面，这两者并不矛盾。所以，这些可怜的人哪，请不要再以水不可能停留在高处的问题纠缠我们，这也困扰他们自己。

现在我们必须说说天空（苍穹）的本性，它为何接受命令，占据水与水之间的位置。圣经时时用天空、苍穹这个词来表示非同寻常的力量，比如：“耶和华是我的天空，我所投靠的”[②]，“我曾立了它的柱子”[③]，“在他显能力的穹苍赞美他”[④]。所以异教作家就将密实的东西称为坚固的物体，[⑤]以区别于数学上的体。数学上的体只存在于长、宽、高三维空间，而坚固的物体除了三维之外还有阻力。圣经的习惯是把整个坚硬而不弯曲的事物称为天空。它甚至用这个词表示浓缩的空气，比如它说，那加强雷声的。[⑥]所谓加强的雷声，圣经的意思是指风力产生的阻力，

① 《创世记》1：6、7。（和合本译为“空气”。——中译者注）
② 《诗篇》18：2，七十士希腊文译本。（和合本译为“……我的磐石……”——中译者注）
③ 《诗篇》75：3。
④ 《诗篇》150：1。
⑤ *ναστός*，即紧密、坚固。德谟克利特将它用来与 *κενόν* 即虚空对立。
⑥ 《阿摩司书》4：13，七十士希腊文译本。

这风包围在云层的空隙处，一旦受到强力推动，突破包围，就发出雷声。在我看来，这就是一种坚硬的实体，能够滞留流动不居的水元素；另外，按照人们普遍接受的观点看，似乎将天空的起源归于水，但我们不可以为这水类似于结冰的水，或者通过对水过滤而得到的其他什么质料，比如，水晶，据说它是超常凝结而形成，或者在矿脉中形成的透明石①。这种清澈透明的石头，如果你看到它天然形成的完美，不含一丝裂纹，没有一点瑕疵，确实几乎可以与清澈的空气相媲美。但我们不能将天空、穹苍比做这些实体中的某一种，不然，若是对天体持这样的观点，那会显得何等幼稚而可笑。虽然万物互相包含，火在土里，气在水里，其他元素也均如此；虽然我们感官所感知到的事物没有一样是纯粹而非混合的，不是包含作为中介的元素，就是包含与它相反的元素，但是我仍然不敢断言说，天空是由这些单一实体中的某一样形成的，或者是它们混合而成的，因为圣经教导我不可让自己的想象力漫无边际地飘荡。只是我们不可忘记，在说了“要有天空”之后，接着不是“天空就有了”，而是说：“上帝就造出天空，将……水分开了。”② 你们这些聋子啊，听一听吧！你们这些瞎子啊，看一看吧！——那么谁是聋子？就是不听圣灵这种振聋发聩的声音的人。谁是瞎子？就是看不见独生子如此清晰证明的人。③“要有天。”这是最初、首要之因发出的声音。“上帝就造出天。”这就是对上帝的活泼的创造性权能的见证。

5. 我们继续解释下面的经文：“将水分为上下。”④ 从四面八方流到地上并且悬在空中的水体无边无际，所以它与其他元素之间没有分摊比

---

① 即“镜铁矿石”或云母，过去用来做玻璃窗。在西伯利亚、秘鲁、墨西哥以及瑞典和挪威都发现有云母。

② 《创世记》1：7。

③ 对基督教团契来说，读到《蒂迈欧篇》结尾处的话“唯一被造的”宇宙本身就是上帝，这是令人吃惊的。

④ 《创世记》1：6。

例。就如已经说过的，深渊盖住了大地。我们将会说明为何有这么丰富的水。可以肯定，你们谁也不会驳斥我们的观点，甚至那些最有教养且独具慧眼，能以之洞察这种可灭、易逝之物的人也不会；你们不会指责我提出不可能或者异想天开的理论，也不会问我这种流动元素所依赖的根基是什么。是什么原因把比水重的土从世界的各极吸过来悬浮在中心，我们就可以根据同样的原因肯定地认为，由于水的本性具有向下的引力和普遍的平衡性，所以这么多的水能够一动不动地悬浮在地上。① 于是，浩淼的水体分布在地的周围，不是与地成一定比例，而是比它大无数倍，这是出于至高造物主的预见，他从起初就预见到将来要发生的事，在最初的时候就为世界将来所需要的一切准备了供应。那么，如此广袤无边的水究竟是出于什么需要呢？火的本质是世界必不可少的，不仅大地的产出需要火，宇宙的成全也需要火，火是宇宙各元素中最富力量、最具生命力的，如果没有火，它就是不完全的。② 要知道，火与水对立，彼此毁灭。如果火更强，火就吸干水，如果水更多，水就熄灭火。因此，必须避免这两种元素之间的公开较量，不然，哪个元素彻底消失了，宇宙也就瓦解了，至高无上的安排者创造出这么大量的水，即便由于火的燃烧一点点减少，也能维持到世界毁灭之日的到来。那为万物都安排了分量和尺度的，按照约伯的话来说，知道雨滴数量，③ 自然知道自己的作品将维持多久，该让火消耗多少东西。这就是造出这么多水的原因。再者，没有人会对生命全然无知，以至需要解释为何火对世界至关重要。不仅维持生命的各种技艺，比如编织、制鞋、建筑、农艺，需要火，而且树林的生长、果实的成熟、陆生和水生动物的繁殖，以及它们的营养，一开始就全都来源于热量，并靠热能的运动维持。创造热量对存在物的形成和保存绝对必须，而面对着火的不断、不可避免的消耗，

---

① 根据普罗塔克、泰勒斯和斯多葛主义认为地是球形的。

② 火具有最高地位，这是赫拉克利特的观点。

③ 《约伯记》36：27，七十士希腊文译本。

造出大量的水也同样绝对必须。

6. 纵观整个创造活动，你们会看到热能支配着一切生灭之物。有鉴于此，整个地上布满了水，一直漫延至我们视力不及之处，分散在大地的深处。有鉴于此，出现了众多的源、泉、井和各种河流，包括山洪和永远流淌的溪流，以便用各种各样的蓄水池积蓄水分。东边有印度河（Indus），从冬至开始流淌，地理学家说这是地上最大的河。中东出现了巴克图斯（Bactrus）①、克亚斯佩（Choaspes）②和亚拉克斯（Araxes）③，后者的分支塔奈斯（Tanais）流入帕鲁斯—马奥提斯（Palus-Maeotis）海。除了这些之外，还有源于高加索山脉（Mount Caucasus）的帕西斯（Phasis）和其他数不胜数的河流，从北部地区流入优克西尼海（Euxine Sea）。从西部温暖的国家，从比利牛斯山脉（Pyrenees）脚下流出塔尔泰苏斯（Tartessus）④和伊斯特尔（Ister）⑤，一条流入直布罗陀海峡（the Pillars）以外的海，另一条流经欧洲之后，注入优克西尼海。至于西徐亚中心那些由拉佩尔亚山脉（Ripaean mountains）⑥流出的河流，比如罗讷河（Rhone），以及许多其他河流，还有必要一一列举吗？所有这些河流都适宜航行，在浇灌了西部高卢人（Gauls）和凯尔特人（Celts）的国家之后，注入西海（Western sea）。其他的从南方更高地区流经埃塞俄比亚，有些流入我们的海，有些流入无法达到的海域，爱琴海（Aegean）、尼塞斯海（Nyses）、克勒米特海（Chremetes）⑦，尤其是尼罗河，其实它不具有河的特点，当它淹没埃及的时候，倒像是海。由此可见，我们地上有人居住的部分都被水包围，靠大量的海连接起来，靠无数的常年不

① 巴尔克（Balkh）。
② 克拉克（Kerak）。
③ 很可能是指伏尔加河。
④ 埃布罗河（Ebro）。
⑤ 多瑙河（The Danube）。
⑥ 泛指欧洲和亚洲北部的山脉。
⑦ 巴西尔的地理知识很糟糕。他应当向斯特拉博（Strabo，古希腊地理学家）或者托勒密（Ptolemaeus）请教一下，但他始终满足于亚里士多德提供的资料，所以也一样不漏地重复了亚氏的错误。

断的河流浇灌，这全出于上帝难以言喻的智慧，他将一切安排妥当，不让这种与火不相容的元素被完全毁灭。

然而，那个时候总会到来，到那时，一切都要被火烧尽；如以赛亚论到宇宙的上帝时所说的："对深渊说，你干了吧，我也要使你的江河干涸。"① 因此，要拒斥这个世界愚拙的聪明，与我一起领受更单纯但永远不会错的真教义吧。

7. 所以我们读到"诸水之间要有空气，将水分为上下"的经文。我已经论到圣经里的"空气"这个词是什么意思。事实上它不是具有重量和阻力的坚固实体，否则这个名称更适合于地。由于悬盖在上面的实体是轻盈的，没有一点坚固性，不能为我们的任何感官感知，正是在与这些纯净而不可感知的实体比照中，空气（天空）才获得自身之名。想象一个地方可以分离出水分，如果水很纯净，没有杂质，就把它送到更高的区域，如果稠密而粗糙，就让它降落，目的是通过逐渐收回水分子，自始至终保持相同的温度。你们不相信有这么浩淼的水；但是你们没有考虑庞大的热量，如果你们把它看做对水分的破坏力，就会明白，尽管它在体积上并不那么可观，但力量上确实极其强大。它吸收周围的水分，就如我们看到的瓜蔓那样，并且一吸收就消耗掉，就如油灯的火焰一吸收油绳所供应的燃料就把它烧光。谁不认为以太就是燃烧的火？如果造物主没有为它划定一条不可企及的界限，那么能有什么东西阻止它燃起火焰，把靠近它的一切事物消耗掉，把存在之物中的所有水分都吸收光？通过江河、源泉、沼泽、湖泊、海洋发散出的水汽笼罩诸天，形成天空中的诸水，防止以太侵袭宇宙，把它彻底烧毁。因此我们看到，就是这个太阳，在夏季的时候也能一下子就把潮湿的沼泽地晒干，使它成为十分干燥之地。那么它的水到哪里去了？请这些全知的老师告诉我们吧。它岂不是变成水汽上升，被太阳的热量消耗了吗？这是众所周知的。但

① 《以赛亚书》44：27。

是他们依然说，就是太阳也是毫无热量的。瞧他们在词藻上浪费了多少时间！就看看他们提出什么证据来抵制一清二楚的事实。太阳的颜色是白的，既不是红的，也不是黄的。所以它的本性不是火，它的热量出于旋转的速度。① 他们的结论是什么？就是太阳没有吸收水分？尽管这个说法是错误的，但我不排斥它，因为它有助于我的观点。我说过，热量的消耗需要如此浩淼的水。太阳的热能是出于它的本性，还是出于它的运动，只要它对同样的事产生同样的效果，这对我们的论证没有任何影响。不论你是把两根木头摩擦点起火，还是拿它们到一团火焰上点燃，你得到的结果完全是一样的。此外，我们看到，治理一切的上帝的伟大智慧使太阳从一个区域行到另一个区域，否则，如果让它始终停留在同一个地方，它过度的热量就可能破坏宇宙的秩序。大约到了冬至的时候，太阳就转移到南方地区，然后它回到二分点，到了夏至又从那里转移到北方地区，通过这种觉察不到的过程使整个世界保持适宜的温度。

请那些博学的人看看他们自己中间是否有不同观点。他们说，太阳晒干那些水分就是防止海洋上升引起河流泛滥；太阳的热量吸收水分，吸干纯净可饮用的部分，留下水里的盐分和苦涩部分②，因为这个行星具有独一无二的优点，能够吸收轻盈的东西，又让一切厚重属土的，比如泥浆和沉淀物降落。由此就产生苦涩、盐的味道，以及枯萎、干涸的力量，这就是海的特点。众所周知，他们一方面主张这些观点，另一方面又来个一百八十度转弯，说水分不会因被太阳吸收而减少。③

8. “上帝称空气为天。”④ 真正的本性属于另一者，空气只是因与天相似而分有这种本性。由于我们认识浓密厚实、连绵不绝的空气，

① Aristotle，*Meteor.* 1.3，30 也这样说。
② 参见 Diog. Laert 7. On Zeno。
③ 恩培多克勒（Empedocles）认为，海是大地的汗水。参见 Aristotle，*Meteor.* 2.1。
④ 《创世记》1：8。

所以我们常常能看到被称为天的可见区域，并从这个表示看见的词给它取名为“天”① 。圣经里说的“空中的鸟”②，“要有雀鸟飞在……天空之中”③，以及“他们上到天空”④，正是这个意思。摩西祝福约瑟的支派说，愿它得天上的宝物、甘露，得太阳所晒熟的美果，月亮所养成的宝物；得高山之巅的福祉，永世之岭的恩泽，⑤ 总之，从使地肥沃的一切事物中蒙福。而在咒诅以色列时则说：“你头上的天要变为铜。”⑥ 这是什么意思呢？这是威胁他要使地完全干涸，让空中缺乏使地上果实生长成熟的水分。

既然圣经说甘露或雨水是从天上降下的，我们就明白那是出于那些受命占据更高区域的水。当地上蒸发的水分在高空聚集起来，在风的压力下凝结，这空中的水分就以水汽和轻盈的云自我扩散；然后再次混合，形成下落的雨滴，因自己的重量向下坠落，这就形成了雨。当水受到风的强力击打，就变为泡沫状，经过严寒，完全结冰，就突破云层，降为雪。⑦ 由此你们可以解释空气悬挂在我们头上的所有潮湿的实体。

关于天，圣灵的话语单纯而朴实，而哲学家的讨论盘根究底，谁也不可将两者相提并论。就如贞女的美胜过娼妓，同样，我们的观点胜过我们对手的论证。他们只是想靠勉强的推论说服人；而在我们，真理本真地呈现自己，没有任何掩饰。其实我们何必费力地去驳斥哲学家的错谬呢？我们只要提出他们彼此矛盾的作品，然后在一旁做静静的观众，看他们争斗就可以了。因为有那么一些思想家认为，宇宙被火毁灭，但被毁世界的灰烬里还保留着种子，这种子又产生出生命，因此，世界毁

---

① 认为 *οὐρανός* 源于 *ὁράω*，这是假想。亚里士多德（*De Cael.* 1. 19，9）认为它源于*ὅρος*，界限。真正的词根是 *var*，即覆盖。

② 《诗篇》8：8。

③ 《创世记》1：20。

④ 《诗篇》107：26。

⑤ 参见《申命记》33：13—15，七十士希腊文译本。

⑥ 《申命记》28：23。

⑦ 参见 Aristotle，*Meteor.* 1.9—12。

灭又复生，不断轮回，以至无穷。[①] 这样的思想家不是少数，也不是名不见经传，在攻击对手时同样毫无审慎、失去理智。所有这些都远离真理，殊途同归，走向谬误。

9. 但是就将诸水分开这一点而言，我不得不对教会里某些作家[②]的观点提出质疑。他们在崇高观念的支配下，大力使用寓意解经，把诸水完全看做比喻，认为它们表示属灵的无形权能。在高层区域，在空气之上，住着美善者；在低层区域，大地和质料是邪恶者的居所。由此他们说，天之上的诸水，也就是良善权能，赞美上帝，他们的灵魂纯洁无瑕，所以配得颂赞上帝。而在天之下的诸水代表恶灵，它们因天生的重量坠落到恶的深渊。情欲的风暴搅动它们，使它们骚动不安，蠢蠢欲动，鉴于它们的活动既不稳定也不连续，所以就得了海的名称。[③] 这些理论真是无稽之谈，无异于痴人说梦。要驳斥它们，我们就要明白水是指什么意思，至于空气为何要将水分开，我们要接受已经给出的理由。天之上的水虽然能荣耀宇宙的主，但是我们不可因此就认为它们是理智存在物；诸天不因为其"述说上帝的荣耀"而是活的，空气（穹苍）也不因为"传扬他的手段"[④] 而成为可感知的存在者。如果他们告诉你们诸天是指沉思的力量，天空是指生产善的活跃力量，那么我们佩服这种理论具有独创性，但不能接受它为真理。否则，甘露、霜冻、冷热，这些在《但以理书》里被命令赞美万物之造物主的东西，都要成为有理智的、不可见的种类了。事实上这只是受到启示的心灵能理解的比喻，以成全造物主的荣耀。此外，诸天之上的水确实因自身拥有的优点而享有特权，但并非只有这些水在赞美上帝。"所有在地上的，大鱼和一切深

① "这些斯多亚主义无神论者确实与其他斯多亚主义有神论者的大多数一样，都认为由于宇宙大火周期性地发生，世界生生灭灭，无限更替。" Cudworth，I. 3. 23。

② 即奥利金。

③ 参见奥利金《创世记布道书》，保存在鲁非努（Rufinus）的译本里。

④ 《诗篇》19：1。

洋……都要赞美耶和华!”① 可见,《诗篇》作者并没有拒斥深渊,尽管我们这些寓意解经的发明者把它们列为恶者,相反承认它们是被造的宇宙大家族里的成员,深渊用自己的语言歌唱和谐的颂歌,赞美造物主的荣耀。

10. “上帝看着是好的。”上帝不会用是否吸引眼球作为标准来判断他造化之工的美,他的美的观念不同于我们。他认为美的事物就是完美地呈现所有适合的技艺,②并对其目标有用的事物。他对自己的作品有明确的构想,而每一个都按他的创造意图成全了各自的目标,所以他对它们都很满意。从雕像上掉下来的一只手,一只眼,或者与整体分离的某一部分,没有谁会认为是美的。但是如果每一部分都各归其位,所展现出的迄今几乎无所觉察的匀称之美,即使最不开化的人也会为之感动。但是艺术家在把作品的每个部分组合起来之前,就能想到他心目中的整体对象,辨认得出它们每个部分的美。正因如此,圣经才向我们描述至高的艺术家,赞美他的每一件作品;不久,当他的作品完成之后,他将完全应得的赞美一并赐给整体。这里我要结束关于第二日的论述,让我勤勉的听众回顾一下刚刚听到的布道。但愿他们能记在心里,以有益于他们的灵魂;但愿他们认真地反省,消化我所说的话语,从中得益。至于那些靠手艺维持生计的人,我允许他们白天去干活,这样他们就可以在晚上带着轻松的心来享受我演讲的盛宴。愿这位创造了如此伟大的事物,将如此软弱的话语放在我口中的上帝,赐给你们他真理的智慧,好叫你们脱离可见事物,上升到不可见的存有(Being),愿雄伟而壮美的造

---

① 《诗篇》148:7。

② 亚里士多德《修辞学》(*Rhet.*) 1.9。参见 E. 布尔克(E. Burke,*On the Sublime and Beautiful*, 3.§6):“没错,无限智慧而良善的造物主为我们造了有用的事物之后,又不时慷慨地把美加到它们身上。但是这并不表明我们的有用观念和美的观念是一回事,或者它们总是彼此依承的。”约翰逊(Dr. Johnson)举例说,咖啡杯上的画是美的,但并不实用。圣巴西尔的思想与罗斯金(Ruskin)一致(*Mod. P.* chap. 6.):“在美的崇高观念中,毫无疑问,愉悦更多地取决于是否能微妙而难以察觉地捕捉到适宜、得体和协调关系这些完全理智性的东西,然后借着这些东西对通常所说的‘理智之美’产生最高贵的意识。”

物能使你们正确认识造物主。因为自从创造天地以来，上帝的永能和神性是明明可知的。[①] 因此，地、气、天、水、昼夜，所有可见的事物都指示我们谁是我们的施恩者。只要我们借着完整的记忆，让上帝永远住在我们心里，我们就不会让罪有可乘之机，也不会让我们里面的仇敌有立足之地。一切荣耀和敬拜都归于上帝，从现在直到永远，世世代代，无有穷尽。阿们！

## 布道书（四）

论水的聚合。

1. 在有些城市，居民们的眼睛从早到晚饱餐数不胜数的巫师的把戏。他们乐此不疲地聆听从他们灵魂里引发出的诸多罪恶的靡靡之音，还常被称为快乐的人，因为他们不关心生活所需的生意事务，在闲散和享乐中度过分配给他们的地上的时日。他们不知道，一个充满不洁景象的剧院，对坐在那里的人来说，就是一所培养恶习的学校；这些华美庸俗的歌曲潜移默化地影响人的心灵，凡欣赏这样的音乐，想要模仿琴师和笛手音符的人，就被污秽充满。还有些人疯狂地追逐马匹，在睡梦中还想着对他们的马下赌注；他们指挥马车，更换马夫，甚至入睡了也不能从白日的蠢行中摆脱出来。而我们的主，创造伟大奇迹的工匠，呼召我们要沉思他自己的作品，我们岂能厌烦地不看它们，或者迟钝地不听圣灵的话语呢？我们岂不应当环顾上帝创造用的这个广袤而多彩的工作室？心里回想起古老的时代，我们岂能不看见整个造物界？引用先知的话说，天似穹庐；[②]地这个广袤的物体自我停留；地周围的空气柔软而流动不居，对呼吸者来说是一种真正持续

---

① 参见《罗马书》1：20。
② 《以赛亚书》40：22，七十士希腊文译本。

不断的营养，它非常稀薄，身体稍一运动，它就退让、散开，丝毫都不妨碍我们的活动，但是一会儿又在将它分开的人后面涌回原处；最后，水为人提供解渴的质料，也可能是为满足我们其他的需要而设计的，它奇迹般地聚合到分配给它的固定处所，这就是我刚刚读的那句话将向你们显现的景象。

2. “上帝说，天下的水要聚在一处，使旱地露出来。事就这样成了。”天下的水聚到了一处；“上帝称旱地为地，称水的聚处为海”。① 在我前面的讲论中，你们问我为何地是不可见的，为何所有的形体天生就有颜色，为何所有的颜色都出现在视域之中，你们给我提出了多大的难题。我是这样解释的，地并非本性上不可见，而是因为水体完全覆盖在它上面，所以在我们看来它不可见。也许我的理由不能使你们满意，那么请听圣经自身的解释。“水要聚在一处，使旱地露出来”。覆盖物拿开，让迄今为止一直不可见的地成为可见的。也许你们会向我提出新的问题。首先，水往低处流，这难道不是自然规律吗？那圣经为何说这是造物主的命令？只要水分布在一个水平面上，它就不流动，此时是不动的。但是当它遇到斜坡，最前面部分就马上下落，随后部分就取代它的位置，这部分又被第三部分取代。于是，它们不断地流动，彼此挤压，它们流动的速度与水的体积以及下坡的坡度成正比。如果这就是水的本性，那么命令它聚到一处就是多余的。既然它本性不稳定，就注定要流入最深的洼地，一直到水面持平才会停止不流。我们知道，没有别的平面比水平面更平的了。此外，他们还说，既然我们看到有好几个海彼此分离，相距十分遥远，那怎么说水接受命令要聚到一处呢？对第一个问题我回答如下：由于上帝的命令，你们非常清楚地了解水的运动；你们知道它是不稳定、不牢固的，必然要向下流动，流入低洼地带。但是在这样的命令使它获得这种习性之前，它的本性是什么？你们自己不知

① 《创世记》1：9、10。

道，你们也不曾听哪位见证人说过。请想一想，事实上，正是上帝的一句话创造了这种本性，正是这个命令为这造物将来的趋势指明了方向。对昼夜的创造只有一次，从被造那一刻起，它们就不间断地彼此相继，把时间分为相等的部分。

3. “水要聚在一处。”水的自然属性就是流动，这是命令，诸水顺从这一命令，永不疲倦地向低处流淌着。我这样说时，只考虑到水的流动属性。其实有些水自愿流动，像泉水和河水，有些水则沉静和固定。只是我现在讨论的是流动的水。“水要聚在一处。”当你站在泉边，看着源源不断流出的泉水，你是否从未想过，谁使这水从地心里涌出来？谁迫使它上升？贮存水的仓库在哪里？它快速流向何处？它如何在这里永不枯竭，在那里永不泛滥？所有这些都出于那个第一命令，这是为诸水指明流向的信号。

在关于水的整个故事中，请记住这第一命令：“水要聚在一处。”去占领它们必须流向的指定之处，一旦到达那里，就留在那里，不再向前流动。所以《传道书》里有话说：“江河都往海里流，海却不满。”[①] 也就是说，“水要聚在一处”。这第一法令使诸水流动，却把海包围在界限之内。为避免水漫出它的底部，持续不断地渗透，淹没一个个国家，最终在全地泛滥，上帝就命令它要聚在一处。因此我们常常看到，狂怒的大海波浪掀天，但一触及海岸，它的狂暴就被撕成泡沫，撤退回去。“耶和华说，你们怎么不惧怕我呢？我……用沙为海的界限。”[②] 一粒沙，恐怕是最软弱的东西了，却能控制海洋的狂暴。试问，若不是造物主的法令禁止，谁能阻止红海把位于低处的埃及整个淹没，并与环抱它的海岸的另一个海联合？我之所以说埃及比红海低，那是因为经验使我们相信这一点，人们曾多次尝试要把埃及海[③]与印度洋——红海是它的一部

① 《传道书》1：6、7。
② 《耶利米书》5：22。
③ 即地中海。

分——联结起来，但都没有成功。我们已经放弃这样的事；埃及的塞索斯特里人（Egyptian Sesostris），当初构想了这样的主意，后来玛代人（Mede）大流士（Darius）曾想将这一构想付诸实施，但他们都放弃了这一事业。①

我介绍这样的故事是为了叫你们明白，"水要聚在一处"这一命令充满多大的威力；也就是说，水不可有别的聚处，并且它们一旦聚集在一处，就不可再四处流散。

4. 既说水要聚在一处，也就表明先前它们散布在许多地方。山脉原本沟壑纵横，当诸水从各个方向聚向一处时，就在峡谷里积满了水。像海洋那样一望无际的广袤平原，千姿百态的峡谷，千奇百怪的洞穴，原本必定空空如也，此时却在上帝的命令下积满了水！但我们不可因此就说，如果水覆盖了地球表面，所有变成了海的地方原本就是满的。试想，如果这些盆地原本就是满的，那水的聚合从何谈起？我们认为，在上帝说出水要联合为一体那一刻之前，这些盆地只是做好了准备。那时候，还不存在迦德拉（Gadeira）之外的海，以及环绕不列颠岛和西班牙西部令航海者胆战心惊的广袤大洋。然而，上帝在一瞬间就造出了这无垠的空间，诸水都流入这里。

如果说我们关于创世的解释看起来似乎与经验相反（因为看起来并非所有的水都流到一个地方），那可以提出许多解释，这些解释一提出来就会一目了然。也许对这样的异议，就是驳斥它也是可笑的。他们难道可以提出池塘和蓄水池作为反例，以为这就足以推翻我们的推论了吗？显然，最主要、最充沛的水就是被称为聚到一处的水（即海）。井也是水的聚处，人挖出井来，储蓄分散在地底下的水分。聚处这个名称并不是指水的随机聚集，而是指最大的也是最重要的水的聚集，由此显示出这元素集中到一起。就如火，尽管在世上被分成细小

① 这一例证出于巴西尔一直非常倚重的作品，即亚里士多德的《气象学》(I. 14, 548)。

的部分，以满足我们的需要，但在以太中以大团的形式分布；就如气，尽管同样被分成细小的部分，仍然占据着地球周围的区域；水也是这样，尽管各处都分布着小规模的水，唯有那使这整个元素与其他元素区分开来的水才构成聚在一处的水。毫无疑问，不论是北部地区的湖泊，还是希腊、马其顿、比提尼亚（Bithynia）、巴勒斯坦的那些湖泊，都是水的聚处，但这里指的是最大的聚处，范围等同于整个地的聚处。前一种聚处确实容纳了大量的水，这一点谁也不会否认。然而理性地看，谁也不会称之为海，即便它们看起来像大海，充满了盐和沙。比如，犹太地的阿斯法提提斯湖（Lacus Asphaltitis），阿拉伯沙漠连接埃及和巴勒斯坦的塞波尼斯湖（Serbonian lake）。这些都是湖，而海只有一个，如那些环球航行的人所断言的。虽然有些权威认为希尔卡尼亚海（Hyrcanian sea）和里海（Caspian sea）有各自不同的边界，但如果我们相信地理学家，那么它们彼此相通，一起注入大海（the Great Sea）。[①] 因此，根据他们的叙述，红海和迦德拉之外的海合成一个海。那么上帝为何把不同的水体都称为海呢？原因是这样的。流到一处的诸水，以及它们各不相同的聚处，也就是大地在她弯曲的褶皱里包含的深渊从主接受了诸海的名称：北海、南海、东海、西海。诸海甚至还有各自独特的名字，优克西尼海（Euxine），普洛旁提斯海（Propontis）、达达尼尔海峡（Hellespont）、爱琴海（Aegean）、伊奥尼亚（Ionian）、撒丁尼亚（Sardinian）、西西里亚（Sicilian）、伊特鲁里亚（Tyrrhene），以及其他许多名字，要一一列举那就实在太长了，而且也完全不合时宜。请注意上帝为何把诸水的聚处称为海。以上是离题发挥，现在我们还是言归正传。

5. 上帝说："天下的水要聚在一处，使旱地露出来。"他没有说使地露出来，免得它再次显现为无形状的东西，类似混合了水的泥浆，但也

---

① 普林尼（Pliny，4，15）也错误地认为，里海注入北方的一个海，这个海的东头是希尔卡尼亚海，西头是里海。Strabo 11.507，*et sq.*。

不是赋予了适当形状和功能的东西。同时，造物主还没有造出太阳，就向我们显示地是干的，防止我们认为地变干是太阳的功劳。我们要遵循圣经告诉我们的思路。不仅原本覆盖在地上的水离开了地面，就是渗透到它深处的水也服从至高主不可抗拒的命令撤退了。事就这样成了。这足以表明造物主的声音产生了果效。然而，有些版本中还加上这样的话“天下的水就聚在了一处，干地也露出来了”，别的阐释者都没有说过这样的话，与希伯来用语显然也不吻合。事实上，在“事就这样成了”的论断之后，再原原本本地重复同样的话，实在是多此一举。在准确的版本中，这句话上标着短剑号，①表示删除。

“上帝称旱地为地，称水的聚处为海。”②为何圣经上一句说水要聚在一处，旱地要露出来呢？这里它为何又要说旱地露出来了，上帝称它为地？这是因为干旱是该主语的属性，标志该物的本性，而地只是它的名称。正如理性是人独特的能力，而人这个词用来指明赋有这种能力的存在者，同样，干燥是地独特的性质。因此，这种本质为干的元素就得称为地，就如以嘶鸣声为特点的动物就称为马。其他元素也与土（地）一样，获得了某种使之与其他元素相区别的独特属性，使它们成为各自的所是。因此，水的特性是冷，气的特性是湿，火的特性是热。不过，这一理论其实只适用于世界的原始元素。各大元素构成物体，为我们的感官所感知，向我们表明这些性质都是结合在一起的，在我们的眼睛和其他感官所能发现的整个自然中，没有什么东西是完全单一和纯粹的。土既干又冷；水既冷又湿；气既湿又暖；火既暖又干。正是由于这些性质可以联合，不同的元素才能结合。由于元素之间有共性，所以每个元素都能与相邻的元素结合，这种自然联合又使每个元素能与相反的元素联结在一起。比如，土既

---

① 哲罗姆（Jerome）在七十士希腊文译本中用短剑号标出多余内容。参见 Jer. P. 494，Canon Fremantle 译本。这里提到的添加句，无论是武加大本（Vulgate）、阿奎拉本（Aquila），还是西马库斯本（Symmachus）、狄奥多仙本（Theodotion）都没有。但是，安波罗修在《创世六日》3.5 里同意有这句话。

② 《创世记》1：10。

是干的又是冷的，因冷的性质与水相结合，又通过水使自己与气相结合。水处于两者之间，对两者都有帮助，由于它具有双重性质，通过冷与土结合，通过湿与气结合。至于气，处于相抵触的水与火之间，扮演两者的中介者，通过湿与前者联合，通过热与后者联合。最后，火既是暖的又是干的，通过温热与气联结，通过干燥与土重新结合。各元素之间的这种协调，这种结合，产生一种循环，一个和谐的合唱团，使每个元素都实至名归。我说这点是为了解释为何上帝称旱地为地，而没有说地是干的。这是因为干旱并不是地后来所获得的那些性质中的一个，而是一开始就构成它的本质的一种性质。而使物体存在的性质必然先于它随后获得的性质，具有一种超越于后者的卓越性。因此上帝拣选了地最古老的特性来标明它。

6. “上帝看着是好的。”①圣经不只是想说海那令人愉悦的一面向上帝显现出来。造物主不是用眼睛观赏自己创造的美妙，他乃是以不可言喻的智慧沉思它们。风平浪静、波光粼粼的大海美景宜人，当微风吹拂，兴起层层涟漪，水面泛起紫红和蔚蓝的时候，大海也同样美不胜收——只要它不是狂涛拍岸的时候，看起来就似乎是平静地抚爱和亲吻堤岸。然而，圣经不是在这个意义上说上帝看到海是好的、美的。上帝造出好的作品，目的如下。

首先，海水是地上一切水分的源泉。它渗透看不见的管道，就如地下蓄满水的孔和洞所表明的；它被蜿蜒曲折的复杂沟渠所接纳，然后在风的鼓动下上升到地表，再冲破地表，经过层层过滤之后，脱去了苦涩，成为可饮用之水。它常常在同一原因的推动下，从它流经的矿脉中涌出来，携带着热量，喷出沸水，冒出灼热的能量，就如在岛屿和海滨看到的，甚至在某些与河流相毗邻的内陆地区，将小的与大的相比，也会出现同样的现象。这些话意在何为？是为了证明地下布满了看不见的管道，水从海的诸源头流经这些管道，流到地下的每个地方。

---

① 《创世记》1：10。

7. 因此，在上帝的眼里，海是好的，它提供了地底深处的水流。它是好的，还因为它纳百川而不越出自己的界限。它是好的，因为它是空气中水分的源头和源泉。它在阳光普照下受热，变成水蒸气飘散，被吸引到上层高空。由于升得太高，地面的光线折射不到，它就在上面冷却，云层的阴影又加重了这种冷却，于是它就变为雨水浇灌大地。如果有人不信，就请他们看看烧火的大锅炉，虽然原来装满了水，但最后往往只剩下空锅，因为所有的水沸腾之后，变成水汽蒸发了。海员甚至因为干渴难忍，把海水烧沸，用纱布收集水汽来解渴。

最后，海在上帝看来是好的，原因在于它包围着岛屿，既有防御作用，又美不胜收；在于它把地上最遥远的部分连接起来，使海员们能够轻松联络。由此，我们能够享有一般信息的便利，商人可以获得财富，人们可以便利地获得生活必需品，富人可以输出奢侈品，穷人有幸拥有所缺乏的物品。

然而，海在造物主看来的那种好，我怎么可能领会呢？在上帝看来海尚且是好的，值得赞美，更何况教会的会众，岂不是要美得多吗？教会就如同海洋，教会里男女老少都在向我们的上帝祷告，他们的声音混合起来，就如同海浪拍打海岸那样不断回响。教会还享有一种深沉的宁静，恶灵拿异端邪说的气息也不能困扰它。因此，只要在我们的主耶稣基督里忠实于这样好的引导，就得配主的嘉奖。荣耀归于我们的主耶稣基督，直到永永远远。阿们！

## 布道书（五）

地的发生。

1. “上帝说：地要发生青草和结种子的菜蔬，并结果子的树木，各从其类，果子都包着核”。① 这是一种深邃的智慧，当水退去，地处于休

① 《创世记》1：11。

眠状态时，这种智慧命令地土先发生青草，然后长出树木，就如我们今天所看到的，地仍然按这样的命令生发。因为地在那时听到的声音和命令，就成为它合乎本性且永恒的法则，使它获得肥力和权能，为将来的世代生产果实："地要发生。"最初的发生就是长出了菜蔬。种子一旦发芽，就长成青草；再生长就成为树木，不知不觉间就有了各个枝节，最后完全成熟。因此，所有发芽且绿色的东西都是生长的。"地要发生青草。"地要靠自己发生，不需要借助于任何外在的帮助。有些人认为太阳是地上一切生长物的源泉。他们说，正是太阳的热量活动把地中心的生命力引到地表上来。为何先有地上的装饰物，然后才有太阳，原因就在于让那些崇拜太阳，视之为生命之源的人摒弃自己的错误。如果他们完全相信，太阳还没有造出来之前，地已有了装饰物，就会放弃对太阳的无限崇拜，因为他们在太阳升起之前就看到了青草和菜蔬。上帝已经为畜群预备了食物，那么我们人类难道不配得到同样的关怀？上帝既为牛马牲畜提供了牧草，当然预先想到了你们的财富和快乐。他喂养你们的牲畜，岂不就是为了向你们提供一切生活所需吗？他叫谷物生长，如果不是给你们做食物，那是为了什么目的？此外，许多青草和菜蔬也是为了做人的食物。

2. "地要发生结果子的青草，各从其类。"虽然某些青草是给动物吃的，但是它们的益处就是我们的益处，而核是特别为我们的益处设计的。这就是我所引用的这句话的真正含义。"地要发生青草和结种子的菜蔬，各从其类。"按照这样的理解，我们就可以重新调整这段话的顺序——这段话的结构在现行的版本中似乎是错的——这样才能严格遵守上帝对自然界的安排。事实上，第一阶段是萌芽，然后是青葱翠绿，然后植物生长，长到成熟期后就结出果子。

他们说，既然芦苇、麦草（couch-grass）、薄荷、番红花、大蒜、开花的灯芯草，以及无数其他植物根本不结果子，那圣经怎么能说地上所有植物都是结果子的呢？对此我们回答说，许多植物在较低部位和根部结果子（种子）。比如，芦苇在一年一度的生长期之后，就从自己的根部长出一个结节，这就是为将来的灌木所预备的种子。无数其他植物都是这样的，全都是靠根部繁殖的。因此，每种植物都结果子，或者包含某种生殖功能，没有比这话更正确的了，这也就是“各从其类”的含义，由此，芦苇的枝条不会发出橄榄树，芦苇生出的只能是芦苇，什么种子长出的总是同类的植物，所以，凡是从地上生发出来的东西，一直到现在仍然保持它最初长出来的样子，这是由于繁殖始终是同类繁殖。①

“地要发生。”请注意，这短短一句话，这简洁的命令一发出，原本冰冷贫瘠的大地艰难而迅速地长出果实，因为它脱去了灰暗阴沉的外衣，穿上了明亮鲜艳的服装，自豪于自己独特的装饰，展现出无限丰富的植物种类。

我希望创造能使你们充满敬畏之心，无论你们身在何处，即使是看到微不足道的小草，也能使你们清晰地想起创造的主。如果你们看见野地的青草，就要想到人性，记起智慧的以赛亚所说的比喻。“凡有血气的尽都如草，他的美容都像野地的花。”②没错，生命的流逝是多么的迅速，瞬间的快乐给人的满足和享受是何等的短暂，一切都非常贴合先知的比喻。今天，他处于生命的鼎盛时期，面色红润如花，体强力壮，精力充沛，锐不可当，生活奢侈，尽情享受；明日，他就会老态龙钟，或者疾病缠身，气息奄奄，成为怜悯的对象。就算他时运亨通，处处辉煌，周围却是一大堆谄媚奉承者，在他追名逐利的道路上陪伴他的是一群虚假的朋友；亲属一大串，却没有真正的亲人；仆人一大群，鞍前马后，跟随左右，他可以饭来张口，衣来伸手；在迎来送往中拖带着这浩浩荡荡的跟从，谁见了都眼红。除了时运之外，还可能有政府赋予的权力，帝王赐予的荣耀，掌管某个行省，或者指挥整个军队；前面有传令官大

① 林奈（Linnaeus）是这种理论的最近的伟大阐释者，关于这种理论的历史以及它与达尔文（Darwin）的矛盾，请见 Haechel 的 *Schöpfungsgeschichte*，vol. 1. ch. 2。

② 见《以赛亚书》40：6。——中译者注

声吆喝，左右有跟随的扈从耀武扬威，使臣民对他充满敬畏，殴打、没收、驱逐、下监，以及诸如此类的手段，又使他的臣民感到无限恐惧。然后怎样呢？一个晚上，一次发烧，胸膜炎或者肺炎发作，这个人一命呜呼，瞬间就失去了人生舞台的所有附属物，他先前拥有的一切荣耀原来只是一场梦。因此先知将人的荣耀比作弱不禁风的花。

3. 直到现在，植物发生的顺序都见证着它们最初的安排。每一种草，每一种树，都从胚芽（种子）发生出来。如果它，比如麦草和番红花，从根部，从这较低部位的结节发出一根枝条，那么它必然向外生长发展。如果它从种子发出，就必然有这样一个过程，先是胚芽，然后籽苗，然后绿叶，最后在此前一直又干又粗的茎上结出成熟的果子。"地要发生青草"。种子落到地里，与热量和水分适当结合，然后膨胀，变成多孔渗水的，抓住周围的泥土，吸收适合于它、与它相近的营养物质。泥土里的这些物质，不论有多小，慢慢渗透到种子的每个气孔里之后，就使它的体积膨胀，使它向下发出根须，向上发出枝条，发出像根须一样多的茎。由于胚芽始终在变热，根部的水分得到热量引力的帮助，从泥土吸取适量的营养，然后把营养输送给茎、皮、壳、果子本身以及保护果子的芒。正是由于这些部位一个接一个地连续生出，每种植物才得以自然成长，不论是谷类，是菜蔬，是草类，还是灌木。一棵树，一株草，足以使你绞尽脑汁沉思创造它的那种技艺。①麦秆为何要有结节？因为这些结节就像起支撑作用的扣件，当麦秆上结出果实，体积变大，弯向地面的时候，结节就帮助它轻松地承受麦穗的重量。燕麦秆上没有重量需要承受，所以就没有这些支撑物，而小麦需要支撑，自然就为它提供了这些支撑物。自然还把麦粒藏在容器里，免得成为鸟类的掠夺物，用标枪一样的倒钩作为麦粒的防御装置，保护它免遭小虫子的侵袭。

---

① 华兹华斯（Wordsworth）《不朽颂》（*Ode on Immortality*）："最微贱的花朵常能给我/深刻得眼泪也无法表达的思绪。"

4. 我该说什么呢？我该留下什么不说呢？在创造的丰富宝库里，很难选择什么是最宝贵的，忽视任何一点都是极其严重的损失。“地要发生青草”，地上同时出现了有用的和有害的植物；有谷物，也有芹叶钩吻；长出其他有营养的植物，也长出有毒的藜芦、舟形乌头、曼德拉草以及罂粟的毒液。那该怎样呢？我们对如此多有益的恩赐不表示一点感恩，还指责造物主创造出了那些对我们生活可能有害的东西，这应该吗？难道我们不应反思一下，所有一切不都是为了满足我们的肚腹而创造出来的？有营养的植物，也就是指定为我们所用的植物，就在眼前，并且全天下都知道。凡被造的，没有一样是不合理的。公牛的血是毒药，那么这种全力为人劳役的动物难道就不该造出来，或者造出来了，也应当是不流血的？然而，你有眼睛，完全可以使自己远离致命的东西。什么！连绵羊和山羊都知道如何逃离威胁它们生命的事物，凭本能就会识别危险，而你这个有理性、知道用医术满足需要的人，有祖先的经验告诫你如何避开一切危险之物，你却告诉我说你觉得很难远离毒物，这是什么话！没有哪个事物是毫无理由创造出来的，没有哪个东西没有用处。有的是这个动物的食物，有的是解除我们某种疾病的药物。八哥就吃芹叶钩吻，它有独特的身体结构，能对这种毒草的毒性产生免疫力。因为它心脏的气孔非常细小，毒液一吞咽下去就被它消化了，根本来不及攻击它的致命部位。鹌鹑也食藜芦，由于它有特殊的体质，能够不受毒性侵袭。在有些情况下，毒药甚至对人有益，比如医生用曼德拉草让我们安睡，用鸦片麻痹剧痛。芹叶钩吻迄今为止一直用来缓解猖獗的顽疾；许多时候藜芦能除去久治不愈的慢性病。所以，这些植物不是让你指责造物主，相反，为你提供了感恩的新素材。

5. “地要发生青草。”这句话里包含了多少自然产生的供给——根部的、植物本身的、果实的，以及我们的劳作和汗水所添加的！上帝没有命令地立即长出种子和果实，而是先长出胚芽，长出绿叶，然后才成熟结果，因此这第一命令教导大自然在时间的进程中该怎么做。但是他们提出疑问：我们常常会有这种情形，种下去的是麦子，收获的却是黑颗粒。既然这样，真能说地生产果实，各从其类吗？这种情形不是种类的改变，而是这棵麦子的一种变异，一种疾病。它并非不再是麦子，而是因为受过伤害，所以变成了黑色，就如它的名称告诉我们的。如果遭受严重的霜冻，它就会变为另一种颜色，另一种味道。他们甚至妄称，如果它能找到适宜的土壤和适宜的温度，就完全可能恢复到最初的样子。因此你们看，自然界中没有什么可以违抗上帝的命令。至于毒麦，那些混杂在庄稼中的稗草，圣经里所说的莠草，绝不是谷物多样性的体现，而是有其自己的源头和类别。那些篡改主的教义的人，就是这些毒麦、稗草、莠草，他们没有接受圣言的正确教导，反被邪说的教导败坏了，混杂在教会的健康躯体里，悄悄地在纯洁的心灵中间传播他们恶毒的谬论。因此主将那些信他的人的完全比作果子的成熟，“如同人把种子撒在地上。黑夜睡觉，白日起来，这种子就发芽渐长，那人却不晓得为何这样。地生五谷是出于自然的；先发芽，后长穗，再后穗上结成饱满的子粒”。①“地要发生青草。”地遵从造物主的命令，一瞬间就长出胚芽，经历成长的各个阶段，使胚芽发展为果实。草地上青草如茵，肥沃的平原丰收在望，谷物波动就像海浪翻滚。每棵树，每株草，最渺小的灌木，最卑微的菜蔬，都郁郁葱葱地从地里长出来。在这最初的植物生长中，没有任何不利因素：不存在农夫缺乏经验，不存在天气险恶，没有任何东西能够伤害它；那时还没有定罪审判束缚地的肥力。这一切发生时还没有罪，而犯了罪之后，我们就只能靠汗流满面才得糊口。

6. 造物主又说，“地要发生结果子的树木，各从其类，果子都包着核”。②

此命令一下，各种矮林都茂茂密密地长出来；各种大树，冷杉、雪

---

① 《马太福音》4：26—28。（应为《马可福音》4：26—28。——中译者注）

② 《创世记》1：11。

松、柏树、松树，都直参云霄，灌木立即披上厚厚的树叶。那些冠状植物、玫瑰、桃金娘、月桂花原本并不存在，然后一瞬间，它们全都出现，各具形态，各有特色。大部分都有不同于其他植物的标记，每一种都有自身独特的品性。但是当时玫瑰并不长刺，后来才在美中带刺，使我们知道悲伤与快乐是如此接近，提醒我们记住自己的罪，这罪使地受咒诅，长出荆棘和蒺藜。然而他们说，地接受命令长出"结果子的树木，果子都包着核"，但是我们看到许多树既没有果子，也没有核。对此我们该如何回答呢？首先，经上只提到较为重要的树；其次，我们只要仔细检查就会看到，每种树都有种子，或者具有种子功能的属性。黑杨木、白杨木、柳树、榆树，这个家族的树都不结明显的果子，但是仔细观察就能发现，它们其实都有种子。它们的种子就是位于叶子底部的子粒，那些忙于发明新词汇的人称之为mischos，这种子粒就具有种子的属性。还有些树木是靠枝条繁殖的，从这些枝条抽出根系。也许我们甚至应当把从树的根部发出来的小苗称为种子，因为栽培者把它们折下来繁殖这个树种。不过，我们已经说过，这里主要是讲对我们的生活大有益处的树木，这些树木供给人各种各样的果实，为他供应充足的营养。葡萄树就是这样的树，葡萄酿成酒，愉悦人心；橄榄树也是这样的树，橄榄炼出油，使脸生辉。自然界有多少东西结合在同一种植物之中！一棵葡萄树上，有根，有绿色柔软的枝条，远远伸展如华盖，有蓓蕾有卷须，一串串酸涩的葡萄和成熟的葡萄。富有智慧的眼睛观察葡萄树，能提醒你想到自己的本性。毫无疑问，你们都知道主称自己为葡萄树，称他的父为栽培的人的比喻，而我们每个人通过信仰的嫁接被移入教会，就是葡萄树上的枝子。他鼓励我们结出丰富的果子，因为担心我们不结果子就会被投到火里烧了。① 他常常把我们的灵魂比作葡萄树。他说："我所亲

① 参见《约翰福音》15：1—6。

爱的有葡萄园在肥美的山冈上”，[1] 另一处说，我“栽了一个葡萄园，周围圈上篱笆”。[2] 显然，他把人心称为他的葡萄园，圈以他威严的戒律并有天使的守卫。“耶和华的使者，在敬畏他的人四围安营搭救他们。”另外，他在他的教会里设立了使徒、先知和教师[3]，也就是为我们栽培了依靠者；他通过古代圣人的典范提升我们的思想，不允许它们在地上爬行，被踩踏于脚下。他希望爱的拥抱就像葡萄树的卷须一样，将我们与邻人紧连起来，使我们信赖他们，这样，我们就能效法这些葡萄树，它们不断攀向参天大树的顶端，我们也要持之以恒地渴慕天堂。他还要求我们不断寻求，当灵魂摆脱了属世的事务——它们就是压在我们心上的负荷——之后，就开始解救自我。人只要摆脱了肉体的渴慕和财富的贪婪，不再受它们迷惑，看轻并鄙弃这种可悲的虚荣，就可以说被解救出来，大大地松了口气，摆脱了属地思念的无益重担。就比喻的灵来说，我们不可发出太多的枝条，也就是说，行为举止不可太浮夸，不可哗众取宠；我们必须结出果子，为栽培者保留见证我们工作的证据。要“像神殿中的青橄榄”，[4] 从不缺乏盼望，通过信仰装饰救恩的花朵。因而如果每天能看到你们在施舍之事上慷慨解囊，你们就像这种植物那样青葱，所结果子就必可与它媲美。

7. 我们要回头考察创造中的精巧设计。当时长出了多少树啊！有些为我们结出果子，有些供我们建造房子的屋顶，有些可以造船，有些用做薪火。造物主对它们各部分做了何等丰富多彩的安排啊！然而，要找出它们各自独有的特性，要抓住它们与其他种类相区别的特点又何其困难。有些把根深深地扎入泥土，有些生长于表皮；有些笔直生长，只长出一条茎，有些似乎喜欢泥土，从根部向上分叉出多条枝子。有些树把

---

① 《以赛亚书》5：1。
② 《马太福音》21：33。
③ 参见《哥林多前书》12：28。
④ 《诗篇》52：8。

长长的枝条高高地伸向天空，它们也有巨大的根须深扎于地下，这是自然界安排的真正根基，以支撑树的庞大身躯。树皮的样式又是多么丰富多姿，有的光滑，有的粗糙，有的只有一层，有的有很多层。多么奇妙啊！在树身上你可以看到人的模样，年轻人类似于年轻的树，老年人类似于年老的树。年富力强的时候，身上的皮肤紧凑舒展，老了，皮肤就粗糙干涩。有的树被砍了，它会发出新芽；而另外的树则从此不能繁殖，如同遭受了致命的伤害。但进一步我们可以看到，松树被砍了或者被火烧了之后，就发出一片橡树林。① 此外我们还知道，农学家的研究可以补救某些树木的天然不足。比如，石榴虽然尖硬，杏仁虽然苦涩，但只要在靠近根部的树干处切开口子，在木髓中间放入一块肥壮的松树塞子，它们的果汁就失去了酸性，成了美味的果子。也就是说，罪人不可妄自菲薄，他只要想一想，既然农艺可以改变植物的汁液，那么灵魂为实现美德而做的努力自然也可以战胜一切软弱。

果树的果子如此丰富多样，不胜言述；不仅不同种类的树的果子不同，就是同一种类也各不相同，诚如园艺工人所说，树的性繁殖也影响果子的品质。他们把棕榈树分为雌性和雄性；我们时而会看到，他们称为雌性的那些树伸展着低矮的枝条，似乎怀着炽热的情欲，渴求雄树的拥抱。于是，管理这些树的人就把他们称为“*psen*”的雄性棕榈树上的授精粉摇下来。雄树似乎也分享雌树的快乐，然后长出枝子，叶子也重新长到正常的样子。无花果树也是如此。有些人在无花果树旁边栽种野生无花果树，还有些人看到我们园子里多产的无花果树即将枯萎，为了补救，就拿青的无花果接在枝子上，这样，原本已

① 后来有人观察到确有此现象，不过，巴西尔在解释原因时可能是错的。在北美森林里，松树被清除之后，就萌发出了橡树小枝。橡子长期埋在土里，无法与松树抗衡，但是一旦松树被清除了，它就生发出来。这种新树种之所以萌发出来，一方面是因为松鸦、乌鸦、某些四足动物把种子埋在地下；另一方面，根据德坎多尔（De Candolle）和利比希（Liebig）的理论，树根会排出某些物质，这些物质虽然对排出者的生长无益，但能滋养另一些植物。所以，一旦松树的压迫消除了，埋在地下的种子就在某种植物肥料的滋养下破土而出。

经开始凋零的果子不再掉落下来。这里自然界教导我们什么呢？我们必须时时借助别人，甚至那些不信之人的一臂之力发出善工。如果你们看到教会外面，在异教徒的生活中，或者在恶毒的异端中间有美德和守法的典范，就要加倍努力，学习种在野无花果树旁边多产的无花果树，它们汲取了力量，避免了果子的脱落，反能更加精心地滋养果子。

8. 植物繁殖的方式如此多种多样，我们只能提到最主要的几种。至于果子本身，谁能查清它们的品种、形状、色彩、特有的气味以及各不相同的用途？为何有些果子裸露在阳光之下成熟，而有些包裹在壳里长大？果子纤弱的，比如无花果树，有厚厚的叶子遮挡；相反，果子坚硬的，比如坚果，就只有一层稀薄的叶子遮挡。前者娇嫩，需要更多照料；但如果后者遮盖的树荫太密，就会对果子有害。为何葡萄树的叶子是锯齿状的，岂不是为了让葡萄串既可以抵挡空气的伤害，又可以通过空隙吸收阳光吗？凡成就的事，没有一件没有目的，没有一桩是偶然发生。这一切都显明了不可言喻的智慧。①

什么样的讨论能囊括全部？人的思维能概括整体，能标出每种特性，能展现各种差别，能明确地揭示如此多神秘的原因吗？同样是根部吸收的水，却以不同的方式滋养树根、树皮、树干和木髓。它变成叶子，它把自己分配给树枝、树梢，使果子长大——它使这种树有自己的树胶和树液。谁能向我们解释清楚所有这些之间的区别呢？乳香的胶与香脂的液不同，埃及茴香与利比亚茴香提取的汁液不一样。他们说，琥珀就是结晶的树液。请看小块麦秆和被困在液体状的脂油里的小虫子，就是一个明证。总之，没有长期的经验积累，谁也不可能

① 关于万物都有目的的观点，参见 Arist. *De Part. Anim.* 3. 1，如 Cudworth，III. 37. 3 所引用并翻译的："木匠会提出比这更好的解释，因为他认为，木料成为这个样子绝不只是因为工具恰好如此这般地切下，他会告诉你，这是他自己一刀一凿地做成的，是他指挥着工具，决定它们做这样那样的动作，目的是为了使整块木料适用于这样的目标。"关于目的论在现代视野中的优点和缺点，Dr. Eagar 的 *Buther's Analogy and Modern Thought* 49 页及以下包含了富有启发性的内容。

找到恰当的语言来描述它的功用。另外，这水为何在葡萄树里成了酒，在橄榄树里却成了油？然而，使我们惊奇的，不是看到它在一种果子里成为甜汁，在另一种果子里成为油脂，而是看到即使在甜美的果子里也有数不胜数的不同味道。葡萄的甜是一种，苹果的甜是另一种，无花果的甜，海枣的甜，都各不相同。为使你们满足，我愿意进一步探讨这个问题。同样的水，有时候因留在某些植物里而甜美可口，有时候因经过另一些植物而变得酸不溜丢，这是什么原因？同样，当它出现在苦艾和药旋花里时为何就变得极其苦涩扎嘴？为何在橡子和山茱萸里有一股强烈而难闻的气味？而在松脂树和胡桃树里又成为柔和、油状的东西？

9.就是在同一棵无花果树上，我们也发现完全相反的味道，树液有何等苦涩，果子就有何等甜美。既然如此，我们还有什么必要再啰唆呢？在葡萄树上，岂不同样如此？葡萄有多甜，枝子就有多涩。至于色彩，又是何等的繁多！看看草地上，同样的水在一种花里变成红色，在另一种花里变为紫色；在这朵花是蓝色，在那朵花是白色。色彩的这种多样性岂不可以与气味的多样性媲美？但是我意识到，在永不知足的好奇心驱使下，我的讲演会越出应有的界限。如果我不打住，回到创造之法上，那可能一整天都让你们在微小的事物上看伟大的智慧。

“地要发生结果子的果树。”顷刻之间，山顶变得郁郁葱葱，乐园巧妙地呈现出来，无穷的植物点缀着河岸。有些是为了装饰人的餐桌，有些以果实和叶子滋养动物，有些帮助我们治病疗伤，树汁、树液、树屑、树皮或果子都可以拿来做药。总之，若不是造物主参透一切的预知首先意识到并使之存在，那么人的经验再多，阅历再丰富，也不可能发现任何有用的东西。因此，当你看到园子里的树，森林里的树，那些喜爱水或陆地的树，那些开花或不开花的树，我盼望你知道即使渺小的事物中也有伟大，不断加深对造物主的敬慕，加倍地爱这位造物主。问问你自己，造物主为何使有些树四季常青，有些树叶落有时；在前者中，为何有些要换叶，有些始终不落叶。比如，橄榄树和松树要掉叶，但它们在不知不觉中长出新叶，所以看起来从来没有失去青葱之色。棕榈树则相反，从生到死一直装饰着同样的树叶。再想想柽柳的双重生命；它是一种水生植物，却又广泛分布于沙漠。由此，耶利米将它比作最糟糕的人格——表里不一的双重人格。①

10. “地要发生。”这短短的命令瞬间就成就一个广袤的自然，一个精致的系统。它比思想更加迅速地生出数不胜数、性质各异的植物。直到今天，这命令还对地施加着影响，在年复一年的时间中展现它生出草根、种子和树木的能力。就像陀螺，最初受到鞭策之后，就一直旋转，一旦稳固了旋转的中心，就一直自我旋转；同样，自然接受了这最初命令的推动之后，就世世代代一丝不苟地遵循，直到万物都满了数目。我们大家都当急切地追求这个目标，结满果子，成就善工，好叫我们栽种在主的殿里，生长在我们上帝的院里，②在我们的主耶稣基督里，荣耀和权能归于他，直到永永远远。阿们！

## 布道书（六）

光体被造。

1. 在竞技表演中，观众须得给运动员加油鼓劲。因为表演法则规定，凡是进入露天剧场的，都不得戴帽子，这就是证明。在我看来，这样规定的目的在于让人明白，每个人不仅是看运动员表演的观众，在某种程度上，也是真正的运动员。同样，要考察创造这出伟大而恢弘的剧

---

① 参见《耶利米书》17：6，七十士希腊文译本。

② 参见《诗篇》92：13。

目，要理解至高、不可言喻的智慧，你们必须从各自的角度来沉思我陈列在你们眼前的奇迹，并尽你们的能力在这场争战中帮助我——与其说你们是这场争战的裁判，不如说是我的战友——防止我的错误使你们转向通常的偏见，不然，恐怕真理离你们远去。为何要说这番话呢？这是因为我们提出要把世界作为一个整体研究，并且不是靠属世的智慧，而是靠属上帝的智慧思考宇宙，这种智慧是上帝在面对面与他的仆人说话而不用谜语的时候愿意启示仆人的。这是因为所有热爱伟大而崇高的表演的人，都必然带着准备就绪的心灵来研究它们。如果有时候，在一个明亮的夜晚，你用警醒的眼睛凝视满天繁星那难以言喻的美，就会想到万物之创造主；如果你问问自己，是谁用这样的花朵点缀天空，为何可见之物不仅美而且有用；如果有时候在白天，你研究光的奇迹，能通过可见之物提升自己去面对不可见之存在，那么你就是一个准备就绪的听众，你可以在这庄严而神圣的圆形剧场占据一席之地。就如来了一个陌生人，不认识你的城市，你就牵着他的手领他走过城池；同样，我也要领着你们，就像领着陌生人，穿越宇宙这个伟大城市的神奇景象。我们最初的国家原本在这个大城里，但是引诱人为奴的凶恶魔鬼把我们赶了出来。那里你可以看到人最初的起源，看到人因罪而来的死，以及恶灵的最初产生。你会知道自己由土构成，却是出于神手的作品；虽然比兽类软弱得多，但注定要管辖没有理性和灵魂的存在物；虽然在自然本性上没有优势，但拥有理性优势，所以能够自我提升到天上。如果我们完全领会这些真理，就会认识我们自己，也会认识上帝，我们就能敬拜我们的造物主，事奉我们的主，荣耀我们的父，爱我们生命的维持者，赞美我们的保护者，永远尊敬现在和将来生命的王，[①] 他慷慨地赐予我们世俗的财富，使我们相信他的应许，他利用眼前的好事加强我们对将来的盼望。一点没错，如果这就是时间中的美物，那永恒的美物又会是什

① 参见《使徒行传》3：15。

么呢？如果这就是可见之物的美，那我们该怎样想象不可见之物的美呢？如果说天的壮观超出了人的理解能力，那什么样的心灵能去追寻永恒者的本性呢？太阳这个可朽坏的物体尚且如此壮美，如此宏伟，运动如此迅速，轨道如此恒定；它的高贵与宇宙如此和谐，如此相称；它因着本性上的美，就像明亮的眼睛在被造界中闪闪发光；最后，人不可能厌倦于对它的沉思——这个太阳尚且如此，那么公义的太阳[①]又会何等的美？若说瞎子苦于看不见质料的太阳，那么不能享有真光的罪人该是怎样的残缺！

2.“上帝说，天上要有光体，并要发光在天空，普照在地上，可以分昼夜”。[②] 上帝先造出天地，然后造出光；先使昼夜分开，然后显出天空和地的元素。水已经聚集到指定的聚处，地上已经生长出万物，芳草萋萋，树木葱郁，花团锦簇。然而，日月还没有造出来；之所以没有先造日月，是为了防止那些对上帝一无所知的人把太阳当做光的源头和父亲，或者以为太阳是地里生长之万物的创造者。于是就有了第四天，到那时上帝才说：“天上要有光体。”

一旦你明白了谁在说话，就应当立即想到谁是听者。上帝说：“……要有光体……于是上帝就造了两个大光。”谁在说话？造光的又是谁？你没有发现这里有双重的位格吗？借着奥秘的语言，历史处处被撒播着神学的教义。

造光体是有目的的，就是照亮大地。但是光早已经造出来了，为何还说造出太阳是为了光照？首先，不要嘲笑这种奇怪的表述，我们不像你们那样讲究遣词造句。但是我们只要稍稍想一想，就能明白它们之间自然相接。我们的作者不会沉溺于卖弄辞句；无论何时，我们宁愿选择清楚明白的措辞，而不是故弄玄虚的表述。那么请看一看，圣作者

① 参见《玛拉基书》4：2。
② 参见《创世记》1：14，七十士希腊文译本。

用“发光”(to light up) 这个词是否充分表明了自己的思想。他用的是动词“普照”(to give light)①，而不是表示状态的“照明”(illumination)②。这里与前面关于光所说过的话没有任何矛盾。那里造出的是光的真实本性，而这里太阳是为那原初之光造出来的一种工具。灯不是火，火具有照明的属性；我们发明了灯，在黑暗中给我们照亮。同样，发光体是作为那纯粹、清澈、非质料的光的工具而创造的。使徒对我们论到某些在世上闪耀但与世界的真光丝毫不混淆的光，③圣徒们拥有这样的光，就成为他们所教导的灵魂的发光体，使这些灵魂脱离无知的黑暗。所以万物之创造主在那荣耀的光之外，又创造了太阳，把它安放于穹苍光耀天宇。

3. 光的明亮是一回事，光的质料性工具即物体是另一回事，谁也不可以为这是不可思议的。首先，在一切复合物中，我们把能接受性质的质料与它所接受的性质区分开来。白的本性是一回事，变白的物体是另一回事。因此，我们刚刚看到的由造物主的大能重新合起来的两者是有分别的。不要告诉我说它们不可能分开。即使我不妄称能够将光与太阳分开，我也坚持认为我们在思想中能够分开的东西，自然的造物主可以在现实中分开。此外，我们诚然不能将火的亮光与它拥有的燃烧特点相分离，但是上帝想用奇异的景象吸引他的仆人，就点燃灌木丛，火焰尽展其光华，但它的毁灭属性却隐而不露。这就是《诗篇》作者所论断的“耶和华的声音使火焰分岔”④。因而，在来生等候我们的报偿中，有个神秘的声音似乎告诉我们说，火的双重本性将被分开；义人要享有它的光，而它灼烧的痛苦将成为对恶人的惩罚。

我们在月升月落中看到新的证据，它能证明我们的观点。当月亮渐渐变小，消失不见时，它并没有毁灭自己的形体，而是一点点地储存或

---

① *Φαῦσις*，发光的行为，七十士希腊文译本。

② *Φωτισμός*，即 *φαῦσις* 所产生的状态。

③ 参见《腓立比书》2：15。

④ 《诗篇》29：7。

吸收周围的光，向我们显现出盈亏的样子。如果我们想要找到证据，证明月亮休息时并没有毁坏自己的形体，只要睁开眼睛看一下就行了。如果你在万里无云的晴朗天空中看到它，你就会发现，当它完全变为新月的时候，那处在黑暗中没有变亮的部分就勾勒出与满月时同等的圆形图像。因此，只要把这个模糊而暗淡的曲线部分加到被照亮的部分上，就能看到完整的圆形。不要告诉我月亮的光是借来的，随着它距离太阳的位置远近而盈亏，这不是我们现在要研究的话题；我们只是想要证明它的形体不同于使它发亮的光。我希望你们对太阳也有同样的想法，唯一不同的是，一个在接受了光，将光与自己的实体结合之后，就不再放弃光；而另一个，一次次轮回，不断脱下又重新披上光，通过在它自身中发生的现象证明我们关于太阳的论断。

于是日月得令将昼夜分开。前面上帝已经将光与暗分开，使两者的本性彼此相对，这样光与暗就不可能混合，两者之间也绝不可能有任何共同之处。如果在有光的时候，影子总是落在另一边；如果早晨它向太阳下山的方向伸展，傍晚向太阳升起的方向倾斜，中午转向北方，晚上退入背阳的区域，那是因为它本性上就是地的影子。同样，在白昼，影子是由挡住光线的物体产生的，当大地周围的空气处在影子中时，夜就自然降临了。这正是圣经所说的："上帝把光暗分开了。"所以，光一靠近，暗就逃走，两者被造之初本性就不相容，彼此分离。现在上帝命令太阳管昼，月亮管夜，只要她变圆。因为这两个光体几乎截然对立；当太阳升起，满月就消失在地平线上，等太阳落下，她又重新出现在东方。至于在其他相位时月光是否完全对应夜晚，那与我们的话题无关。无论如何，以下这点依然正确，当月亮满盈时，星光就趋于暗淡，月亮的光辉照亮大地，它管理夜晚，与太阳合作把日子分成相等的部分。

4. 它们可以"作记号、定节令、日子、年岁"。① 光体提供的记号是

① 《创世记》1：14。

人类生活必不可少的。事实上，只要我们不是带着不当的好奇心追问，长期的经验将使我们发现多少有益的观察资料！关于雨水、干旱、起风的记号——是局部的还是普遍的，是猛烈的还是温和的，有多少这样的记号！我们的主向我们指明太阳所提供的一种记号，他说："早晨天发红，又发黑，你们就说，今日必有风雨。"① 事实上，当太阳穿越云雾时，光线就趋弱，而光盘看起来就像一团煤在燃烧，显出一种血红色。正是因为空气太密实，太阳光无法驱散如此大团而浓密的空气，才出现这种现象；但地上蒸发的气流必然使密集的空气无法留存，于是它可能会从大量的水分中引发风暴，临到它所聚集地区的上空。同样，当月亮周围积聚湿气，或者太阳周围形成光晕的时候，就表示有大雨或者风暴。另外，如果太阳在运转中出现了虚影，那就预示着某种天象。最后，那些线条，就像彩虹的色彩，显现在云层上，表示有雨，有风暴，或者一句话，天气要大变。

那些潜心观察这些天体的人，发现不同的月相就是不同的记号，似乎包围地球的空气被迫根据月形的变化而变化。新月第三天，如果月亮清晰明亮，就表示必定有个好天气。如果它的两角厚钝，颜色泛红，就预示可能有大雨，或者有强劲的南风。谁不知道这些记号在生活中有多大用处？有了这些记号，海员就能预测大风的危险，预先把船驶回港口，旅行者预先找到躲避的地方，等候天气好转再出发。有了这些记号，忙于播种耕作的农夫就能知道哪些时节适宜做哪些农活。再者，主已经向我们宣告，在宇宙毁灭之际，记号将出现在太阳、月亮和星辰上。太阳将变为血，月亮将不再放光，② 这表示万物的终结。

5. 但是那些走极端的人，把圣经里的话拿来为他们的算命天宫图辩护，妄称我们的生活依赖于天体的运动，因而迦勒底人在行星上寻找将

---

① 《马太福音》16：3。

② 巴西尔似乎把《约珥书》2：31（"日头要变为黑暗，月亮要变为血"）与《马太福音》24：29（"日头就变黑了，月亮也不放光"）的经文混淆了。

要临到我们头上的事。对于“它们可以做记号”这句非常简单的话，他们既不是理解为天气的变化，也不是理解为时节的轮换，而是完全出于自己的想象，认为它们支配人的命运。他们实际上是怎么说的？当行星走过黄道带的各宫，某些行星相遇所形成的某些图像产生某些命运，另一些行星相遇形成的另一些图像产生另一些命运。

为明白起见，详尽讨论这门虚枉的学问也许并非没有益处。我不会用自己的观点来驳斥他们，我要用他们的话为受伤者提供治疗方案，为其他人提供预防受伤的措施。占星术的发明者认为，在时间范围内有许多记号都被他们遗忘了，所以要划分时间，把时间分为非常细小的段落，似乎在极短的时间，用使徒的话说，就在霎时，眨眼之间，[①] 这个人的出生与那个人的出生之间就出现悬殊的差异。这个人出生在这一瞬间，他就要成为统治数城的王者，要治理百姓，聚敛财富，手握重权。另一人出生在下一瞬间，就要成为穷人和可怜虫，每日挨家挨户乞讨度日。于是他们把黄道带分为十二部分；由于太阳穿越这个准确无误的轨道的十二个分区需要三十天，所以他们又把它们再分为三十个部分。每个部分又分成新的六十等分，这六十等分再分为六十等分。那么我们就来看看，在确定一个婴儿的诞生时，是否有可能找到这个严格的时间分区。孩子生了，护士确认了性别，然后等候表示生命的哭声。到此时为止，你认为有多少个瞬间过去了？护士向迦勒底人宣告孩子降生了，你能数出在她张嘴之前过去了多少秒，尤其是如果数时间的人在女病房外面？我们知道，不论是白天还是晚上，去看一下时钟，应当最能准确地报出时间。但是在这段时间里又有多少秒过去了！因为要找到出生时的行星，不只是位于黄道十二宫之一的行星，还要确定三十分之一，甚至再将后者六十等分之后的其中一部分行星，为了达到准确的真理，再将这六十等分细分为六十等分，确定其中一等分是什么行星。要获得如此

---

① 《哥林多前书》15：52。

细微的知识，一下子根本无法领会的知识，必须考察每个行星，找出它相对于黄道各宫的位置，以及在孩子出生时行星所构成的图案。这样说来，如果不可能确定出生的准确时间，如果一点点变化就会颠覆一切，那么不论是那些致力于这种虚幻学问的人，还是那些目瞪口呆地听他们说话，似乎能从他们获知未来的人，都显得极其可笑。

6. 按他们的理论，结果会是什么呢？这个人因为出生在白羊座下，所以必有卷曲的头发和明亮的眼睛，公羊的形象就是这样的；他必有高尚的情操，因为他天生就是发号施令的；他必是慷慨大方、资源丰富，因为这种动物毫不费力地脱去羊毛，大自然随即又给它重新披上。那个人出生在公牛座下，他必然习惯于苦役，有奴隶般的性格，因为公牛总是负在轭下。另一个出生在天蝎座下，他必像这种有毒的爬行动物那样攻击他人。出生在天秤座下的人必如我们的天平一样公正无私。这岂非愚蠢之极？你从这白羊座来描绘人的出生，但它是天穹的十二分之一，当太阳行进到这个位置时，也就到了春天；而天秤座和公牛座同样是黄道带的十二分之一。你怎么能从那里看出影响人生活的主要原因呢？你为何拿动物来标志进入这个世界的人的类型呢？出生在白羊座下的人必是慷慨大方的，但不是因为天穹的这一部分赋予他这种特点，而是因为这种动物的本性如此。那么我们何必拿这些星宿的名字来吓自己，还努力使自己相信这些蠢话？如果天穹真的因这些动物而有不同的特点，那说明它本身就屈从于外在力量，因为它的动因依赖于在我们田地上吃草的牲畜。真是可笑的论断！然而更可笑的是，他们妄称毫不相干的事物之间相互作用！这种假知识就是真正的蜘蛛网；如果哪个小虫子或飞蝇或某种同样软弱的昆虫落入网中，就被网缠住了；但是如果一种强壮的动物走过来，毫不费力地穿过蜘蛛网，就带走了这张不牢固的薄网。

7. 然而，他们并未到此为止；按照他们的说法，就是我们的各种行为，就是每个人觉得自己的意志起决定作用的地方——我的意思是指行善还是作恶——也依赖于天体的影响力。正儿八经地驳斥这种错误诚然可笑，但它已将不少人裹入它的网罗，所以也许还是不要一笔带过为好。首先我要问他们，所描述的星象是否一天之中要变换上千次。在行星的恒常运动中，有些周期较短，相遇也快，有些旋转较慢，周期较长；常常在同一个时辰里，我们刚刚看到它们彼此相望，忽然发现它们隐藏不见了。而用他们的话来说，当人出生时，是由一个善星看着，还是由一个恶星看着，这是非常重要的。但是占星学家常常抓不住善星显现的时刻，既然让这难以捕捉的时刻逃走了，他们就将这个新生儿归入某个恶灵的支配下。我不得不使用他们自己的措辞。多么疯狂！而最重要的是，多么不敬！恶星竟然将它们的邪恶归咎于造它们的上帝。如果恶是它们本性中内在固有的，那么造物主就是恶的创造者。如果恶是它们自己产生的，它们是赋有选择权的动物，其行为必是自由而自愿的。关于无灵魂的存在物讲述这样的谎言，岂非愚蠢之极？另外，他们在分配善恶时根本不考虑个体的功绩；说某个星仁慈是因为它占据某个位置，它成了恶星是因为它被另一个星看见；如果它离开这个形状，哪怕只是一点点，都会失去有害的影响力。所有这些显得何等荒诞可笑，哪有什么合理性可言！

我们继续下面的讨论。如果在每个瞬间，星辰的形象都不尽相同，那么在这每天上千次的变动中，应当重复出现表示高贵出生的星象。但是为什么我们并非每天都能看到国王的诞生？为何父亲的王位要传给儿子？毫无疑问，从来没有哪位国王想方设法让他的儿子出生在代表王权的星辰之下。事实上，哪个人拥有这样的权能？为何乌西雅（Uzziah）生约坦（Jotham），约坦生亚哈斯（Ahaz），亚哈斯生希西家（Hezekiah）？什么样的偶然性使这些人没有一个正好出生在奴役的时刻？如果我们的美德和恶习不在于我们自己，而是我们出生时的命运决定的，那么立法者规定什么该做，什么不该做，就徒劳无益；审判者弘扬德行、惩罚恶行也徒劳无益。罪不在于抢劫者，不在于暗杀者，这些行为早已为他决定好了；他不可能收回自己的手，不可避免的必然性迫使他行恶。那些费力培养技艺的人是最疯狂的。做工的不撒一粒种子，不磨一下镰刀就有大丰收。不论这个商人是否愿意，他都要交好运，命运要让他的财富滚滚而来。至于我们基督徒，将看着我们的伟大盼望消失不见，因为自从人不再自由行动那一刻起，就既没有对公正的奖赏，也没有对罪恶的惩罚。在必然和命运的支配之下，没有功德的立足之地，而功德乃是一切公义审判的首要条件。我们就此打住吧。你们这些理智正常的人不需要再听更多的例子，时间也不允许我们毫无限制地抨击这些可怜的人。

8. 我们要回到接下来的经文。它们“可以做记号、定节令、日子、年岁”。① 我们已经讨论了记号。通过时令我们了解春夏秋冬四季的更替，看到由于光体的有序运动，每个季节按如此规则的顺序前后相继。当太阳逗留在南方，在我们地区产生大量夜的阴影，那就是冬天了。散布在地上面的空气是寒冷的，潮湿的水蒸气在我们头顶聚集起来，产生雨水、冰雹以及数不胜数的雪花。然后太阳从南方回归，位于诸天中间，平分昼夜，它停留在大地之上的时间越长，带给我们的温暖就越多。然后春天来了，万物生长，大部分树木焕发出新生命，并且通过连续的生产，使整个陆地郁郁葱葱，也为动物提供水分。太阳从那里转到北回归线，进入夏至，我们就有了最长的白昼。随着它在空中继续运行，把我们头顶的空气烧热，使大地干渴，谷物成熟，加速树上果子的成熟。当太阳散发最多热量的时候，它在正午投下的影子也最短，因为它从我们的正上方直射下来。因此日子最长时就是影子最短时。正是这一点使我们所有住在北半球的人都“一边成影”(Hetero-skii) ②，而有些人一年当中有两天时间在正午时分完全没有影子，因为太阳就在他们的正上方，从各个方向均衡地照射他们，甚至可以透过一个小口子直照井

---

① 《创世记》1：14。

② 即正午时影子只投向一边，这是就住在回归线以北和以南的人说的；而那些住在回归线之内的人，影子有时候向北，有时候向南。参阅 Strabo 2.5，§43。对希罗多德来说，腓尼基海员在环非洲航行时，如果看到“太阳出现在他们的右手边”，那是不可思议的。Her. 4.42。

底，因而有些人就称他们为“无影的”（askii）人。那些住在香料之地[①]以外的人，看到自己的影子时而在这边，时而在那边，这地上唯有他们在正午时还投下影子，因而他们就被取名为“两边都成影的”（amphiskii）。所有这些现象都出现在太阳正要进入北方地区时，我们可以从这些现象了解太阳光投射在空中的热量，以及阳光所产生的效果。接下来我们就进入了秋季，酷热消退了，热度一点点降下来，下降到适宜的温度，然后不知不觉把我们带入冬天，太阳又从北方返回到南方。因此，正是这些季节，跟随着太阳的轨道，彼此相继地管理我们的生活。

圣经说，它们“可以定日子”，不是产生日子，而是管理日子；因为昼夜早于光体被造，正因如此，《诗篇》向我们宣告：“他造日头管白昼……他造月亮星宿管黑夜。”[②] 为何太阳管理白昼？因为它把光带到任何地方，只要它一升上地平线，就赶走黑暗，给我们带来白昼。因此我们完全可以毫不自欺地说，白昼就是被太阳照亮的空气，或者太阳经过我们半球时的空间。日月的功能还在于标志年岁。月亮旋转十二次就构成一年，有时候需要加上一个闰月，从而与季节完全吻合。这就是希伯来人和早期希腊人原来的年。[③] 至于太阳年，就是太阳从某个宫图出发，按常规进程回到这个宫图的时间。

9. “上帝造了两个大光。”[④]“大”这个词，我们可以说天大、地大、海大，在这种意义上可以是一种绝对的大。但通常它只有一种相对含义，比如一匹大马或一头大牛，不是因为这些动物具有无限的体积，而是相比于它们的同类，可称它们为大。那么对这里的大，我们应当如何

---

① 即阿拉伯半岛。

② 《诗篇》136：8、9。

③ 叙利亚人和马其顿人也有一个闰月作为第十三个月，使月亮的循环与太阳一致。梭伦约于公元前594年把这个体系引入希腊，因而享有盛誉。不过，公历（Julian calendar）对此做了调整，改善了这种模式。

④ 《创世记》1：16。

理解？我们能否认为光体就如蚂蚁以及自然界中的所有小造物那样，所谓的大就是指与其同类相比而显出其优势的大？或者我们应当断言光体的大是它们内在的本性上的大？对我来说，我认为就是这样的。如果说日月是大的，那不是与较小的星辰相比是大的，而是因为它们的圆周广袤无比，从而它们散播的光辉不仅照亮天穹和空气，同时拥抱大地和海洋。无论它们在天的哪一部分，无论是升起落下，或者在中天，在人眼里看起来都始终是一样的，这显然就能证明它们有巨大无比的形体。整个广袤的天不可能使它们在这个地方显得大一点，在那个地方显得小一点。我们从远处看对象，对象会显得很小，当距离拉近到一定程度，我们才能对它们的大小形成比较恰当的概念。但是没有人能够离太阳近些或远些。地球上所有的居民看到它都是同样的距离，印度人和不列颠人看到它都是同样的大小。东边的人看到它落山时，并不觉得它变小了；西边的人看到它上升时，也没有发现它变小。如果它正处在天穹的中间，那么它的各方面都没有什么变化。不要被单纯的表象所迷惑，不要因为它看上去只有一肘尺宽，就以为它就是那么一丁点大。非常遥远的物体我们往往只能看到一个点，因为视力无法越过太大的空间，可以说在半途中就已经筋疲力尽，最后只有一小部分到达可见物体。我们的视觉能力很微弱，所以我们看到的东西似乎都很小，视觉自身的状况影响它所看见的事物的状况。这样说来，如此视觉是错误的，那么它的见证就是不准确的。回想一下你自己的印象，就会在你自己身上找到证据证明我所说的属实。如果你曾从高山之巅俯视广袤无垠、一马平川的平原，你看到牛轭有多大？犁田的农夫有多大？他们看上去岂不如同蚂蚁？[①] 如果从一块居高临下的岩石之顶眺望浩瀚的大海，放眼茫茫水面，最大的岛屿看起来有多大？那些有巨大排水量的帆船，在蓝色大海上伸展它们的白帆，看看其中一只，在你看来有

---

① 柏拉图（《斐德罗篇》§133）也做过同样的比较。

多大呢？岂不比鸽子还小吗？就如我刚刚告诉你们的，这是因为视觉在空气中迷失了自己，变得软弱无力，无法掌握自己所看到的物体究竟是什么形状。再者，你的视觉告诉你峡谷纵横的高山是圆形的、平坦的，由于它能力有限，只能看到突出来的部分，无法深入到将山脉隔开的峡谷；它甚至不能保存物体的样子，以为所有四方的塔都是圆形的。这一切表明，在相距很远时，视觉只能向我们显现成模糊不清的物体。而根据圣经的证词，光体是大的，并且比它看起来的样子要大无穷倍。

10. 再看看另一个能证明它大的明显证据。虽然天上可能布满无数星辰，但它们所发出的光加起来也不可能驱赶黑夜的昏暗。唯有太阳，一出现在地平线上，虽然还在人的期待之中，还没有完全升上地面，就驱散了黑暗，使星光相形见绌，把此前一直笼罩在我们头上的浓厚空气分散、瓦解，由此产生了早晨的微风，和在晴朗天气里渗出地面的露水。如果不是这个巨大的圆盘放光照耀，如此广袤的大地怎么可能一下子就被完全照亮了呢？这里请承认造物主的智慧。他按太阳与地球之间的距离造出太阳的热量，把它的热量调节得恰到好处，既不过多而烧毁地球，也不至于不足而让它变冷，成为不毛之地。

月亮的属性非常相近；她也有巨大的形体，其光辉仅次于太阳。然而，我们的眼睛并不能总是看见她完满的样子。她时而显现为完满的圆盘，时而减少变小，显现出一边的亏缺。当她渐满时，一边被遮蔽，当她渐亏时，另一边被隐藏。宇宙的神圣造物主使月亮在不同的时候显现如此不同的月相，并不是没有神秘原因的，这是显示我们本性的一个显著例证。人身上没有什么东西是稳定的，有时候他从一无所有发展到无所不有，但是当他急匆匆地费尽九牛二虎之力登上人生巅峰之后，却突然陷入一步步的衰败之中，渐渐耗损，最终毁灭。因此看到月亮就让我们想到人事的变化无常，教导我们不可以此生的好事夸口，不可荣耀我们自己的力量，不可被不确定的财富支配，失去自制力，要鄙视我们这受制于变化的肉身，要体贴灵魂，因为它的好是不动摇的。你看着月亮渐渐变小，不知不觉地丧失光辉，尚且会觉得伤心难过，更何况灵魂呢，它原本已经拥有美德，但因疏忽丧失了自己的美，不能保持情绪的恒定，而是激动不安变化不定，因为它的目标变得不再稳定，看到灵魂这个样子，你岂不更应感到忧伤悲痛吗？经上说得千真万确，“至于愚人，变幻如月”①

我也相信月亮的变化对动物和一切生命物的结构会产生巨大的影响。这是因为身体根据月亮的盈亏改变各自的属性。当她亏缺时，它们就失去致密度，变得虚空。当她变盈渐满时，它们也与她一同充实自己，因为她散发出一种不易觉察的湿气，与热量相混合，渗透到每个地方。要说证据，请注意那些露天睡在月亮下面的人会发觉满头都是水汽；②看看鲜肉在月亮的活动下迅速变质；③看看动物的大脑，海洋动物水分最多的部位，还有树的木髓。显然，如圣经所说的，月亮必然有巨大的身形和能力，使整个自然分有她的各种变化。

11. 空气的状态也受月相变化的影响，比如在新月之后，原本静止不动的风中间常常会出现突然的搅动，激起云层活动，推动它们互相撞击；比如海峡的潮涨潮退，海洋的潮汐都是证明，所以那些住在海边的人看到海水随着月亮的循环有规律地涨落。海峡里的水随着月相的变化时而冲向这边的堤岸，时而又退回到那边；而在朔月之时，它们没有片刻宁静，总是来回涌动，直到月亮重新显现，调整它们的回潮。至于西

---

① 《便西拉智训》27 章 11 节。（经文为中译者根据英文直译。——中译者注）

② 认为“*iracunda Diana*”不吉（Hor.，*De Art. Poet.* 454），这是早期的一种信念，但并未绝迹。参见意为癫痫病的词 *σεληνιασμός*，还有“*lunaticus*”的意思是疯子（moonstruck）。参阅 Cass.，*Quaest. Med.* 25.1。Perowne 关于诗篇 121：6 的注释指出，“德卫特（De Wette）引用安徒生（Andersen）的《东部游记》（*Eastern Travels*），证明人们普遍接受这种观点。德里茨（Delitzsch）提到从得克萨斯听来的说法，如果月亮当空的时候睡在户外，结果就会头昏眼花，精神失常，甚至一命呜呼”。

③ 不管怎么解释，这是一个事实。普鲁塔克（*Sympos. Prob.* 3.10）……认为，由于月亮产生湿气，从而导致食物变质。“空气、湿度、一定的温度，这是生命体腐烂的必备要素……如果湿气一直存在，那么即使温度和空气不完全符合条件，腐烂也会慢慢发生。”约翰斯顿《日常生活中的化学》2.273。

边的海，[1] 我们看到它在涨落中时而回流到自己的海底，时而泛滥，因为月亮通过她的吸气把它引回来，然后通过她的呼气驱使它回到自己的界限。[2]

我讨论这些细节是要向你们表明光体的伟大，使你们看到受圣灵默示的话语中，没有无用的字母。然而我的布道几乎没有提及重要问题，其实关于日月的大小和距离还有许多发现，人只要认真研究它们的活动和特点，就可以借助理性明白这些发现。我不妨坦诚地承认自己的能力有限，免得你们按我的话语去猜度造物主的伟大工作。我以上所说，全是微不足道的小事，但是希望能促使你们去推测我所没有详述的奇迹。因此，我们不可用眼睛测量月亮，而要用理性。理性在发现真理上要比眼睛可靠得多。

然而，可笑的无稽之谈；醉酒时精神狂乱幻想出来的东西，却到处传播；比如巫术可以把月亮挪离原来的位置，使它降到地上。巫术师的咒语怎么可能动摇至高者已经确立其根基的事物呢？一旦这根基真的毁了，那还有什么地方能让它立足呢？[3]

你是否愿意从微小的迹象见证月亮的巨大？世上所有的城镇虽然彼此相距遥远，其街衢却能同等获得月光，月亮一升起来，它们就从暗变亮。如果她不是面对面地朝向万物，就只有那些垂直面对的事物才能被完全照亮；至于那些在她圆盘极限之外的，就只能得到偏移模糊的光线。灯光在屋里产生的效果就是如此。如果一盏灯周围有好几个人，只有直接与灯相对的那个人，影子是垂直投下的。同样，如果月亮的形体不是巨大广袤，她就不可能一视同仁地将光辉洒到万物身上。事实上，当月亮升起在赤道区域，万物都同等地沐浴她的光辉，

---

① 即大西洋。

② 最先指出潮汐的原因在于月亮的变化的人是马赛（Marseilles）的皮西亚斯。（Pytheas，公元前3世纪的古希腊航海家、地理学家。——中译者注）

③ 所以有这样一个习俗，要避开女巫的符咒，因为它们很可能借着敲击铜器和喊叫把遮蔽的月亮引到地面。参见 Juv. *Sat.* 6. 443。

不论是住在冰冻地区的，在大熊座的循环下的，还是那些毗邻于热带南方地区的。她看起来直接面对所有人，由此使我们对她的大小有了一定概念。她把自己同等地分给如此广袤的地区，谁还能否认她身形之巨大呢?

关于日月的大就谈到这里。上帝赐给我们智性，使我们能在造物界最小的物体上洞悉设计者的伟大智慧，但愿他使我们在巨大的物体上进一步认识它们的造物主。然而，与它们的造物主相比，日月只不过是一只飞蝇，一只蚂蚁。整个宇宙都不可能使我们对上帝的伟大有正确的认识；我们只能靠着记号——其本身非常软弱微小——常常借助于最小的虫子、最弱的植物，唤醒对上帝的认识。话就说到这里。我们要向上帝献上感谢祭，就我来说，感谢上帝赐给我传道的职责，就你们来说，感谢他用灵食喂养你们；甚至就在此时此刻，他也使你们在我微弱的声音里找到饼的力量。愿他永远喂养你们，按着你们的信心，[①]在我们的主耶稣基督里向你们显现圣灵，荣耀和权柄归于他，直到永永远远。阿们!

## 布道书（七）

动物的被造。

1.“上帝说，水要多多滋生有生命的物”，各从其类，“要有雀鸟飞在地面之上”，“各从其类”。[②] 继光体被造之后，现在水里也充满了生物，世界的这一部分也有了自己的装饰。大地已经有了自己的装饰，就是各类植物，天空已经有了众星之花，两个大光就像两只眼睛，使诸天变得美不胜收。接下来就该是诸水的装饰了。命令一发出，江河、湖泊都生

---

① 参见《哥林多前书》12：7，“圣灵显在各人身上，是叫人得益处。”
② 《创世记》1：20。

长繁衍出众多各自的幼仔；海洋分娩出各种各样游动的生物；就是泥淖和沼泽里的水也并非毫无动静，也在创造中担当自己的角色，在它的进发中，青蛙、蚊子、苍蝇从各个地方滋生出来。因为我们今天所看到的东西就是过去事物的记号。因而，每个地方的水都立即听从造物主的命令。这个命令一旦赋予水滋生生命的能力，那借着上帝难以言喻的伟大权能突然显现出来的有生命的、活动的生物，谁能数得清它们的种类？水要滋生有生命的动物。于是有生命、有情感的生物第一次被造了出来。虽然植物树木也可以说是活的，因为它们能够吸收营养、发育生长，但是它们既不是能活动的物，也没有生命。[①] 为创造这些有生命的物，最后上帝说："水要滋生动物。"

每一种能游泳的造物，不论是掠过水面的，还是潜入深处的，都具有活动的本性，[②] 都在水体上奋力前行。有些水生动物有脚，能行走；尤其是两栖动物，比如海豹、螃蟹、鳄鱼、河马和青蛙；但它们首先有游泳的天赋。因此圣经说，水要滋生动物。这短短的话里可有忽略什么种类吗？是否有哪个种类没有被包括在造物主的命令之下？我们岂没看到胎生的动物，海豹、海豚、鳐、魟以及各种软骨动物？我们岂没看到卵生的动物，包括各种鱼类，有壳的、有鳞的、有鳍的以及那些没有的？这个命令只要求一句话，甚至一句话也不需要，只要一个符号，神意的一个活动，即具有如此广阔的含义，包含了鱼的所有种类和所有纲目。要一一考察它们，那无异于数算海洋的波涛，或者测量洼地的水一样。"水要滋生动物。"那就是说，包括那些分布在公海的，那些热爱海滨的，那些住在深水的，以及那些依附于岩石的，那些群居的，那些分散居住的，鲸目动物，巨型动物，微型动物。正是出于同样的权能，同样的命令，大的、小的全都获得存在。"水要滋生。"这话表明水里游的动

---

① 植物既不是 ξῶα，也不是 ἔμψυχα。
② 在七十士希腊文译本中为"爬行"。

物与水有自然亲和关系，因而，鱼一旦离开水就很快死亡，因为它们没有我们的呼吸功能，不能呼吸我们的空气，水是适合它们的环境，就如空气是适合陆地动物的环境。原因很清楚。我们有肺，就是多孔的、海绵状的内脏，通过胸腔扩张接收空气，把内部的热量分散变冷；而鱼的鳃一开一闭，把水吸进呼出，这就是它的呼吸。① 鱼有一种独特的命运，特别的本性，自己的营养，独立的生活。因此它们不可能被驯养，不能忍受人手的触摸。②

2. "水要滋生动物，各从其类。"上帝使每个类别生出最初产物，作为自然的种子。它们数量巨大，都保存在随后世代的物种之中，需要的时候就生长繁殖。有一类是贝壳类，比如河蚌、扇贝、海蜗牛、海螺以及无数种类的牡蛎。再一类是甲壳类，比如螃蟹和龙虾，还有一类鱼没有壳，有柔软而鲜嫩的肉，比如水螅和墨鱼。在最后一类中又有怎样数不胜数的丰富品种！有生活在江河、池塘的湿泥里的鲈鱼、七鳃鳗、鳝鱼，与其说它们像鱼，不如说更像有毒的爬行动物。有一类是卵生动物，有一类是胎生动物。后者中有旗鱼、鳕鱼，总之包括所有软骨鱼，甚至包括更大一部分的鲸类，比如海豚、海豹。据说，如果它们看见自己的幼仔还太小，容易受惊吓，就把它们吞回肚子，保护它们。③

"水要滋生动物，各从其类。"鲸是一类，小鱼是另一类。其类之多简直无穷无尽！它们各有自己的名称，不同的食物，不同的样式、形状和肉质。每一类都呈现出无限丰富的特性，被分为数不胜数的种。没错，捕捞金枪鱼的渔夫能向我们列举那种鱼的不同品种。他们告诉我们说，一看到大群鱼游来，他们就基本上能说出这个鱼群有多少条鱼。但是，就算那些长期生活在海岸边的人，又有哪一个能告诉我们所有鱼的准确历史呢？

---

① 参见 Arist.，*De Part. Anim.* 3.6。

② 这里很奇怪，巴西尔的说法不仅与现代人的经验相反，而且与古代人的经验也相矛盾。

③ Aelian (*Anim.* 1.16) 记载说是"glaucus"，显然是不为人知的一种鱼。

有些是印度洋的渔夫认识的，有些是埃及湾的劳动者认识的，有些是岛民知道的，有些是毛里塔尼亚（Mauretania）人知道的。[1] 无论大的小的，都由这第一命令，靠这无以言喻的权能创造出来。它们的食物是多么不同！每个种类的自我繁衍方式是多么丰富！大部分鱼都不像鸟那样产蛋，它们不筑巢，毫不费力地喂养自己的幼仔；水接受它们排出的卵，并赋予其生命。每个种类的卵生繁殖永恒不变，本性不会相互混淆。陆地上有非驴非马的骡子，悖逆自己种性的雀鸟等混种动物，但水里没有。没有哪种鱼像牛和羊那样，只有半口牙的准装备，除了某些作者所描述的鹦嘴濑鱼，[2] 也没有哪种鱼需要反刍功能。所有鱼类都有密密麻麻且无比锋利的牙齿，唯恐咀嚼时间太长，它们就会失去食物。事实上，若不是一撕开食物就能咬碎吞咽，水就会把它带走。

3. 不同的鱼所吃的食物各不相同。有些吃泥，有些吃海草，有些吃生长在水里的药草。但更大一部分是相互吞吃，大鱼吃小鱼，小鱼吃虾米；虾米是小鱼的食物，小鱼又是大鱼的食物，所以吃掉虾米的小鱼和被小鱼吃掉的虾米，最后都成为大鱼的腹中之食。我们人难道不也是如此吗？以上欺下，以强凌弱，在无穷贪欲的支配下，贪得无厌地吞噬羊圈里的弱者，人与大鱼又有什么分别呢？那人抢夺了穷人的财产，而你抓住他，把他的财富据为己有。你表现得比不义者更不义，比守财奴更吝啬。所以你要千万当心，免得也落得像鱼一样的下场，被钩钩住、被网网住、被扔进鱼仓。我们也一样，只要我们做了恶人所做的事，最终必然不能逃脱惩罚的结局。

再来看看弱小的动物有怎样的计策，有怎样巧妙的应对方法，但也要明白不可仿效行恶者。螃蟹爱吃牡蛎的肉，但牡蛎有壳，这是大自然为它柔软而细嫩的肉提供的坚硬壁垒，要捕到这个猎物很难，因此人们

---

① 参见 Strabo. 2. 33。

② 即 Arist.，*De Anim.* 8. 2 和 Aelian，2. 54。

把牡蛎称为“躲在甲壳里的”。由于包裹它的壳有两片，它们彼此吻合得非常完美，所以螃蟹的爪子根本无从下手。那么它怎么办呢？当它看见牡蛎躲在背风的地方，惬意地晒着太阳，使壳向阳半开，它就悄悄地扔进一个小石子，使它无法合上壳。靠力量无法得逞的，靠计谋得逞了。这就是这些动物的恶毒，尽管它们没有理性，也没有语言。我希望你们在灵巧和勤勉上能与螃蟹相媲美，但千万不可像它那样伤害你们的邻人。这种动物象征着这样一类人，他们狡猾地靠近自己的兄弟，从别人的不幸获取利益，将自己的快乐建立在别人的痛苦之上。千万不可仿效这种该死的动物！要安守自己的本分，只要有了生活必需品，清贫在智慧人看来比一切享乐更有价值。

我不能不说到乌贼，它狡诈而诡谲，充分利用自己所依附的岩石的颜色。大多数鱼毫无防备地游向乌贼，以为那是一块岩石，最终就成了这个狡猾猎手的腹中之物。这种动物象征的就是那些追求支配权，趋炎附势，见风使舵，从来不坚持同一目标的人，这种人在自制的人群中赞美自制，在放荡的人群中赞美放荡，见什么人说什么话，投其所好。我们很难避开他们，很难防止他们的危害，因为他们正是以友谊为幌子掩饰其狡诈的恶意。这样的人就是披着羊皮的狼，如主所界定的。[①] 所以我们要逃离多变和圆滑的品性，要追求正直、真诚和淳朴的品质。蛇是诡诈多变的，所以他受咒诅要在地上爬行。义人是诚实的人，就如约伯。为此上帝叫孤独的有家。[②] 这又大又广的海也如此，其中有无数的动物，大小活物都有。[③] 然而有一种智慧而奇异的秩序支配着这些动物。鱼类并非总该受到我们责备，它们也往往为我们提供有益的典范。为何每一种鱼都满足于分配给它们的区域，从不逾越自己的领地侵入外面的海域？不曾有管理者为各个海域分配居住者，也没有监督者把海域

① 参见《马太福音》7：15。
② 《诗篇》68：6。
③ 《诗篇》104：25。

包围在堤岸内，或者给它们设立界限；每个种类都按天性分得自己的家园。这个海湾滋养这种鱼，那片海域居住那种鱼；这里成群结队浮游的，在其他地方却不见踪影。没有山峰高高耸立在它们之间，没有江河阻挡它们的通道；大自然根据每个种类的需要，以公平、公正原则分配给它们各自的栖居之所，这是一条自然法则。①

4. 但我们不是这样的。为什么呢？因为我们不断地挪移我们祖先立下的地界。② 我们暗中侵吞蚕食，我们使房屋不断增加，田地不断扩展，剥夺邻人的利益，增加自己的财富。大鱼知道自然分配给它们的逗留之地，它们住在远离人类栖息地的海域，那里没有岛屿，没有陆地横亘在它们面前，因此也从来不曾有航海者到达，他们没有好奇心也没有必要去尝试这么做。住在这个海域里的大鱼身大如高山，有目击者这样告诉我们，但它们从不逾越自己的界限去掠夺岛屿和沿海的城镇。因此，就好比说在一个古老的国度里，每一个种类都安守在城里、村里，以分配给它们的海域为自己的居所。

然而，有一些例子表明有些鱼也迁徙，似乎有一种共同的协商决定把它们送入陌生的区域，一接到信号，所有鱼就步调一致地踏上行程。当繁殖的时节来临，它们就如同被一条共同的自然法唤醒，穿越一个个

---

① 参见 Cudworth，*Int. Syst*. 3. 37，23："动物中有这种可塑本性（plastick Nature），构成它们多个非天生的身体，就如众多的微观世界那样。除此之外，在宏观世界，整个有形的宇宙中必然也有一种普遍的可塑本性，从而使万物处处协力合作，共同联合成一个大和谐。关于宇宙的这种可塑性，作者 *De Mundo* 这样写道：有一种力量贯穿万物，规定并构成了整个世界。他还把这种力量称为精灵，一种活性的、有生产力的本性，并明确宣称这是一种不同于神性，但从属并依赖于神性的东西。亚里士多德本人也在前面提到过的那篇真实作品中，清晰而肯定地谈到宇宙的这种可塑本性，也论到动物中的可塑本性。他是这样写的：'看起来，就如在人造的事物中有技艺，同样，在自然产生的事物中，也有类似于原则或原因这样的东西，我们人也分有这样的东西，就如我们从宇宙分有冷和热一样。因此，与其说有生灭的动物理应如此，不如说整个世界最初是由这样一个原因创造的（如果至少承认它是被造的），因为天体比我们自身要有序得多，也更有确定的规律，而在这些有生灭的事物中，更多的是偶然性和变化无常。然而，还是有些人虽然不得不承认动物的身体是由某种非自然的本性塑造的，但仍然争辩说天体系统完全是偶然而随机产生的，尽管根本看不出有一点偶然和随意的迹象。'于是他得出以下这个结论：'因此显然，有某种我们称为本性的东西存在'，也就是说，不仅动物中有'非自然的'、'系统的'、可塑的本性，就是形成并保存它们各自身体的本性，宇宙中也有这样一个普遍的可塑本性，就是非自然地规范并安排天体和整个世界的本性。"

② 参见《箴言》22：28。

海湾，游向北海。到回归的时候，你可以看到这些鱼就像湍流一样集体越过普洛旁提斯海，游向优克西尼海。是谁把它们纳入行军行列？哪里有君王的命令？公海里是否有法令指示它们什么日子必须出发？谁做它们的向导？看看上帝的命令如何包含一切，最细小的目标也囊括在内。鱼不会拒斥上帝的律法，而我们人却不能容忍他救恩的诫命！不要因为鱼不会说话、完全没有理智就看轻它们；倒要当心，你如此拒斥造物主的安排，是比鱼还缺乏理智。请听听鱼的话吧，它们不是用语言而是用行动说：我们踏上这漫长的行程正是为了使我们的族类永世长存。它们没有天赋理性，但是它们有自然律法牢固根植于体内，向它们指明该做什么。它们说，我们要去北海。那里的水比其他海的水更甜，因为太阳没有长时期停留在那里，阳光没有把可饮用部分吸干。[1] 就是海里的活物也喜爱新鲜的水[2]，因此我们常常可以看到它们进入江河，远远地游离海洋。出于这样的原因，它们选择优克西尼海而不是其他海湾作为它们繁殖养育后代的最好场所。当它们实现了目标之后，就全体返回家乡。让我们听听这些不会说话的活物告诉我们这是什么原因。它们说，北海很狭窄，它的表面暴露在狂风之下，它几乎没有海岸和静居之所。因此风很容易直捣它的底部，把海底的沙混合到海浪之中。此外，它冬天很冷，被来自四面八方的大河充满。因此在夏季适当地享受它的海水之后，趁着冬天还未到来，它们就匆忙地去到较温暖的深海和被太阳晒热的地方，逃离了北海多风的区域之后，它们就在平静的海域寻找避风港。

5. 我本人目睹过这些奇迹，所以我在一切事上都敬仰上帝的智慧。如果连没有理性的存在物都能思考，能自我保存，如果连一条鱼都知道该寻求什么，该躲避什么，那么我们这些以理性为荣，受过律

---

① 参见亚里士多德《动物史》8.12，13。

② 参见亚里士多德和西奥弗拉斯图（Theophrastus）。

法的教导，得到应许的勉励，借圣灵变得聪明的人，该说什么呢？关于我们自己的事难道还不如鱼更明事理吗？它们知道如何为将来做好预备，而我们却放弃对将来的盼望，浪费光阴在兽性的放任之中。鱼尚且要穿越广袤的大海去寻找对它有益的东西，那你们这些生活在万恶之母懒惰之中的人，还能说什么呢？任何人都不能推诿说自己不知道。我们里面根植着自然理性，它告诉我们要与善的事物保持一致，要避免一切有害的东西。我不必到海外面去寻找例子，因为那是我们的研究目标。我听过住在海边的人说，海胆常常能向航海者预告天气，是风平浪静还是暴风骤雨。当它预见到有风肆虐，就躲在一块大石头下面，把它当成锚紧靠着它，在颠簸中安然无恙，依靠石头的重量避免成为波浪中的玩物。这就给航海者某种信号，表明他们可能会遇到狂风怒涛。占星家也好，迦勒底人也好，诚然在星辰的升起中看出空气将被搅动，但谁也不曾把他的秘密告诉海胆，正是海和风的主在这个渺小的动物身上刻下明显的记号，表明他伟大的智慧。上帝预见到一切，他不曾忽略任何东西；他的眼睛从不入睡，鉴察着万事万物；①他无处不在，赐给每个存在者生存的方式。上帝尚且不曾把海胆置于他的神意之外，难道还不眷顾你们吗？

"你们作丈夫的，要爱你们的妻子。"②你们虽然是两个身体，但婚姻将你们合在一起生活。但愿这种自然纽带，这种通过祝福加于身上的轭能使那些分离的人重新联合。毒蛇是爬行动物中最残忍的，与海里的七鳃鳗结合；它发出嘶嘶声，表明自己来了，叫七鳃鳗从深海里出来与它交配。七鳃鳗顺从地游来，与这种分泌毒汁的动物结合。③ 这意味着什么呢？不论丈夫如何冷酷，如何残忍，妻子都应当忍受，而不是寻找借口解除婚约。就算他打了你，他还是你的丈夫。就算他是个酗酒者，他

---

① 参见《箴言》15：3："耶和华的眼目无处不在"以及《诗篇》121：3。

② 《以弗所书》5：25。

③ 这个传说记载在埃里安（Aelian）《动物志》(*Hist. An.*) 9.66。

仍本性上与你联合。就算他残暴、易怒，但他自与你结合之后就是你的肢体，并且是最宝贵的肢体。

6. 丈夫也要听好了，这里也有对你们的教训。毒蛇为了结合而喷出毒汁；你们难道不能为尊重自己的婚姻而把你们灵魂中的野蛮和残暴弃于一旁吗？也许毒蛇的例子还包含另外的含义。毒蛇与七鳃鳗的结合是违背自然本性的不法行为。你们这些阴谋破坏别人婚姻的人，想想你们的行为究竟像哪一种爬行动物。我只有一个目标，就是使我所说的一切成为教会的教导。也就是说，放荡者务必克制自己的情欲，因为地上海里的活物所立的榜样给了他们教导。

我已经体力不支，时间也已不早，所以我不得不结束我的讲论。然而，关于海里的产物我还有很多话要说给专心、渴慕的听众。论到海洋本身，它的水是怎样变为盐的？珊瑚这种受到如此青睐的石头，为何在海里是一种植物，而一旦暴露在空气中就变得坚如岩石？自然为何在最渺小的动物，比如牡蛎里包藏像珍珠这样的宝物？这些令国王垂涎三尺的珍珠被冲上海滩，冲上岸边，冲上尖尖的岩石，但仍包裹在牡蛎的壳里。海蛤是如何长出她那种任何染料都模仿不出的金色的绒毛？[①] 贝壳为何能给国王提供田野里的花所无与伦比的精美紫色？

“水要滋生。”必不可少的东西有哪一样没有立即显现呢？奢华的东西有哪一样没有恩赐给人呢？有些是为了满足人的需要，有些是让他沉思创造的神奇，有些极其令人敬畏，目的是改变我们的慵懒习性。“上帝就造出大鱼。”[②]圣经称之为“大”，不是因为它们比小虾小鲱大，而是因为它们的身形如高山般大。因此当它们浮游于水面时，我们常常可以看到它们看起来类似岛屿。不过这些巨型生物不太出现在我们的海滨和海

① 蛤是双壳类动物，有丝缎般的颌毛，其中有几个种类居住于地中海。现代博物学家把颌毛称为足丝。巨型蛤的壳有时候长达两尺。

② 《创世记》1：21。

滩，它们住在大西洋。这样的动物创造出来是叫我们心生恐惧和敬畏。如果你现在听说大船扬帆航行时，一条微不足道的小鱼，比如鲫鱼，就可以轻而易举地使它停止，迫使它很长时间无法开动，似乎在海中生了根，那么你难道没有在这小小的活物身上看到表明造物主权柄的证据吗？因此，箭鱼、锯鳐、狗鲨、鲸鱼以及鲨鱼并非仅有的可怕之物，我们同样不得不惧怕刺鳐，即使它死了，它的长刺也可怕得很，[①] 还有海兔（sea-hare），[②] 它致命的攻击快得无法躲避。由此造物主希望众人都保持警醒，叫你们都在他里面满有盼望，从而避免所有这些造物的威胁带来的种种不幸。

不过，我们要从海洋深处出来，寻求陆地的庇护。创造的奇迹一个接着一个，就像波浪不断涌现，淹没了我们的讲论。然而，如果在地上发现更大的奇迹之后，我的灵就像约拿的灵那样到海里去寻求躲避，那我也不会感到奇怪。但是在我看来，遇到这些无法胜数的奇迹，已经使我忘掉了所有尺度，就像那些航行于公海上的人，因为没有确定的点标识航程，常常摸不清已经行过了多少路途。此时的我就是这样，虽然我的话是讲创世，但我一直没有意识到我向你们谈到了许多存在物。不过，虽然我的讲论使这些可敬的与会者快乐，叙述主的奇迹使他仆人的耳朵愉悦，但我这里要把演讲的船只泊岸了，期待改日再给你们讲述其余部分。让我们全体起立，对所说的一切献上感谢，让我们祈求主赐给力量，能聆听其余的部分。当你们进食的时候，愿今天早上和晚上占据我们心田的话成为你们餐桌边的谈资。愿你们心里充满这些思想，甚至在睡眠中也享有白天的喜乐，这样你们就可以说："我身睡卧，我心却醒，"[③] 日夜冥想主的律法，荣耀和权柄归于他，直到永永远远。阿们！

---

① 普林尼（9.72）说这刺有时达五英寸之长。埃里安（*Hist. An.* 1.56）说被它刺中的伤口无法医治。
② 普林尼（9.72）称它为"*tactu pestilens*"，还说（32.3）除了胭脂鱼之外，它没有别的天敌。
③ 《雅歌》5：2。

## 布道书（八）

飞鸟和水生动物的创造（关于爬行物和兽类）。

1. 上帝说："地要生出活物来，各从其类；牲畜、昆虫、野兽，各从其类。"事就这样成了。[1] 上帝的命令一步步向前推进，地也由此得到了自己的装饰。昨日经上说"水要滋生有生命的物"，今天它说"地要生出活物来"。那么地是有生命的吗？精神错乱的摩尼教徒（Manichaeans）称它有灵魂是否对呢？"地要发生"这话表明，它不是生长出原本就包含在它里面的种子，而是发出命令的上帝同时赋予它生长的荣耀和权能。当地听到"地要发生青草和结果子的树"这一命令时，它就发出青草，但这青草并非原本藏在自身里面，现在接受命令发出来，它并没有在自身深处蕴藏棕榈树、橡树、柏树，现在听到命令就把它们发出地面来。形成被造事物本性的是上帝的话。"地要发生"，那不是说她可以发出她拥有的东西，而是说只要上帝赋予她力量，她就可以获得她所没有的东西。即使到了今天也仍然如此，"地要生出活物来"，不是生出原本包含在她自身里的活物，而是上帝的命令赐予她的活物。再者，摩尼教徒是自相矛盾的，因为如果地发出了生命，她自己就成了没有生命的。他们那可咒诅的理论不需要任何驳斥。

那么，为何水得到命令要滋生有生命的物，地得到命令要生出活物呢？我们的结论是，从本性来看，游水的活物似乎只有一种不完全的生命，因为它们生活在水的深处。它们没有什么听觉，视力很弱，因为要透过水来看；它们没有记忆，没有想象，没有社会交往的观念。由此上帝的话似乎表明，在水生动物中，肉身生命产生它们的身体活动，而在陆地动物中，因赐给了更完全的生命，灵魂享有最高的

---

① 《创世记》1：24。

权威。事实上，大部分四足动物具有极强的感知能力，它们能很敏锐地领会眼前的事物，准确地记忆过去。因而，看起来，上帝命令水滋生有生命的活物，为水生动物造出简单的生命体之后，就下令灵魂要为陆地动物存在，引导它们的肉体，表明地上的栖居者被赋予了更强的生命力。毫无疑问，陆地动物也没有理性，但它们通过合乎各自本性的自然声音表达了多少种灵魂的情感！它们通过喊叫表达自己的喜怒哀乐、对自己熟悉之物的认知、对食物的需要、与同伴分离的遗憾，以及其他无数的情感。相反，水生动物不仅是无声的，而且不可能被驯服、被教导、被训练以适合人的社会。“牛认识主人，驴认识主人的槽。”①但是鱼不知道是谁在喂养它。驴认得出熟悉的声音，知道经常行走的路线，甚至在人迷路的时候，它有时能为他当向导，它的听力也比其他陆地动物都敏锐。海里有哪种动物能像骆驼那样表现出深仇大恨？骆驼可以长时间地隐藏自己的怨恨，直至找到机会狠狠报复它的仇家。你们这些心里没有宽恕的人，以报复为美德的人，要洗耳恭听；你们若是长期隐藏对邻人的愤怒，就像火星藏于灰烬，只等候燃料来点燃你们心里的火焰，那么看看，你们与这种动物何其相像！

2. “地要生出活的灵魂来。”地为何要生出活的灵魂来？是为了叫你们分别牲畜的灵魂和人的灵魂。你不久就会知道人的灵魂是如何形成的；现在请听听没有理性的造物的灵魂是如何形成的。根据圣经，“每种活物的生命是在血中”，② 血变浓之后就成为肉身，肉身朽坏之后分解为土，所以兽类的灵魂本质上是一种属土的实体。“地要生出活的灵魂。”看看灵魂与血，血与肉，肉与土是何等相近；反过来从土到肉，从肉到血，从血到魂，你会发现兽类的灵魂就是土。不要以为它比它们身体的

---

① 《以赛亚书》1：3。
② 参见《利未记》17：11。

本质要更早，也不要以为它在肉体分解之后还能存活；[1]不要像那些傲慢的哲学家那样毫不脸红地把自己的灵魂比作狗的灵魂，说他们自己原先是女人，是灌木，是鱼。[2] 他们是否曾是鱼？我不知道，但我敢说他们自己的作品比鱼还缺乏见识。“地要生出活物来”。也许你们许多人会问，我的讲演一直急流奔涌，怎么突然出现这么长时间的沉默。较认真的听众不会不知道我说不出话的原因。是啊，我岂没有看到他们面面相觑，又示意我看他们，提醒我忽略了什么？我忘了创世的一个部分，那是最值得思考的部分之一，而我的讲演在快要结束时还没有提到它。“水要多多滋生有生命的物，要有雀鸟飞在地面以上，天空之中。”[3]昨晚我谈到鱼类，今天我们转向对陆地动物的考察，但两者之间的鸟类我们却没有提到。我们就像某些健忘的旅行者，因为没有留意到某种非常重要的事物，所以尽管已经走过很多路了，还是要折回来，用旅途的劳顿来惩罚他们的漫不经心。我们所忽略的绝不是可鄙弃的。如果确实有三类被造动物，陆地的、空中的和水里的，那么这就是被造动物中的第三类。

经上说，“水要多多滋生有生命的物，要有雀鸟飞在地面以上，天空之中”。为何水也生出雀鸟？因为可以说，飞翔的活物与游水的活物之间有一种家族纽带。就如鱼用鳍劈水开路，用尾把握方向，环行和前行，同样，我们看到鸟在空中借助于翅膀飞行。两者都有漂浮的特性，两者都源于水，所以属于同一个家族。同时凡鸟都有足，因为要在地上觅食，没有足的帮助可不行。食肉的鸟有锐利的爪子，使它们能够抓住猎物；其他的鸟也拥有足绝对必须的功能，以觅食和提供其他生活所需。还有少数一些鸟行走不便，它们的脚既不适合行走，也不适宜捕食。其

---

① 可以设想，“兽类的灵魂是从上面的生命源泉发射或流溢出来的，与它们的那些有机体同存，由于它们不愿意，就不再受这些有机体支配，于是它们重新回到最初的源头。因为无可置疑，那从虚无创造出某物，或者自愿自主地从自身生发出某物的，也能够或者使该物回到最初源头，或者随意毁灭它。我发现，在异教哲学家中也不是没有人主张这种观点，坡菲利就是其中一位……” Cudworth，1.35。

② 据说恩培多克勒写过类似的诗句；阿那克西曼德认为人类原初是由鱼生成的。

③ 《创世记》1：20。

中之一就是燕子，它们的脚不能走路，也不能觅食，还有被称为雨燕的鸟，它们靠捕食空气带过来的小虫子为生。至于燕子，它掠地飞行，这就实现了脚的功能。

3. 还有数不胜数的鸟的种类。如果我们一一考察，就如对鱼那样，那么我们会发现，在同一种名称下，有无数大小、形状、颜色各不相同的飞鸟类别；它们的生活、行为和习性表现出的丰富多样性也同样无法描述。因此有人试图想出奇异的、不同寻常的名字来表示每个已知种类的独特性，就像牌子那样。比如有些鹰被称为 Schizoptera，有些蝙蝠被称为 Dermoptera，有些黄蜂被称为 Ptilota，有些甲虫以及所有那些在壳和盖里产生，之后破壳出来自由飞翔的虫子被称为 Coleoptera。[①] 但是我们的常用语中有足够多的词来描述每个种类的特点，标识圣经所确立的洁净的和不洁净的鸟之间的区别。食肉类有适合其生活方式的结构，尖锐的爪子，弯曲的鸟喙，快速扇动的翅膀，使它们能够轻易扑向猎物，抓住之后轻易撕碎。[②] 而捡拾果子为食的鸟类有不同的结构，那些遇到什么就吃什么的鸟又是另外的构造。这样的活物有多少种类！有些是群居的，除了某些食肉的猛禽只知道交配，不知道其他交往，有无数的雀鸟，比如鸽子、鹤、八哥、穴鸟，都喜欢群居。[③] 在这些雀鸟中，有些没有首领，过着某种独立的生活，有些，比如鹤，不拒绝首领管辖它们。它们之间的显著不同是，有些居所固定，并不迁徙，有些要经历长途跋涉，其中大部分是在冬天快到时开始迁徙。几乎所有的雀鸟都可以被驯服，能接受训练，只有最柔弱的除外，它们因胆小、害怕，无法忍受人手不停触摸。有些喜欢人群，住在我们的家里，有些喜欢生活在群山、沙漠地区。它们的鸣叫也各具特色，绝不雷同，有些唧唧

---

① 这些都是亚里士多德《动物史》1.5 里的术语。

② 参见亚里士多德《动物史》8.3。

③ 因而就有谚语说“*κολοιὸς ποτὶ κολοιόν*”（穴鸟飞向穴鸟：物以类聚）。亚里士多德《尼各马科伦理学》I.8.6。

喳喳，有些寂静无声，有些发出悦耳动听的声音，有些嘈杂一片，没有韵律；有些模仿人的声音，或出于天性，或经过训练，有些则总是重复单调的叫声。公鸡傲慢，孔雀炫耀它的美丽；鸽子和禽鸟多情，总是寻求彼此的友谊。山鹑容易使人上当，也好嫉妒，背叛同类，帮助猎人捕捉猎物。[①]

4. 我说过，飞鸟的活动和生活是多么丰富多彩！这些没有理性的活物中，有些甚至还有“政府”——如果“政府”的特点就是使全部个体的行为集中于一个共同目标的话。我们可以在蜜蜂身上看到这一点。它们有共同的居所；它们一起飞行，一起从事同样的工作；更非同寻常的是，它们在一位君王和主管的指导下从事这些劳作，如果没有看到它们的王飞在前头，它们就不会擅自飞到草地去。至于这位王，不是通过选举使它拥有权威，因为民众的无知往往会把最坏的人推上权位；也不是出于命运，命运的盲目决定常常把权力赋予最不配的人。它不是因继承登上王位，王子们在奢侈和谄媚中堕落，过着毫无德性的生活，那太司空见惯了。造就蜂王的，是自然，自然赋予它高大的身形、出众的美和可亲可爱的性情。它有其他蜜蜂那样的刺，但并不用它来报复。这是一条自然、未成文的法律，即那些被提升到高位的人，在惩治上应当宽大仁慈。就是那些不服从蜂王的蜜蜂，也马上懊悔自己的鲁莽行为，因为它们没有了刺就丧失了生命。基督徒啊，你们要倾听，不可“以恶报恶”，而要“以善胜恶”[②]。以蜜蜂为榜样吧，它们建造自己的蜂房，从不伤害他者，也丝毫不干涉他者的利益。它公开地用嘴从百花中收集蜂蜡，汲取分散在花丛中像露水一样的蜜汁，然后把它注入蜂房的凹陷处。因此蜂蜜一开始是液体状的，后来才变浓变甜。[③]《箴言》给予蜜蜂

① 亚里士多德《动物史》9.10。

② 《罗马书》12：17、21。

③ 古代人相信蜂蜜是从天上掉下来的，表现形式就是露珠，蜜蜂只是把它从叶子上收集起来而已。

最荣耀最高的赞美，称它智慧而勤劳。① 它收集的这种宝贵的营养品，给帝王将相和平民百姓都带来健康，但它为此付出了多大的辛劳！它在建造这幢贮存蜂蜜的仓库时又表现出了多么伟大的艺术和灵巧！它先把蜂蜡铺开像一层薄膜，然后把它分配到各个相邻的蜂巢，这些蜂巢虽然很不牢固，但通过叠加它们的数量和体积，支撑起整个大厦。事实上，每个蜂房都紧密相连，只隔开一个很薄的隔膜，因此我们看到两个或三个蜂房相继叠加起来。蜜蜂小心翼翼地做工，防止造成巨大的空隙，蜂房在液体的重压下倒塌，让蜂蜜流走。看看，几何学上的发现对聪明的蜜蜂来说只是业余活计而已！

蜂巢的排列都是每边相等的正六边形。它们彼此之间不是直线相连，免得把重量压在空隙上，从而塌陷下去；事实上，下面六边形的角就是上面六边形的根基和基础，这样就为重量较轻的部分提供坚实的支撑，从而每个蜂房都能安全地保存液体状的蜂蜜。②

5. 我们该如何精确地考察鸟类生活的种种特性呢？晚上的时候，鹤轮流放哨；一些睡觉，另一些巡逻以保证它们的同伴安稳入睡。警卫完成任务之后，就发出一声喊叫，然后去睡觉，醒来的那个，已经享受了宁静的睡眠，现在轮到它来值勤，作为回报。③ 你也可以在它们的飞行中看到同样的秩序。当领头的鹤引着众鹤飞行了一段时间之后，就退到队尾，由随后的鹤领路。

鹳的行为已经非常接近理性行为。在同一个季节可以看到它们全都

---

① 《箴言》6：8，七十士希腊文译本。希伯来文本里没有提到蜜蜂。

② 达尔文对蜜蜂具有的数学上的精确性也做过描述，从他所用的术语看，比巴西尔更视之为了不起。“我们所知道的最奇异的本能，也就是蜜蜂筑巢的本能，可以用自然选择来解释，它利用了较简单的本能之无数微小的变异，一点一点、日益完美地引导蜜蜂在双层上掘造彼此保持一定距离、同等大小的球形体，又沿着交切面筑起并凿掘蜡壁。”（《物种起源》2.255，1861年版）根据这种观点，筑巢蜜蜂所来源的生物有某些简单的本能可以接受遗传的、无意识的教育，这导致一种复杂本能的产生，就是能够十分精确地建造最符合它要完成的目标的六边形蜂巢，然后把它整合起来。倡导绝对选择（abstract selection）的伟大先驱拟人化地称它为“利益”的“获得者”和“首领”，留意到这一点是很有意思的。

③ 亚里士多德《动物史》9.10。

迁徙到这些地区。一得到信号，它们全都统一出发。在我看来，我们的乌鸦在为它们保驾护航，不仅把它们带回来，还帮助它们对付敌鸟的攻击。证据就是，在这个季节没有一只乌鸦出现，而它们回来时身上带着伤，这显然表明它们帮助并协助了候鸟。有谁向它们解释过好客之道？有谁威胁过它们叛逃要受惩罚？不然，为何没有一个离开队伍？凡是心灵冷漠的人，关闭房门，在冬天或夜晚从不向过客开放的人，你们要细听。如果我们的孩子能宁静地反思鹳鸟对老鹳的关心，就足以使他们爱自己的父母；因为没有谁的判断力会缺乏到这种程度，以至于不认为在德性上被没有理性的鸟类超过是一种耻辱。当鹳鸟的父亲年老，羽毛掉落，它们就围在父亲身边，用自己的羽翼给它取暖，为它提供许多支持，甚至在飞行中尽其所能帮助它，用它们的翅膀轻轻地托着它的两侧，这是非常有名的一个行为，甚至为感恩之情赋予它“antipelargosis”(一种鹳鸟）之名。[①] 谁也不可因贫穷而哀伤，家徒四壁的人也不要绝望，只要想一想燕子的辛劳就能鼓起勇气。它为了筑巢而一点点衔草；由于它不能用爪子聚敛泥土，就把自己翅膀的尾部放在水里弄湿，然后卷起细尘，这样便有了泥巴。[②] 它用这泥巴一点点地粘合碎草，就如用胶水一样，然后就在巢里喂养自己的孩子；如果有哪个孩子的眼睛受伤了，它就用天然的配方治愈它雏鸟的视力。[③]

这一情景告诫你们，不可因贫穷采取不当手段；即使一贫如洗，也不可丧失所有盼望；不可沉溺于怠惰和懒散，而要求助上帝。他对燕子尚且如此慷慨，对全心求告他的人，他还有什么事不愿为他们做？

翠鸟是一种海鸟，它把蛋下在海滩上，或者把它们埋在沙土里。它

---

① 出于“πελαργός”。关于鹳的孝敬，参见 Plato, *Alc.* 1, 135（§61）；Arist., *H. A.* 9.13, 20；Aelian, *H. A.* 3.23, 10, 16；Pliny, 10.32。

② 参见亚里士多德《动物史》9.10。

③ 普林尼 8.41 提到“白屈菜”。参见埃里安《动物志》3.25。白屈菜是一种有毒的植物，可做镇痛药。

在隆冬季节下蛋，时值狂风掀起海浪冲刷陆地。然而翠鸟坐在岸上的七天里，所有的风都平静下来，海浪也渐渐归于宁静。

它只用七天时间就孵出雏鸟。但是雏鸟需要食物才能长大，于是上帝慷慨地再给这种小动物七天时间。所有航海者都知道这一点，并把这些日子称为翠鸟日。既然神意能为了没有理性的活物而确立这些奇异的律法，那就是劝勉你要向上帝寻求救恩。既然上帝为了如此渺小的鸟儿，甚至控制如此浩瀚可怕的大海，命令它在隆冬时节保持平静，你们是按着他的形象造的，还有什么奇迹他不愿为你们施行？

6. 据说斑鸠一旦失去伴侣，就不再寻找新伴，保持独身以纪念它的原配。① 女人啊，请听听这样的故事！寡居是多么可敬，即使在这些缺乏理性的活物中间也不例外，它们宁愿守寡，也不愿接受不体面的多次婚姻。鹰在对孩子的教育中表现出极其不公。它如果孵出了两只小鹰，就把一只扔在地上，狠心地从它的羽翼下推出，只接受剩下的那只。使得它抛弃自己亲生骨肉的就是觅食困难。然而据说鱼鹰却不愿让它死去，它会把它带走，与自己的孩子一起喂养。② 这就是那些以贫穷为借口抛弃孩子的父母，也是那些在分配遗产中做出不公分割的人。他们既然同样地生出每个孩子，就应当同等而毫无偏私地为他们提供生计。要当心别模仿长着弯爪的猛禽。当它们看到自己的孩子从此以后可以迎风飞行，就把它们推出巢穴，用翅膀拍打驱逐它们，一点也不爱惜它们。乌鸦对自己幼仔的爱值得称道！当它们开始飞行时，母乌鸦就跟着它们，喂它们食物，很长一段时间都为它们提供营养品。许多雀鸟不需要与雄鸟交配就生蛋，但它们生蛋并不是生儿育女。不过秃鹰除外，据说，它们常常没有交配就生育，③ 尽管如此，它们却很长寿，常常能活百岁。我恳请你们留意并记住动物史的

---

① 亚里士多德《动物史》9.7。
② Arist.，6.6，9.34。
③ 亚里士多德《动物史》6.6 及 9.15；Pliny，10.7；还有 Aelian，2.46。

这一点；如果你们曾看见有谁嘲笑我们的奥秘，似乎童女生子而丝毫不失童贞的事是不可能的，是违背自然的，你们就要想到借着传道的愚拙拯救信徒的上帝已经预先在自然界给予我们千个理由，叫我们相信这一奇迹。①

7. “水要滋生有生命的物，要有雀鸟飞在地面以上，天空之中。”它们接受命令飞行在地面上，因为地为它们提供了营养。“天空之中”，也就是说，如我们前面说过的，在被称为“οὐρανός”，即天的那部分空气中，这个词源于ὁρᾶν，意思是看见；称之为天空，是因为分布于我们头上的空气犹如以太，密度较大，从地上蒸发的水汽使它变浓变密。这样你就看到天有装饰，大地被美化，海里住着自己的活物，空中满是雀鸟飞翔。热心的听众，想想上帝从虚无引出的所有这些造物，想想那些我没有提到的造物——为避免冗长，也考虑到我的知识有限——请想想这一切，要认识到上帝的智慧无处不在，要永不停息地冥思奇迹，并通过每一种造物荣耀造它的主。

还有一些鸟在漆黑的夜晚活动；有些在大白天飞行。蝙蝠、猫头鹰、夜莺都是夜鸟；如果你偶尔难以入睡，请想想这些夜鸟，想想它们的特性，荣耀造它们的主。夜莺为什么在孵蛋时始终保持警醒，整晚都唱着悦耳的歌？② 蝙蝠这种动物怎么会既是哺乳动物，又是飞禽呢？为何它是唯一有牙齿的飞鸟？为何它像哺乳动物那样胎生，不是靠翅膀穿越空气，而是靠一种膈膜？蝙蝠彼此之间有怎样的天然之爱！它们是如何像链条一样连接在一起，一个叠着一个倒挂下来！这种景象在人类中间极少能够看到，大部分人更喜欢个体的私人生活，而不是共

---

① 巴西尔几乎用同样的话在布道书（二十二）里重复了这一类比。圣安波罗修也提到这一例子（《创世六日》5.20）。这个类比，即使所说的事实是真的，也可能是错的，容易误导的。但很奇怪的是，倘若现代有哪位牧师想要追寻巴西尔的足迹，他会在现代科学中——比如，在昆虫的所谓单性生殖或者无性繁殖中，如希博尔德（Siebold）所证明的——发现所声称的事实。海克尔（Haeckel, *Hist. of Creation*, Lankester's ed. 2. p. 198）指出有性繁殖是无性繁殖的最新发展。

② 亚里士多德《动物史》8.75。普林尼 10.43。

同的联合生活。那些致力于虚妄知识的人所拥有的岂不就是猫头鹰的眼睛？猫头鹰的视力晚间敏锐无比，但在太阳的光照下就晕眩了；而这些人的智力在沉思虚妄之物上是如此敏锐，但面对真光时却成了瞎子。

同样，在白日里随处赞美造物主何等容易！看看公鸡如何啼鸣，唤醒你去工作，这位太阳的传令者，像旅行者一样早起，叫做工的收割！鹅有何等的警惕性！它们岂不曾拯救过都城？当敌人从地下通道进来要占领罗马的主神殿的时候，不就是鹅发出警报的吗？[①] 有哪种鸟的本性不令我们肃然起敬？有谁告诉秃鹰，当人编成军队彼此进攻时会有残杀流血？但你们可以看到成群的秃鹰跟着队伍，估摸战备的结果，[②] 这种估计非常接近人的理性活动。我该怎样向你们描述蝗虫的可怕侵蚀？一得到信号，它们就出现在任何地方，整个国家都被它们的营帐占据。它们只有得到了上帝的命令才去破坏庄稼。我又怎样来描述对付这种祸害的方法呢？画眉跟在它们后面，带着永不饱足的食欲和蚕食的本性，这是上帝出于对人的仁慈而赐予它的。[③] 蚱蜢是如何调整它的歌曲的？为何在中午时分，它扩张胸腔呼吸空气，歌声就更加悦耳？

但是在我看来，在想要描绘带翼活物的奇迹时，即使我的脚步尽力跟上它们飞行的速度，却仍然远远落在后面。当你们看到蜜蜂和黄蜂，总之所有那些被称为昆虫的飞行活物——因为它们周身有一道切口——时，想想它们既没有呼吸功能，也没有肺，它们身体的每个部分都由空气支撑。因此如果它们涂上油，就会死亡，因为油堵住了它们的毛孔。用醋洗去油，毛孔重新张开，动物也就恢复了生命。我们的上帝不造一样不必要的东西，也不漏掉一样必要的东西。如果现在你把眼睛转向水

---

① 参见 Livy 5.47 等。关于地下通道的另一种传说保存在塞维乌斯（Servius）的作品中。
② 参见埃里安《动物志》2.46。
③ 参见 Galen. 6.3。

生动物，就会发现它们的构造迥然不同。它们的足不像乌鸦那样分开，也不像食肉动物那样弯曲，而是大而带膜状的。这样它们就能轻而易举地游泳，用蹼当桨划水。请注意天鹅怎样把脖子浸入深水觅食，你就会明白造物主的智慧，让这种活物的脖子比脚更长，这样它就可以把脖子像钓鱼线一样甩出去，获取隐藏在水底的食物。①

8. 如果我们只是诵读圣经里的话，我们就只能看到一些短短的音节。“水要滋生雀鸟，飞在地面以上，天空之中”，但是如果我们深入考究这些话的含义，那么造物主智慧的神奇性就显现出来了。他在带翼的活物中预见到了何等的差别！他怎样分门别类！他如何通过独特的性质标识它们每一个！但是白天的时间不够我叙述空中的奇迹。大地在呼唤我描绘野兽、爬行物和牲畜，轮到它向我们显现堪与植物、游鱼、雀鸟相媲美的景致。“地要生出活的魂”，家畜家禽的魂，野兽的魂，各类爬行物的魂。你们这些不相信保罗应许你们要在复活中发生变化的人，当你们看到会飞的造物中存在如此多的变形，你们该说什么呢？我们难道没有听说过印度的角虫吗？首先它变为一只毛虫，然后变为一只嗡嗡叫的昆虫，但对这种样子还是不满意，于是给自己穿上又松又宽的铠甲。因此，女人们哪，当你们忙于编织的时候，我指的是当你们用中国人送来的蚕丝纺制精美服饰的时候，② 要记住这种活物的变形，对复活形成清晰的概念，不可不信保罗向所有人宣告的变化。

但是很不好意思，我的讲论已经超过了通常的篇幅。若是就我刚刚与你们谈论事物的量来说，我觉得自己确实超过了限度；但是当我想到展现在造物界中的无穷无尽的智慧，我想我的故事只是开了个头。不管怎样，我留住你们这么长时间并非徒劳，并非没有使你们得着益处。不

---

① Arist., *De part. An.* 4. 12。

② 亚里士多德《动物史》5. 19。

然，你们一天到晚会干些什么呢？现在你们毕竟没有忙于接待客人，没有在宴席上应酬。那就让我用这身体上的斋戒来愉悦你们的灵魂吧。你们常常利用肉身取乐，今天就保守灵魂的职事吧。你“又要以耶和华为乐，他就将你心里所求的赐给你”。[1] 你们爱财富吗？这里有属灵的财富。“耶和华的典章真实，全然公义。都比金子和宝石更可羡慕。”[2] 你们喜欢享受和快乐吗？就领会主耶和华的圣言，在健全的灵魂看来，这些话“比蜜甘甜，且比蜂房下滴的蜜甘甜”。[3] 如果我让你们走了，如果我把这个聚会取消了，有些人就会跑去赌场，在那里他们会听到下流的言语，可耻的争吵，贪婪的折磨。那里站着魔鬼，点燃玩着骰子的人的怒火，把同样的钱从桌子这头移到那头，时而使这个人赢钱乐翻了天，使那个人输钱陷入绝望，时而使前者自高自大，使他的对手不知所措。身体上禁食，但灵魂却恶贯满盈，有什么益处呢？人若不玩乐，就把闲暇时间花在别处。他嘴里吐出的是何等轻薄的话语！他耳朵听到的是何等愚蠢的事情！对那些不知道时间宝贵的人来说，闲暇时间不敬畏主，就是在训练恶习。我希望我的话对你们有益，至少把你们留在这里，阻止了你们犯罪。因而，我越是长久地留住你们，你们离恶道就越远。

平心而论我已经说得够多了，当然不是指创造的丰富性，而是考虑到我们的软弱，考虑到我们寻求快乐时应保持分寸。大地以自己的植物欢迎你们，水以游鱼，天空以雀鸟欢迎你们；你们要节制，就必有巨大的财富回报于你们。我们今天的早宴就到此为止，恐怕吃得太饱了会使你们对晚宴没有食欲。上帝以他的创造之工充满万有，处处留下表明他奇迹的记忆，但愿他也使你们的心在我们的主耶稣基督里充满属灵的喜乐，荣耀与权柄都归于他，直到永永远远。阿们！

---

① 《诗篇》37：4。
② 《诗篇》19：9、10，七十士希腊文译本。
③ 《诗篇》19：10。

## 布道书（九）

陆地动物的创造。

1. 你们觉得我早上的讲演所提供的食物怎么样？在我看来，我有美好的愿望，却提供了糟糕的宴席；就如一个人渴望以丰富的美食招待客人，获得美名，结果却没有充分亮出昂贵精美的菜肴，使客人忧愁难过。他徒劳地想要显示慷慨，端上的却是拙劣的食物；他的热切只能显示他的愚拙。请你们判断我是否就是这样的人。然而，不论我的讲论怎么样，请不要轻看它。没有人拒绝吃以利沙的食物，尽管他为朋友们提供的只是野菜而已。① 我知道寓意解经法，但是与其说是我自己想出来的，不如说是从别人的著作中看到的。确实有些人不承认圣经的通常含义，在他们，水不是水，而是另外的东西，他们在一棵植物、一条鱼上看到他们幻想到的东西，他们改变爬行物和野兽的本性，以适合他们的寓意解释，就像解梦者解释梦中的景象，使之有助于他们自己的目的。对我来说，青草就是青草；无论是植物，是鱼，是野兽，是家禽家畜，我都按字面意思理解。② 因为"我不以福音为耻"。③ 那些研究宇宙本性的人对地球的形状做了详尽的讨论。它是球形的，还是圆柱形的；它像一个圆盘，各部分都是圆的，还是如扬谷篓的形状，是中空的，所有这些猜测都是宇宙结构学家提出来的，每一种观点都是对其前辈观点的颠覆。上帝的仆人摩西对宇宙的形状不置一词，他没有说过地球的周长是十八万弗隆（furlongs）；他没有量过当太阳围绕它旋转时，它投下的影子有多大，也没有说过这影子怎样投在月亮上产生月食。但是我不会因此

---

① 《列王纪下》4：39。

② 费亚朗（Fialon）认为这么明显地指向奥利金，很可能会引起某些人抨击第三篇布道书。圣巴西尔注重字面理解，大胆地与奥利金的寓意解经以及优西比乌的温和神秘主义（milder mysticism）背道而驰，导言里对此有所评论。

③ 《罗马书》1：16。

就不重视宇宙的创造。摩西省略了所有对我们不重要的东西，视之为无用，略而不谈。那么我难道去选择愚拙的智慧，舍弃圣灵的谕言吗？我岂不是更要赞美上帝，他不希望我们的心里装满这些无谓的东西，规定圣经的整个体系都在于教诲我们的灵魂，使之完全。在我看来，那些致力于寓意曲解经文的人没有明白这一点，把他们自己的高雅意图强加给圣经。这就是他们相信自己比圣灵更有智慧，就是以解经为借口提出他们自己的思想。但我们要聆听的是圣经记载的话语。

2. “地要生出活物来。”[①]看哪，上帝的话语渗透整个造物界，今天显现出来的可见功效甚至当时就已开始，并且要显现到世界的末了！就如一个球，推动它一下，如果遇到一个斜坡，就会顺势下滚，一直滚到水平面才会停止；同样，自然一旦在上帝的命令下开始运动，就以同等的步伐通过生死贯穿世界万物，并凭借相似性保持各个类别连续不断，直到末了。大自然总是使马生马，狮生狮，鹰生鹰，总是通过这些不间断的连续环节保存每种活物，直到万事万物的终了。无论经过多长时间，动物也不会看到自己的特性被毁灭了或被抹掉了；它们的本性就似乎是刚刚被指定的那样，经过世代更替，永远年轻如初。“地要生出活物来”，这一命令仍在继续，大地没有停止服从造物主的指令。因为既然有造物一代代地繁衍生息，就有造物即使到了今天我们还可以看到它们直接从泥土中滋生出来。在潮湿的冬天，地里生出蚱蜢和大量在空中飞的昆虫，这些虫子太小了，甚至没有名字；它还生出老鼠和青蛙。在埃及的台伯河周围，如果天气炎热又下了很多雨，地上就到处是田鼠。[②]我们看到只要有烂泥就能生出鳗鲡；它们不是从蛋里孵化出来的，也不是以其他方式生出来的，唯有泥土才是它们生命的源头。[③]

---

① 《创世记》1：24。

② 参见 Pliny，9.84。

③ 亚里士多德《动物史》6.16。

牲畜是陆生动物，低头向地。而人是向天上生长的动物，不仅有高贵的灵魂，就是身体构造也远比它们高贵。四足动物的形体如何呢？它们的头垂向地面，朝向自己的肚腹，只追求自己肚腹的好处。而人呢，头颅朝天，眼睛向上。[①] 因而如果你自我堕落，沉溺于情欲，做肚腹的奴隶，顺从于最卑贱的部位，你就离毫无理性的动物不远了，就成了它们中的一员。[②] 所以你要致力于更高贵的事务；“当求在上面的事，那里有基督坐在上帝的右边”。[③] 把你的灵魂提离地面，让它的自然结构说出你行为的准则；让你的谈话固定在天上。你真正的国是天上的耶路撒冷；[④]你的同胞和国人都是“有名录在天上诸长子”。[⑤]

3. “地要生出活物来。”于是野兽的魂出现了，但它并非原本隐藏在地里，而是靠上帝的命令生出来的。野兽有一个同样的魂，其共同特点就是缺乏理性。但每一种动物各有特性，彼此分别。牛沉稳，驴懒散，马暴烈，狼难以驯服，狐狸狡诈，雄鹿胆小，蚂蚁勤劳，狗知恩忠诚。每种动物天生就有独特的性格，并以适当的方式显现出来。狮子喜欢孤独的生活，显现出不合群的性格。它是动物中的真正君王，天生傲慢，极少愿意分享它的荣耀。它讨厌隔夜的食物，从不吃剩下的猎物。大自然使它的发声器官具有如此巨大的力量，它往往只要一阵咆哮，比它敏捷得多的动物就成了它的囊中之物。豹善于猛烈跳跃，它的身躯适合轻便的活动，与它灵魂的活动相一致。熊天生行动迟缓，有自己的生活方式，性格狡猾隐蔽；因而它的身体与此相适应，沉重、笨拙、轮廓不鲜明，这些都是冷天穴居动物所需要的。

当我们思考这些非理性造物天生固有的生存之道时，我们就要进而看护我们自己，思考我们灵魂的得救；否则，我们若是连野兽能做

① Arist., *Part*, *An*. 4. 10, 18。
② 参见《诗篇》49：12。
③ 《歌罗西书》3：1。
④ 参见《腓立比书》3：20。
⑤ 《希伯来书》12：23。

到的都做不到，那就更加罪不可赦了。熊常常受重伤，但它很会照顾自己，聪明地用毛蕊花——一种能迅速止血的植物——堵住伤口。你也会看到狐狸用松树滴下的树液治好自己的伤；乌龟吞吃蛇肉时，发现牛至属中的香花薄荷是专门对付这种有毒动物的调味品，而蛇吃茴香来治愈剧痛的眼睛。

动物能有效地应对环境的变化，这难道不令推理的智性也黯然失色吗？我们岂没有看到羊在冬季即将来临之际，贪婪地吞吃青草，似乎要为将来的匮乏做好预备？我们岂没有看到牛在冬季被长期关在牛圈里，但凭着一种天生的感觉知道春天的来临，并留意牛棚末端的门，齐齐地把头转向那里？仔细观察的人已经觉察到刺猬在洞穴的两端开一个口子。如果要吹北风，它就关上朝向北边的孔；如果随后吹来了南风，它就转到北门。[①] 这些动物给予人的教训是什么呢？它们向我们表明我们的造物主不仅眷顾一切存在物，而且使兽类也对将来有一种预感。所以，我们不可沉溺于这现世生活，而要把注意力转向将来之事。人啊，你看了蚂蚁的例子之后，难道还不为自己勤勉刻苦，难道还不在现世为将来积聚储备？蚂蚁在夏季就开始为冬季收集物资。它绝不肯放任自己懒散懈怠，在远未感觉严寒季节到来之前，就满腔热情地开始匆忙工作，直到大量物资堆满了仓库。它是多么细心，哪里有一点点疏忽！它有多么明智的预见，能把储备物保留尽可能长的时间！它用钳子把谷子分成两半，免得它发芽，就不能做它的食物了。如果谷子受了潮，它就把它们晒干；它不会不顾天气，天天把它们摊开，而是在它觉得空气处于适宜温度的时候才这样做。可以肯定，只要蚂蚁还晒着谷子，你就绝不会看到有雨水落下。

何等的语言能描绘造物主所造的奇迹？怎样的耳朵能领会它们？多长的时间能充分叙述它们？那就让我们用先知的话来说："耶和华啊，你

① 亚里士多德《动物史》9.6。

所造的何其多！都是你用智慧造成的。”① 我们不能自我辩白说，我们已经学会了书本里的有用知识，因为不用教导的自然之法使我们选择对自己有益的事物。你知道应对邻人行什么善吗？就是你希望他对你所行的善。你知道什么是恶吗？就是你不希望别人对你所做的事。动物既没有植物学研究，也不是靠对草药的知识才发现哪些对它们有用，然而每个动物天生就知道什么是有益的，并令人惊奇地使用合乎其本性的事物。

4. 各种美德也天生存在于我们心里，灵魂与它们关系紧密，这不是教育使然而是自然本身使然。我们不需要谁来教导，就自发地憎恨疾病，厌恶折磨我们的东西，灵魂不需要导师教诲，就自然地躲避邪恶。所有邪恶就是灵魂的疾病，就如美德是灵魂的健康一样。因此，有人认为健康就是稳定有序地履行自然功能，这个定义下得非常好，我们可以放心地将它应用于灵魂的良好状态。也就是说，灵魂无需任何教导，全凭自己就能获得适合于本性、与自然一致的东西。② 所以，任何地方，节制都受到赞美，公正受到尊敬，勇敢受到推崇，审慎是一切努力的目标；灵魂的美德胜过身体的健康。孩子要爱③父母，而你们做父母的，“不要惹儿女的气”。④ 自然不就是如此说的吗？保罗并没有教导我们新鲜的东西，他只是拉紧自然本性的纽带。狮子尚且爱护自己的幼狮，母狼尚且为保卫自己的小狼而战，那些不信守律例，违背自然本身的人能说什么呢？或者那侮辱自己年老父亲的儿子，那娶了后妻就忘了前妻所生孩子的父亲，能说什么呢？

动物都有难以泯灭的亲情，它维系着父母与孩子。正是造物主上帝本身以它们身上情感的力量代替理性的力量。由此可以知道，羊羔从羊圈里跳出来，为何能在上千头成羊中一下子认出自己母亲的颜色和声

① 《诗篇》104：24。
② 这是斯多葛学派的理论。
③ 在《以弗所书》6：1是“听从”。
④ 《以弗所书》6：4。

音，跑过去吮吃奶汁。如果母羊的乳房吸干了，它就心满意足，就不再吃，不再留恋其他饱满的乳房。母羊又怎样在众多的羊羔里认出自己的孩子呢？全都是相同的声音，相同的颜色，相同的气味，至少就我们的嗅觉器官来说如此。然而这些动物有比我们敏锐的感觉，使它们能够认出自己的孩子。小狗虽然还没长牙，但它用嘴攻击逗惹它的人来保护自己。小牛还没有长角，但它已经知道自己的武器会在哪里长出。这里我们有清晰的证据表明，动物的本能天生固有，在一切存在物中没有什么混乱无序，没有什么未经预见。这一切都带着记号，证明造物主的智慧，表明它们来到世上带着能确保自己生存的武器。

狗并没有被赋予理性的天性，但在它，本能就具有理性的力量。这世界的贤人经过长年累月的研究才勉强解开的精密推论的秘密，狗凭本性就已经掌握了。当狗站在游戏跑道上，如果它看到跑道分向不同方向，就检查这些不同的路径，只差用语言说出它的推论了。它说，活物或者往这里走，或者往那里走，或者往第三个方向走。既然它不是从这里走，也不是从那里走，那就必然朝第三个方向走。于是，它略过错误的，找出正确的路径。那些一本正经地忙着使用证明理论的人，在地上描来画去，否定两个命题，然后指出第三个是正确的，他们所做的与狗有什么分别？①

狗能知恩图报，这岂不令那些忘恩负义之人汗颜吗？据说许多狗因主人在偏僻的地方被杀，就在旁边倒下随主人死去。② 还有的在罪行刚发生时，就引着那些搜捕者找到罪犯，绳之以法。然而，有些人不仅不爱创造他们、养育他们的主，还认诽谤主的人为友，与他们同坐一席，一边分享食物，一边亵渎赐给他们食物的上帝，对这些人该说什么呢？

5. 让我们回到创造之奇观。最容易被捕捉的动物往往是生育能力最

---

① 参见 Plutarch。不过，他认为狗嗅了第一条、第二条和“第三条路径”。如果它没有嗅过就向第三条路出发，那说明它有理性。事实上，这完全不是“三段论”。

② 也出于 Plutarch，他讲到皮洛士（Pyrrhus）王在出游时发现的一只狗的故事，也讲到赫西奥德的狗的故事。

强的。因此之故，兔子和野山羊要生育很多幼仔，野绵羊要生双胞，恐怕被食肉动物吃光，使这个种类断根。相反，肉食动物生育的幼仔不多，母狮生一头小狮也勉为其难，[1] 因为——如果他们说得没错——幼狮是用爪子撕开母狮的肚子才生出来的。毒蛇也要啃破母蛇的腹部才能生出来，给母蛇带来适合的惩罚。[2] 因此在自然界，一切都早有预见，一切都受到持续的眷顾。如果你们检查一下动物的肢体，就会发现造物主赐给它们的没有一样是多余的，凡是必需的他没有忽略一样。对肉食动物，他赐给尖利的牙齿，它们的本性需要有这样的牙齿来维持生计。那些只有半口牙的动物，则长了几个不同的胃来接受食物；由于食物一开始并没有咬碎，它们就有一种天生的能力，吞吃了食物之后再把它返回来咀嚼，反刍之后再吸收。反刍动物的第一个、第二个、第三个和第四个胃都不闲着，每一个都履行必不可少的功能。骆驼的脖子很长，这样它就可以把脖子弯到脚边，去吃它专吃的草。熊、狮子、老虎，所有这类动物脖子都粗短，深陷在肩里，这是因为它们不以青草为食，不需要弯到地上；它们是肉食动物，吃自己捕猎的动物。

大象为何有这样的象鼻？这种巨型动物，陆生动物中最大的动物，生来就是为了吓退那些见到它的动物，所以自然长得体形庞大和肥胖。如果它的颈部宽大，与它的四脚对称，那就很难指挥，重量过重，会使它向地面倾斜。事实上，它的头通过短小的椎骨与脊背相连，它用鼻子代替脖子，它用象鼻捡食、饮水。它的腿脚没有关节，就像完整的柱子，支撑着它的体重。如果它的腿松弛和易弯曲，那么支撑这么庞大的身躯时，它的关节就会经常脱臼，无论它想跪下还是站起，都同样不能支撑它的体重。但是它脚下有一个小小的踝关节，取代了腿和膝关节，因为膝关节易活动，无法承受这个巨大的摇来晃去的躯体。因此它本来

---

① 参见 Herod，3.108。亚里士多德（《动物史》6.31）驳斥了这一点。
② 参见 Pliny，10.72；Herod，3.109。

就需要这个几乎触及地面的鼻子。你可曾看见它们在打仗冲锋中站在方阵的前头，就像活生生的高塔，或者像肉山，以不可抵挡的攻击摧毁敌人的军营？如果它们的下肢部分不是与它们的体形相一致，恐怕它们根本不可能站立得稳。现在我们知道大象能活三百多年，[①] 这也是它具有坚固而无关节的腿脚的一个原因。而它的鼻子，如我们所说的，形状像蛇，很灵活，能取地上的食物，卷到嘴里。因此我们说得没错，在造物中不可能找到什么多余的东西，也没有任何缺乏。是啊！上帝让这种巨型动物臣服于我们，顺服到这样的程度，能明白我们对它的教导，能忍受我们的殴打。这清楚地表明造物主把万物交与我们支配，因为我们是按着他的形象造的。我们不仅在大型动物身上看到不可企及的智慧，在微不足道的活物身上也同样可以看到奇迹。高耸入云的山峰，不断受狂风吹拂，保持恒久的冬季，令我敬畏不已；而空的峡谷，没有高耸山峰所承受的风暴，保持恒定的适宜温度，也同样令我敬慕。就动物的构造来说也是如此，我惊异于大象的身躯，也惊异于对大象胆战心惊的小老鼠，惊异于蝎子那精巧的螯针，卓绝的工匠让它中空，像一根管子，把毒汁注入它所刺的伤口。谁也不可指责造物主生产了有毒的动物，破坏我们生活、毁灭我们生命的仇敌。就如校长用棍棒和鞭子来管束骚动不安的少年，以维持秩序，我们难道能说这是犯罪行为吗？[②]

6. 野兽为信仰作见证。你信上帝吗？“你要踹在狮子和虺蛇的身上，践踏少壮狮子和大蛇”。[③] 有信仰你就有力量践踏毒蛇和蝎子。你岂没看到当保罗烧柴时，毒蛇爬在他手上，却没有伤害他？因为它发现这位圣徒满有信心。如果你没有信仰，那么与其说害怕野兽，不如说更应害怕你的不信，因为不信你就很容易陷入任何一种败坏。不过，我知道很长时间你们一直要求我阐述人的被造，我想我能够听见你们全都在心

① 亚里士多德《动物史》8.12；9.72。Pliny，7.10。
② 参见《布道书》（五）第四节。
③ 参见《诗篇》91：13。

里大声说，我们对自己的附属物的本性已经了解了，但对我们自己却一无所知。那我就来谈谈人的本性，这是必不可少的，让我下定决心，不再犹豫。事实上，最困难的知识就是认识人自身。我们的眼睛，能看见外面一切事物，却不能看见它自己；而我们的心灵，在洞察别人的罪恶时敏锐异常，在认识自己的过错时却迟钝缓慢。[①] 因而我在热情地考察我身外的事物之后，在探究我自己的本性时迟迟不敢开口。然而，凝视天地不如深入研究我们的本质更能使我们认识上帝；先知说，因我受造奇妙可畏，[②] 也就是说，在观察我自己的时候，我知道了上帝无限的智慧。上帝说，“我们要……造人”。[③] 在这句话里岂没有神学之光闪耀，如穿窗而出；第二位格难道不是以神秘的方式自我显明，然而要等到伟大的日子才自我显明吗？犹太人为何拒斥真理，妄称上帝是在对自己说话？他们说，说话的是他，创造的也是他。“要有光，就有了光。”但是他们的话里包含着明显的荒谬之处。哪个铁匠、木匠和鞋匠，在造各自的器具之前没有帮手；独自一人的时候，会对自己说话：我们要造刀剑，我们要打犁头，我们要做靴子？他难道不是一声不吭地做自己的活计？说一个人正襟危坐，用主人的口吻命令自己，监视自己，强迫自己，催促自己，这不是闻所未闻的傻瓜吗?！然而这些可怜的造物却不怕诽谤主本身。他们的口舌深谙说谎，有什么话说不出来？然而这里的经句封住了他们的口，“上帝说我们要造人”。那么，告诉我，这里只有一个位格吗？经上不是说“要造人”，而是说“我们要造人”。当接受指令者还未出现，神学的教训仍然包裹在阴影里，但如今，人的被造就在眼前，信心揭开了盖头，真道以其全部光辉显现出来。“我们要造人。”基督的仇敌啊，听听上帝对自己的同工说话，就是借着他创造诸世界的，用他

---

① 参见《马太福音》7：3。
② 参见《诗篇》139：14。
③ 《创世记》1：26。

权能的命令托住万有的。[1] 而且他也没有让真教义的声音只发出去而没有回应。但犹太人偏要与真理为敌，当他们发现自己黔驴技穷了，就像被人关进笼子里的野兽一样，在笼子的横木上咆哮，显出其本性的残暴和凶恶，根本无法压制他们的怒火。他们说，上帝亲自对几个位格说话；他是在对他面前的天使说："我们要造人。"犹太人的谎言！这样轻率的谎言，一眼就可以看出出自谁之手。他们拒斥一个位格，却接受多个位格。他们拒斥圣子，却把仆从提升到谋士的高位；他们使与我们同为仆人的成为创造我们的中介者。完全的人固然可以获得天使般的高贵，但是什么样的造物能与造物主等同？听听这里的修饰语："按我们的形像。"你要怎样回答？上帝和诸天使难道是同一个形象吗？父与子绝对具有同样的样式，但这里的样式要理解为成为神圣的，不是形体上的，而是具有神性的固有属性。你们这些妄自行割的，打着基督徒的招牌强化犹太人的错谬的，[2] 也当听清楚了。上帝究竟是对谁说"按我们的形像"？如果他不是"上帝荣耀所发的光辉"，"上帝本体的真像"，[3]"那不能看见之上帝的像"[4]，那他是谁？上帝正是对他活生生的形象，对那说过"我与父原为一"，[5]"人看见了我，就看见了父"[6] 的子说："我们要按着我们的形像造人。"既然这两者只有一个形象，哪里还有不相似之处？[7] 于是"上帝就照着自己的形像造人"[8]，它没有说"他们造人"。这里圣经没有用复数形式。圣经教导了犹太人之后，又把自己置于合一性的保护之下，从而消除了外邦人的错误，使你们明白圣子与圣父同在，使你们避免多神论的危险。他按着上帝的形象造了人。上帝仍然向

---

① 参见《希伯来书》1：2、3。
② 阿里乌主义者。
③ 《希伯来书》1：3。
④ 《歌罗西书》1：15。
⑤ 《约翰福音》10：30。
⑥ 《约翰福音》14：9。
⑦ 驳斥阿里乌的观点。
⑧ 《创世记》1：27。

我们显示了他的同工，因为他没有说按着他的形象，而是说按着上帝的形象。

如果上帝许可，我们稍后要谈论人是如何按着上帝的形象被创造出来的，又是如何分有这种相似性的。今天我们只说一句话。既然只有一个形象，从哪里冒出令人无法容忍的渎神言论，妄称子不像父？何等的忘恩负义！你们自己接受这种形象，却拒不承认你们的恩惠者有这个形象！你们伪称亲自保存作为恩典赐给你们的礼物，却不愿意子保存生他之父的自然样式。

太阳早已落山，夜晚已经来临，我不得不就此打住。那就让我满足于以上所说，让我的演讲告一段落。至此我一直在不厌其烦地激发你们的热情；借着圣灵的帮助，接下来我将会为你们进一步深入地研究真理。那么，基督所爱的会众啊，我恳请你们带着喜乐散场吧，不要用豪华的精美佳肴，而要用对我所说的话的记忆来装饰和圣化你们的餐桌。让相似派（Anomoean）困惑，让犹太人羞愧，让信徒在真道里欢欣雀跃，让主得荣耀。荣耀和权柄归于主，直到永永远远。阿们！

# 论 圣 灵

# 前　言

阿里乌异端贬低圣灵和子的尊荣。他教导说圣三位一体的三位格在本质和荣耀上彼此完全不同。“有一个三一体，他们的荣耀不同等”；“在荣耀上一个比另一个无限显赫。”《盛宴》(*Thalia*) 这样说，*Ath. De Syn.* § 15 引用。尼西亚定义虽然对圣子做了准确的界定，圣灵的教义却阙而不论，(“我们信圣灵”) 不是因为犹豫或疑惑，而是因为阿里乌理论的这一方面并不突出。[①] 360 年革除了马其顿的君士坦丁堡主教职位，这才使“马其顿主义”的矛盾激化。阿里乌主义者把他视为一个阿里乌主义者推出。狄奥多勒 (Ecc. Hist. 2. 5) 解释了冲突产生的经过。他即便不是“本质同一”(*ὁμοιούσιον*，homoiousion) 口号的倡导者，也是支持者，但许多支持 *ὁμοιούσιον* 的人 [比如塞巴斯泰亚的欧大悌 (Eustathius of Sebasteia)] 不敢称圣灵为造物。于是敌圣灵派开始明确地标示出来。阿里乌主义者和半阿里乌主义者的各种信条并没有直接攻击圣灵的神性，但是他们不接受三位格本质同一的教义。[②] 不过，他们个别的教导

---

① 参见巴西尔书信第一百二十五封和第二百二十六封，以及 Dr. Swete in D. C. B. 3. 121。

② 参见 Hahn, *Bibliothek der Symbole*, pp. 148—174，Sewte 引用。

远远超越于他们的认信。在公教神学家意识到其危险性，阿塔那修从第三次流放返回之时，他们在亚历山大召开了大公会议，在《致安提阿人书》(*Tomus ad Antiochenos*) 里第一次对败坏圣灵的人做出正式的宗教谴责。在接下来的十年中，敌圣灵派，马其顿主义者或者马拉索纽主义者 (Marathonians) —— 因尼科美底亚 (Nicomedia) 主教马拉索纽 (Marathonius) 而得名，他对这一派别的支持或许是金钱上的，而不是思想上的 (Nicephorus H. E. 9. 47) —— 成为领头者，基本上等同于本质同一论者。374 年在塞浦路斯 (Cyprus) 出版了撒拉米斯 (Salamis) 主教圣伊比芬尼 (St. Epiphanius) 的《坚决反谬者》(*Ancoratus*)，它写于 373 年，包含两大信条，[1] 前者几乎等同于君士坦丁堡信经。它说，我们信"圣灵，赐生命的主，从父和子出来，与父子同受敬拜，同受尊荣，他曾借众先知说话"。正是在 374 年这一年，纳西盎的格列高利的大堂兄，巴西尔的朋友和属灵的儿子安菲洛奇乌 (Amphilochius) 开始一年一度的秋季到访凯撒利亚 [莱特福特 (Lightfoot) 主教，D. C. B. I. 105]，并敦促圣巴西尔写一篇关于圣灵的文章，澄清有关这个主题的真教义的全部疑问。圣巴西尔答应了，并把终稿正式誊写在羊皮纸上（书信第二百三十一封），送给安菲洛奇乌，题献给他。

---

① 参阅 Heurtley de F. et Symb. pp. 14—18。

# 正　文

## 第一章

前言：论准确考察神学最细微部分的必要性。

1. 我至敬至爱的弟兄安菲洛奇乌，你对知识的渴求，我非常赞赏，还有你勤奋刻苦的精神也同样令我钦佩。你认为在任何一种讲话方式中，凡是论及上帝的，每一个术语都应当精确地考察研究，不可有任何遗漏；你在表达这一观点时显示出了你的谨慎和警觉，对此我感到非常高兴。你读过主的劝勉："凡祈求的，就得着；寻找的，就寻见"[①]，你对它做出了很好的阐释。而且我想，通过你坚持不懈的寻求，你甚至可以激发最不情愿的人把他们拥有的知识与你分享。另外，你不像我们时代的大部分人那样，只是为了检验才提出问题，而是热诚地渴望获得真正的真理，这一点更令我敬佩。这个时代不缺乏吹毛求疵的聆听者和询问者，但是要找到一个渴望知识且以寻求真理来医治无知的人却十分困难。正如当猎人设罗网或者士兵设埋

---

① 《路加福音》11：10。

伏时，一般都把计谋巧妙地掩藏起来；同样，在论辩中提出质疑的大多数人与其说是为了从论辩中受益，不如说是因为他们无法得出与自己愿望相一致的答案，因而向对方提问，以便显得他们有正当的理由论战。

2. 既然“愚昧人若求智慧，智慧也可归于他”①，那我们对先知所引用的与“可敬的谋士”并列的“聪明的听者”②该予以何等程度的重视呢？我想，应当认为他配得一切赞美，应当鼓励他勇往直前，并分享他的热情，在一切事上尽心尽力，奋力走向完全。要知道，找出神学里所使用的最重要的术语，努力探求每个短语和字句里的隐秘含义，这是那些懒得追求真教义的人所缺乏的，却是所有认识“上帝召我们”的“标竿”③ 的人所特有的。立在我们面前的标竿，就人性的能力范围来说，就是成为像上帝一样。而没有知识，就不可能成为相似；没有教导，就不可能获得知识。教导始于讲话，字词和句子则是讲话的组成部分。由此可见，考察字词既没有远离目标，也不能因为所提出的问题在某些人看来无足轻重，就认为它们不值得注意。真理始终是一个难以捕获的目标，因而我们必须搜寻每个角落，寻找它的每个痕迹。真教义的获得正如手艺的习得，都是一点点增长的，当学徒的，不可轻看任何东西。如果人轻看最初的基本原则，以为它们微不足道，无关紧要，那么他永远不可能获得完全的智慧。

“是”与“否”不过是两个字，然而这两个小小的字中往往包含着最美妙的事物——真理，以及孕育邪恶的摇篮——虚谎。其实何必提到是与否呢？在此之前，为基督作见证的殉道者只是点了一下头，④ 就被认

---

① 《箴言》17：28，七十士希腊文译本。（本经句为中译者根据英文直译。——中译者注）

② 《以赛亚书》3：3，七十士希腊文译本。（中译者根据英文直译。——中译者注）

③ 参见《腓立比书》3：14。

④ 即承认或否认自己是基督徒。本笃版（Benedictine）编辑和他们的跟随者提到圣巴西尔写作本文的时间，似乎都没有意识到原意的力量，包括语法上的和历史上的；*ἤδη ἐκρίθη* 不是指“现在被认为”，而是“迄今为止一直被认为”。在公元 374 年的时候，虽然瓦伦斯（Valens）企图摧毁大公教会（Catholics），但还没有所提到的对基督徒的逼迫。

为已经完全接受了真教义。既然如此，那么神学里还有哪个术语是小的，从它在天平上的分量来说，不论是用对还是用错，结果都无足轻重？我们被告知，律法的“一点一画也不能废去”①，既然如此，就算是最微不足道的细节，我们如果不加注意，又怎么能保证不受攻击呢？就拿你本人要求我们全面彻底地审查的那些要点来说，它们既是大的，也是小的。它们的使用有一定的时间性，有偶然性，因而它们的价值不大；但是我们若是从它们包含的力量来看，那它们就举足轻重。它们可能就像芥菜，虽然是灌木中最小的，但只要适当培植，潜在于它种子中的力量就会展现出来，长出它自身的足够高度。

如果有人因看到我们讲究字词的细微差别——引用《诗篇》作者的话②——就嘲笑我们，那就让他知道，他收获的是嘲笑者不结果实的果子；而我们既不会屈服于人们的指责，也不会被他们的轻视打倒，我们要继续考察研究。事实上，我绝不会因为这些事微不足道而感到不好意思。相反，对于它们的尊贵，即便我只能获得非常渺小的一分，我也要祝贺自己赢得了很高的荣誉，并且还要告诉我的弟兄和考察的同伴，从此以后他所获得的益处绝不会是小的。

同时我也意识到小词里包含巨大的论辩，盼望因不畏艰辛而得奖赏，深信这样的讨论不仅有利于我自己，而且我的听众也能获得很大的益处。因此，我将在圣灵的亲自帮助下——如果可以这么说——开始阐述问题。如果你允许我在讨论过程中有所插入，我要暂时离开去追溯这个问题的源头。

3. 最近，我与人们一起祷告，把三一颂（Doxology）全文献给父神，时而用“与（with）子及（together with）圣灵”，时而用“藉着（through）

---

① 《马太福音》5：18。

② 《诗篇》119：85，七十士希腊文译本。“不守法者为我描绘了细微之处，但主耶和华啊，不是按着你的律法。”钦定本和修订本为“不从你律法的骄傲人为我掘了坑”。ἀδολεσχιά 这个词的贬义是指饶舌，褒义指敏锐、细微。

子在（in）圣灵里”的表述，于是，我受到了一些人的批评，其理由是我引入了既新奇同时又彼此矛盾的术语。①

然而，你提出一个意见，应当对所使用的字词的潜在力量发表清晰的说明。显然，你的主要目的是要使他们受益，万一他们无可救药，这样的防备措施也可能适用于他们。因而我要尽我所能，简洁地制定出能被接受的讨论原则。

## 第二章

异端分子周密考察字句的缘由。

4. 这些人之所以对字词和文句吹毛求疵，要求细节的精确性，并非如有些人所想的那样，是出于单纯而正直的动机。他们这样做可能造成的危害也不是无足轻重。这其中包含着深藏不露的反对真教义的阴谋。他们有一个顽固的观点，说是要表明提到父、子和圣灵的措辞时各不相同，似乎他们由此就可以轻易地证明这里有本性的变化。他们信奉一个古老的诡辩，是这种异端邪说的创始人埃提乌（Aetius）炮制出来的，他的一封书信里有这样一段话，大致意思是说，本性不同的事物要用不同的术语表达，反过来说，用不同的术语表达的事物本性必为不同。为证明这一说法，他费力在使徒的话里找出一句：“一位上帝，就是父，万物都本于他……并有一位主，就是耶稣基督，万物都是藉着他有的。”② 他接着说，“什么是这些术语彼此之间的关系，它们所意指的本性的关系也就是什么；由于‘本于他’不同于‘藉着他’，所以父也不

① 用英语很难传达所用介词的准确含义。With 意指 *μετά*，原意是“在……之中”；together with 表示 *σύν*，原意是“与……一样”。本笃版的拉丁文本把第一个译为 *cum*，第二个译为 *una cum*。Through 表示 *διά*，与属格一起表示所使用的工具；in 代表 *ἐν*，通常也表示使用工具或手段。在著名的《哥林多前书》8：6 钦定本译为“万物都藉着（through）他”；修订本译为“靠着（by）他”。

② 《哥林多前书》8：6。

同于子。”① 这种异端就依赖于这些人对所提到的短语做出无聊的细微区分。由此他们把“本于他”的术语分配给父神，似乎这就是他独特的分，把“藉着他”这个短语限用于圣子，再把“在于他”归给圣灵，又说这些词只能这样使用，绝不可互相交换，这样做的目的，如我所说的，就是表明措辞的不同意味着本性的变化。②显而易见，他们之所以对字词吹毛求疵，目的就是想要维护他们不敬论点的效力。

他们想要用“本于他”这个词指造物主，用“藉着他”指从属的发动者③或者工具，④ 用“在于他”指时间或空间。这一切的目的就是要把宇宙的造物主⑤看得如同工具，把圣灵看做只是在已经存在的事物上添加空间或时间。

---

① 这个故事是狄奥多勒（Theodoret，《教会史》2.23）讲述的：“康士坦丢（Constantius）从西方返回途中，在君士坦丁堡待了一段时间”（即360年，君士坦丁堡大会召开之时，塞琉西亚（Seleucia）会议结束不久，会上宣称“本体”和“位格”是不能容忍的术语，并宣布根据圣经子与父相似）。会上教促皇帝“宣告欧多克西乌（Eudoxius）犯有渎神罪。但是康士坦丢……回答说，首先必须对信仰问题做出一个决断，然后再去调查欧多克西乌案。（安卡拉的）巴西利乌（Basilius of Ancyra）仗着他们从前的亲密关系，斗胆反驳皇帝说，他这是在抨击使徒信条。康士坦丢对此颇为恼怒，叫巴西利乌闭嘴，他说，因为教会的混乱就是你造成的。巴西利乌就闭口不说了。此时（塞巴斯泰亚的）欧大悌（Eustathius of Sebasteia）插进来说：阁下，既然您希望对信仰问题做出决断，就请看看欧多克西乌对独生子所说的亵渎言论。如他所说的，他对信仰做出了阐释，其中除了许多别的不敬言论外，还发现有以下这样的话：用不同的术语谈论的事物本质上是不同的；有一位父，上帝，万物都本于他；一位主，耶稣基督，万物都藉着他。请注意，‘本于他’不同于‘藉着他’，所以子不同于父神。康士坦丢下令朗读对信仰的这一阐释，对它所包含的渎神言论大为不悦。于是他问欧多克西乌这是不是他起草的。欧多克西乌立即否认这是自己所写，说是埃提乌写的。埃提乌……目前与欧诺米和欧多克西乌结交，当他发现欧多克西乌像自己一样，是一个生活上奢侈享乐、信仰上持异端观点的人，就选定安提阿（Antioch）作为最适宜的居住地。他和欧诺米都是欧多克西乌家里固定的座上客……皇帝听了这一切之后，就命令把埃提乌带到他面前。埃提乌一出现，康士坦丢就把所质疑的文献给他看，并问他是否起草了这样的话。埃提乌全然不知道所发生的事，没有意识到查问的目的，以为承认眼前的文件是自己所写会赢得赞美，于是就承认了。此时皇帝终于认识到自己有多么不公正，立即就判定他流放，驱逐到弗里吉亚（Phrygia）的一个地方。”这一次会议圣巴西尔是与欧大悌及他的同名者结伴去君士坦丁堡的，当时他还只是个执事。安卡拉的巴西尔和欧大悌后来也受到放逐。而执事巴西尔则回到了凯撒利亚的卡帕多西亚。

② 参见欧诺米在 Ἀπολογία 所提供的阿里乌信条：“我们信一位上帝，全能的父，万物都本于他；信上帝的一位独生子，他是上帝，是道，就是我们的主耶稣基督，万物都藉着他而有；信一位圣灵，他是中保，对每位圣徒按应得的分最适宜地分配一切荣耀。”

③ 参见欧诺米 Liber. Apol. 27，他说子 ὑπουργός。

④ 关于把工具 ὄργανον 这个词用于上帝的道，参见 Nestorius in Marius Merc. Migne，p. 761 & Cyr. Alex. Ep. 1。“被造者并没有生出非造者，只是生出上帝的器官，人。” Migne 10. 37。Thomasius，Christ. Dog. 1. 336。

⑤ 这里当然是指子。

## 第三章

对字词的系统讨论源于异教哲学。

5. 然而，他们是由于对异教作家做了周密研究，才陷入这种错误的。这些异教作家分别把“本于他”、“藉着他”应用于本性不同的事物。这些作家认为“本于他”或“本于它”的短语是指质料，而“藉着他”或“藉着它”表示工具，或者一般地说，指从属的中介者。[1] 或者毋宁说——因为我们似乎没有理由不拿出他们的整个论点，然后简洁地揭露它与真理不相容以及与他们自己的教义不一致的地方——学习这种无益哲学的人一方面阐释原因的多重本性，辨别它的独特含义。一方面把一些原因界定为首要的，另一些界定为合作的或并列的，还有一些则具有“必要条件”或必不可少的特点。[2]

他们对每一种原因分别使用各不相同和独一无二的术语，所以，表示创造者的方式不同于表示工具的术语。他们认为对创造者恰当的表述是“本于他”(by whom)，主张椅子是“本于”木匠造出来的；对工具恰当的表述是“藉着它”(through which)，比如椅子是“藉着”或者通过扁斧、手钻以及其他工具造出来的。同样，他们把“出于它”(of which) 用于质料，比如这椅子“出于”木头，而“据于它”(according which) 表明放在工匠面前的设计或样品。要知道，他或者首先有了一个心理图像，然后把自己的设想对象化在他要做的活中，或者看着预先放在面前的图

---

① 有四种原因或者原因有四个种类：1. 本质或实质（形式）；2. 必不可少的条件（质料）；3. 直接推动者或者变化的激发者（动力）；4. 以其为目的者（终极因或目的）。亚里士多德的四因是：1. 形式因；2. 质料因；3. 动力因；4. 目的因。参见亚里士多德 Analyt. Post. II. 11.，Metaph. I. 3.，Phys. II. 3. 巴西尔的六因可能源于亚里士多德的四因：1. 事物形成所依据的形式或相；2. 事物从中而来的质料；3. 使用手段的行为者；4. 手段；5. 目的；6. 普遍应用。

② 参见亚历山大的克莱门特（Clem. Alex.）Strom. 8. 9：“原因中，有些是首要的，有些是保护性的，有些是合作的，有些是必不可少的。比如，在教育中，首要因是父亲；保护因是校长，合作因是学生的气质，必要因是时间。”

案，根据它安排他的活计。他们希望用“由于它”(on account of which)这个短语界定目的或目标，如他们所说的，椅子造出来是“为了”或者“由于”人的使用。“在它”意在表示时间和空间。它是何时造出来的？在这个时间；又是在何地造出来的？在这个地方。虽然时间和空间对被造之物没有任何贡献，但没有时空就不可能造出任何东西，因为动力因必须要有时空。我们的对手最初研究并崇拜的正是源于不切实际的哲学和虚妄的幻觉的这些细微分别，然后他们把这些分别转用到简朴而纯真的圣灵论，贬低道上帝的地位，轻视圣灵的意义。甚至非基督徒作家专门用于无生命的工具或最卑劣的手工活计的短语，我指的是“通过或借助于它”，他们也毫不犹豫地转用于万物之主身上，基督徒竟然毫无廉耻地把应用于锤子或锯子的语言应用到宇宙之造物主身上。

## 第四章

圣经在这些词的使用上没有任何分别。

6. 我们承认，真理之道在许多地方都使用了这些表述；然而我们断然否认自由的圣灵会受缚于琐碎的异教理论。相反，我们认为圣经在不同的场合根据情势的需要使用不同的表述法。比如，“出于它”(of which)这个词并非如他们所以为的，是一成不变地、绝对地表示质料，[①] 根据圣经的用法，这个词更多时候是用于至高原因，比如“一位上帝，万物都本于他”[②]，还有“万物都是出乎上帝”[③]。然而，真理的道常常把这个词用于质料，

---

① ὕλη = 拉丁词 *materies*，源于同一个词根 *mater*，英语里的 material 和 matter 也出于这一词根。“在柏拉图那里，ὕλη 具有通常讲话中的含义，即指木料、木材，有时也指普遍的质料……” Ed. Zeller. *Plato and the older Academy*, 2. 296。巴西尔也以类似的方式使用 ὕλη。作为表示抽象质料的一个专业哲学术语，是亚里士多德最先使用的。

② 《哥林多前书》8：6。

③ 《哥林多前书》11：12。

比如它说“要用不朽坏的木头做一柜”[①]；“要用精金做一个灯台”[②]；“头一个人是出于地，乃属土”[③]；“你与我一样，也是用土造成。”[④]但是如我们已经指出的，这些人为了确立本性上的差异，就设立法则，规定这个短语只适用于父。这种区分他们原本是从异教权威引用过来的，但在引用时却又没有忠实而准确地模仿。对于子和圣灵，他们与自己的异教老师保持一致，一个冠以工具的头衔，另一个冠以处所的头衔，因为他们说“在圣灵里”，“藉着”子。但是当他们把“本乎他”应用于上帝时，就不再跟从异教的范例，而是如他们自己所说的，转向使徒的用法，如圣经所说的，“你们得在基督耶稣里是本乎上帝”[⑤]，“万有都是出乎上帝”[⑥]。那么，这种系统讨论的结果是什么呢？有一个原因的本性，一个工具的本性，以及一个处所的本性。因此子的本性不同于父的本性，就如工具不同于工匠一样；圣灵也不同于其他两位，因为处所或时间的本性不同于工具或工具的使用者。

## 第五章

“藉着他”也用于父，而“本于他”也用于子和圣灵。

7. 我们描述了对手论证的结论之后，现在要进而表明，如我们已经指出的，并非父首先取了“本乎他”，然后把“藉着他”丢给子；另外，根据这些人新炮制的对短语的划界，裁定子拒不容许圣灵分有“本乎

---

① 《出埃及记》25：10，七十士希腊文译本。钦定本“shittim”，修订本“acacia”。本笃版编者说，圣安波罗修（St. Ambrose，*de Spiritu Sancto*，2.9）这里似乎误解了圣巴西尔的论点。圣巴西尔不是指责敌圣灵派没有把上帝看做万物都“本于他”的质料，将万物归于上帝，而是指责他们不当地限制“出于他”这个词的使用，只将它用于父。

② 《出埃及记》25：31。

③ 《哥林多前书》15：47。

④ 《约伯记》33：6，七十士希腊文译本。

⑤ 《哥林多前书》1：30。

⑥ 《哥林多前书》11：12。

他”或“藉着他”，这是毫无道理的。“只有一位上帝，就是父，万物都本于他，我们也归于他；并有一位主，就是耶稣基督，万物都是藉着他有的。”①

这话没错，但是作者写下这些话并不是在制定规条，而是在小心地区分位格（hypostases）。②

使徒之所以这样写，不是为了引入多个本性，而是为了表明不可混淆父与子的概念。这两个短语并非如战争中的敌我双方那样彼此对立，使它们所指向的事物之间相互冲突，这一点可以从所讨论的这段经文非常清楚地看出。当圣保罗说：“万有都是本于他，倚靠他，归于他”③，这就使两个短语都指向同一个主词。这显然就是指主，即使是对这话的含义没有深入研究的读者，也会承认这一点。使徒刚刚引用了以赛亚的预言，“谁知道主的心？谁作过他的谋士呢？”④ 然后说“因为万有都是本于他，倚靠他，归于他”。先知是在谈论上帝，创造万有的道，这可以从前一段话里得知：“谁曾用手心量诸水，用手虎口量苍天，用升斗盛大地的尘土，用秤称山岭，用天平平冈陵呢？谁曾指示耶和华的灵，或作他的谋士指教他呢？”⑤ 要知道，这段话里的“谁”不是指绝对不可能，而是指极其稀少，就如以下段落里所说的：“谁肯为我起来攻击作恶的呢？”⑥“有何人喜好存活？”⑦“谁能登耶和华的山？”⑧ 同样，在所论到的段落里，

---

① 《哥林多前书》8：6。

② 即使大公教神学（Catholic Theology）不把对“οὐσία，ousia”与“ὑπόστασις，hypostases”之间的含义的区分归功于圣巴西尔，无论如何也得承认，他的论述是对这种区分的最初也是最著名的论断和捍卫。不久，这种区分就取代了尼西亚会议上确立的同一性。如果在325年的尼西亚谈论圣保罗“区分位格”，那会被认为是不敬上帝的。大约45年之后，圣巴西尔写信给弟弟尼撒的格列高利（Gregory of Nyssa）（Ep. 38.），防止格列高利陷入对位格和本质（hypostasis and ousia）不加区分的错误之中。参见 Theodoret Dial. 1. 7 以及英译者对他的 Ecc. Hist. 1. 3 的注释。

③ 《罗马书》11：36。

④ 《罗马书》11：34；《以赛亚书》40：13。

⑤ 《以赛亚书》40：12、13。

⑥ 《诗篇》94：16。

⑦ 《诗篇》34：12。

⑧ 《诗篇》24：3。

“谁曾指示［七十士希腊文译本作‘知道’］耶和华的灵，或作他的谋士指教他呢”，也是指这样的含义，因为“父爱子，将自己所做的一切事指给他看”① 。这就是托住大地，用手抓住它的上帝，他使万物有秩序，有装备，他平衡小山，斗量诸水，使宇宙中的万物各归其位，用自己极小的一部分权能就包围了整个天，先知用形象的说法，称这一部分权能为手虎口。然后使徒恰当地加上“万有都本于他，倚靠他，归于他”② 。因为万有存在的原因在于他；万物倚靠他获得自己的持续性和结构，③ 他创造了万物，分别给予每一个造物健康和存续所需要的条件。因而，万物都转向他，以无法遏制的渴望和难以言喻的情感仰望他们“生命”的“主”④ 和维持者，如经上所写的“万民都举目仰望你”⑤ ，又说：“这都仰望你”⑥ ，“你张手，使有生气的都随愿饱足。”⑦

8. 如果我们的对手反对我们的这种解释，那么什么样的论证能使他们避免陷入自己所挖的陷阱？

如果他们不承认“本于他”、“藉着他”和“归于他”这三个短语所谈论的是主，那它们就只能应用于父神。这样，毫无疑问，他们的规则就会成为泡影，因为我们发现，“本于他”和“藉着他”都适用于父。如果后一个短语没有任何贬损之意，那究竟为何要把它局限于子，似乎它表示低一层的含义？如果它始终并处处都暗示着服侍，那请他们告诉我们，荣耀的上帝⑧和基督的父能从属于哪一个更高贵者？

由此他们自己推翻了自己的观点，而我们的立场从两方面得到确证。一方面，如果证明了这一段话是指子，那么我们可以看到，“本于

① 《约翰福音》5：20。
② 《罗马书》11：36。
③ 参见《歌罗西书》1：16、17。
④ 《使徒行传》3：15。
⑤ 《诗篇》145：15。
⑥ 《诗篇》104：27。
⑦ 《诗篇》145：16。
⑧ 《诗篇》29：3；《使徒行传》7：2。

他”也适用于子；另一方面，如果我们坚持认为先知的话是关于上帝的，那么也必须承认“藉着他”同样适用于上帝，这两个短语具有同等的价值，因为两者都以同样的力量描述上帝。无论哪个术语用于同一个位格，都显然是等效的。不过，我们还是回到主题上来。

9. 使徒在给以弗所人的书信里说：“惟用爱心说诚实话，凡事长进，连于元首基督，全身都靠他联络得合式，百节各按各职，照着各体的功用彼此相助，便叫身体渐渐增长。”①

又因为歌罗西人不认识上帝的独生子，故在致他们的书信中提到要持定“元首”，即基督，“全身既然靠着他，筋节得以相助联络，就因上帝大得长进。”② 至于基督是教会的头，我们还可以在另一段话里得知，使徒说：“使他为教会作万有之首”③，“从他丰满的恩典里，我们都领受了。”④ 主自己也说，“他要将受于我的告诉你们”。⑤ 总而言之，勤勉的读者必会注意到，“本于他”有各种不同的使用方式。⑥ 比如，主说“我觉得有功力（virtue）从我身上出去”。⑦同样，我们时时看到“本于他”也用于圣灵。经上说，“顺着圣灵播种的，必从圣灵收永生”。⑧ 约翰也写道：“我们所以知道上帝住在我们里面，是因他所赐给我们的圣灵。”⑨ 主的使者说：“她所怀的孕是从圣灵来的。”⑩ 主也说：“从灵生的，就是灵。”⑪ 关于这一点就谈到这里。

10. 所以我们必须指出，圣经允许“藉着他”的短语无差别地用于

① 《以弗所书》4：15、16。
② 《歌罗西书》2：19。
③ 《以弗所书》1：22。
④ 《约翰福音》1：16。
⑤ 《约翰福音》16：15。
⑥ 参见《希伯来书》1：1 里同词源的副词。
⑦ 《路加福音》8：46。（和合本为“能力”[power]。——中译者注）
⑧ 《加拉太书》6：8。
⑨ 《约翰一书》3：24。
⑩ 《马太福音》1：20。
⑪ 《约翰福音》3：6。

父、子和圣灵。要举例证明关于子的情形实在冗长乏味，不仅因为这是众所周知的事，而且因为这个观点正是我们的对手所提出来的。现在我们要表明“藉着他”也适用于父的情形。经上说，“上帝是信实的，你们原是被他，(δί οὗ) 所召，好与他儿子……一同得分”[①]，“奉（διά）上帝的旨意蒙召作耶稣基督使徒的保罗”[②]；又说“可见，从此以后，你不是奴仆，乃是儿子了。既是儿子，就靠着上帝为后嗣。”[③]“像基督藉着（διά）父的荣耀从死里复活一样。”[④]另外，以赛亚说：“祸哉！那些向耶和华深藏谋略，又在暗中行事的。”[⑤]至于这个短评用在圣灵身上，可以举出许多例子。比如，“上帝藉着（διά）圣灵向我们显明了”[⑥]，在另一处，“从前所交托你的善道，你要靠着（διά）……圣灵牢牢守着”[⑦]；又说“这人蒙（διά）圣灵赐他智慧的言语”[⑧]。

11. 同样，我们也可以说，在圣经里，介词“in”可用于父神身上。旧约有话说，我们依靠（ἐν）上帝，才得施展大能[⑨]，“我的赞美必常常归于（ἐν）你”[⑩]；又说“我因你的名欢乐”[⑪]。在保罗笔下我们读到，“在创造万物之上帝里”[⑫]，“保罗、西拉、提摩太，写信给帖撒罗尼迦在上帝我们的父……里的教会”[⑬]；“或者照（ἐν）上帝的旨意，终能得平

---

① 《哥林多前书》1：9。
② 《哥林多前书》1：1。——中译者注
③ 《加拉太书》4：7。
④ 《罗马书》6：4。约翰斯顿在他编的《论圣灵》中指出，圣巴西尔在就所涉及的论点引用的新约经文中，忽略了《希伯来书》2：10“成为那为万物所属（δὶ ὅν）、为万物所本（δὶ οὗ）的”，“该处把父描述为万物的终极因和动力因。”
⑤ 《以赛亚书》29：15。（即“不藉着他”。——中译者注）
⑥ 《哥林多前书》2：10。
⑦ 《提摩太后书》1：14。
⑧ 《哥林多前书》12：8。
⑨ 《诗篇》108：13。
⑩ 《诗篇》71：6。
⑪ 《诗篇》89：16“他们因你的名终日欢乐”。
⑫ 《以弗所书》3：9。
⑬ 《帖撒罗尼迦后书》1：1。

坦的道路往你们那里去”[1]；“你……指着（ἐν）上帝夸口”[2]。例子实在太多，举不胜举，但是我们想要做的与其说是罗列大量证据，不如说是要证明我们对手的结论是谬论。因此我就省略表明这种用法适用于我们的主和圣灵的证据，因为这是众所周知的。但是我忍不住要指出，“聪明的读者”只要反过来看，就会发现关于面前这个介词的证据非常充分。因为如果语言上的差异表明本性已经改变，如他们所说的，那么语言上的一致就迫使我们的对手羞愧地承认，本质没有改变。

12. 不仅在神学上这些术语的使用有变化[3]，而且只要其中一个词取了另一个词的含义，我们发现它们往往就从一个主词转到另一个主词。比如，亚当说：“我藉着上帝得了一个男子”[4]，意思是说从上帝得了孩子；另一段说“摩西照着耶和华的话吩咐以色列人说……”[5]，又说“解梦不是藉着上帝吗?”[6]约瑟向牢里的人论到梦，没有说“出于上帝”，而是清楚地说“藉着上帝”。相反，保罗不用“藉着他”，而是用“出于他”，说“为女子所生”（钦定本用“of”而不是“through”）[7]。他还在另一段落里清楚地区分这一点，他说女人应是由男人而造，而男人是借着女人而造，“女人原是从（钦定本‘由’）男人而出，男人也藉着（钦定本‘通过’）女人而出”[8]。然而在该段落里，使徒在阐述用法的多样性的同时也顺便纠正那些认为主的身体是灵性身体的人的错误[9]，为了表

---

① 《罗马书》1：10。

② 《罗马书》2：17。

③ 根据教父的用法，“神学”这个词涉及一切与基督的神性和永恒性相关的东西，区别于“οἰκονομία”，后者与道成肉身以及随后的人类救赎相关。参见 Bishop Lightfoot's *Apostolic Fathers*, part II. Vol. 2. p. 75，Newman's *Arians*，Chapter I，section 3。

④ 《创世记》4：1，七十士希腊文译本。钦定本译为“她就怀孕，生了该隐，便说”，这里圣巴西尔被指责凭记忆引用。但在七十士希腊文译本中，主语并不明确，所以句子的结构有可能以亚当为主语。圣巴西尔在他的《驳欧诺米》(adv. Eunom.) 2. 20 里同样把这话看做是亚当所说。

⑤ 《民数记》36：5，七十士希腊文译本。

⑥ 《创世记》40：8，七十士希腊文译本。

⑦ 《加拉太书》4：4。

⑧ 《哥林多前书》11：12。（参见和合本经文“女人原是由男人而出，男人也是由女人而出”。——中译者注）

⑨ 暗指幻影说教派（the Docetae），参见《路加福音》24：39。

明上帝所披戴[1]的肉身是由人性的普通泥块[2]造出来的，还进一步强调这个介词，使其具有优先性。

“藉着女人”而生这样的话很可能使人猜想女人只是生育中的被动工具，而“出于女人”就能充分地表明这本性由母亲和孩子所共有。使徒绝不是自相矛盾，他是表明这些词可以轻而易举地互换。因此，“出于他”与“藉着他”可以互换着适用于同样的主体，既如此，那么为了对真教义挑刺，总是区分这些短语，这样做有什么道理呢？

## 第六章

与那些坚持认为子不是与父同在，而是在父之后的人争论；兼论两者的同等荣耀。

13. 我们的对手虽然如此狡诈而顽固地反对我们的观点，却甚至不能以无知作为借口替自己辩护。显然，他们因我们作三一颂献给独生子与父，因我们不把圣灵与子分开而无比恼怒。因此他们称我们为革新者、宣扬革命者、炮制新词者，以及其他想得出的侮辱之名。然而，我非但没有对他们的侮辱感到恼怒，事实上，要不是他们的迷失使我“大有忧愁，心里时常伤痛”[3]，我几乎要说，我感激他们的亵渎和咒骂，好比说他们是为我提供恩福的中介，因为经上说：“人若因我辱骂你们……你们就有福了。”[4] 他们之所以愤怒，原因在于：在他们看来，子不是与父同在，而是在父之后。因此荣耀“藉着他”归于父，而不是归于父“和他”，因为“和他”表示同等的尊荣，而“藉着他”包含从属性。他们进

---

① 本笃版编者按指出，法国神学家福荣通·都公爵（Fronton du Duc）指责狄奥多勒误引了圣巴西尔的话，把这里的“上帝所披戴的肉身”写成“上帝所披戴的人”，两者的意义不同，前者使聂斯脱利主义（Nestorian）的解释不太有机可乘。

② 参见《罗马书》9：21。

③ 参见《罗马书》9：2。

④ 《马太福音》5：11。

一步指出，圣灵不能与父和子同列一起，而应在子和父之下；不是与他们同等的，而是从属的；不是与他们一同数算的（connumerated），而是位列他们之下的（subnumerated）。①

他们用这种抽象的术语扭曲单纯而朴实的信仰，还以为自己聪明机智，不允许任何人对这些事一无所知，由此他们也断绝了求助于无知为自己辩解的可能。

14. 我们要首先问他们这样的问题：他们是在什么意义上说子“在父之后”？是时间上在后，还是等级或尊荣上在后？在时间上，既然父与子的自然联合中没有任何间隔，② 所以谁也不会毫无理智地说世代的创造者③处于第二的位置。其实，就我们关于人际关系的观念来说，也不可能设想子要比父年轻，这不仅因为根据存在于父与子之间的关系，想到子就想到父。反之亦然，而且因为时间上的在后性意味着与当下相距时间较近的主体，而在前性暗示着与当下相距时间较远的主体。比如，挪亚时代发生的事先于所多玛人经历的事，因为挪亚离我们的时代更为遥远；同样，所多玛人的历史事件在后，因为在某种意义上，他们更接近我们的时代。然而，试图度量超越于整个时间和全部世代的生命存在（就其与当下的距离来说），除了是违背真教义之外，岂不真正愚蠢之极？有生有灭的事物可以有先有后，难道我们也如此比较父神与子神，说父先于在一切世代之前的子吗？

父的至高至远性实在不可思议，因为思想和智力完全无法领会主的生出。圣约翰极其巧妙地用两个词把这种起源包含在可设想的范围之内：**“太初有**道”。因为思想不可能穿越到“有”（was）之外，想象④也不可能超越“太初”。就算你的思想回溯到极处，你也不可能越

---

① *ὑποτάσσω*，参见《哥林多前书》15：27。

② 然而阿里乌主义者的伟大口号是“*ἦν ποτε ὅτε οὐκ ἦν*”。

③ *ποιητὴς τῶν αἰώνων*.

④ *Φαντασία* 是表示想象或呈现的哲学术语。想象就是使对象变得明显的心理官能。亚里士多德（de An. III. 3. 20）把它界定为“由感觉引起的一种心灵活动”。

过这个“有”。不论你尽多大努力去看子之外的事物，你也不可能到达比“太初”更远的地方。因而，真教义教导我们要将子与父放在一起思考。

15. 如果他们真的认为子相对于父来说要降一级，仿佛他处于低一点的位置，这样，父坐在上面，子就被推到下一个低的位置，那就由他们说去吧，我们不遑多论。因为只要清楚地阐明这种观点，就立即揭露出它的荒谬性。他们这些拒不承认父参透万物的人，甚至不能保证自己论证的思想逻辑顺序。心智健全的人相信上帝充满万有①，然而他们这些在父与子之间分出上下的人，甚至没有记住先知的话：“我若升到天上，你在那里；我若在阴间下榻，你也在那里。”② 那些为无形的事物指定位置的人，且不说表明他们无知的种种证据，就他们厚颜无耻又充满敌意地攻击圣经里的段落“你坐在我的右边”③，“就坐在上帝至大者的右边”④而言，他们能找到什么借口呢？“右手”这个词并不是如他们所主张的，是指低位，而是指同等关系；它也不能从字面理解，否则就很可能对上帝产生某种有害的念头（或以为上帝还有左手）⑤，事实上，圣经用高贵的语言指明荣耀的座位，把子的庄严和尊贵呈现在我们面前。接下来就得由我们的对手来解释这个词为何表示低位了。他们务必要知道“基督总为上帝的能力，上帝的智慧”⑥，“爱子是那不能看见之上帝

---

① 《以弗所书》4：10。

② 《诗篇》139：8。

③ 《诗篇》110：1。

④ 《希伯来书》1：3，“上帝”原为“高天”。

⑤ 原文为“σκαῖος”，我只能引入拉丁词“*sinister*”，此外我不知道还有什么更好的方式来传递原文的含义。“*sinister*”有两层含义，一为左边的，一为凶兆的。由于说英语国家的人不迷信，所以当希腊语的“σκαῖος”和“ἀριστερός”，拉丁语“*sinister*”和“*laevus*”，法语“*gauche*”，德语“*link*”，所有这些除了单纯的右边的这个意思之外，还保留不灵巧的、不吉利的含义的时候，英语的“left”（尽管很可能源于 lift = weak）却只留下狭义含义，其他含义全都丢掉了。

⑥ 《哥林多前书》1：24。

的像”[1]，“是上帝荣耀所发的光辉”[2]，“人子是父神所印证的”[3]，在人子身上刻了他自己在里面。[4]

那么，我们是该说这些段落，以及贯穿圣经各卷的其他同样段落，证明了独生子的羞辱，还是该说它们公开宣告了他的威严，他与父同等的荣耀？我们请他们聆听主亲口说的话语，这话明确指出他与父具有同等尊贵的荣耀，他说：“人看见了我，就是看见了父”[5]；又说“人子在他父的荣耀里……降临的时候”[6]，叫他们“都尊敬子如同尊敬父一样”[7]；“我们也见过他的荣光，正是父独生子的荣光”[8]；“在父怀里的独生子”[9]。他们毫不考虑所有这些段落，就把专门留给圣子仇敌的位置分配给他。父亲的胸怀是给儿子适当而体面的位置，而脚凳的位置是给那些必然要被打败的人留的。[10]

我们只是粗略地浏览了这些证据，因为我们的目标是继续讨论其他观点。你在闲暇时候可以把证据一条条收集起来，然后沉思独生子至高的荣耀和杰出的能力。然而，对心怀好意的读者来说，就是这些引文也不是无足轻重，只要不把“右边”和“怀里”从身体和贬损的角度去理解，免得既把上帝局限在有限的界限内，又设想出样子、模

---

① 《歌罗西书》1：15。
② 《希伯来书》1：3。
③ 《约翰福音》6：27。
④ 对《约翰福音》6：27 的“ἐσφράγισεν”的更明显的解释应该被印上认可的记号，如在刚行的神迹里那样。参见 Bengel，“*sigillo id quod genuinum est commendatur, et omne quod non genuinum est excluditur.*”圣巴西尔对“印证”的解释是“印了他位格的像”，但奥尔福德（Alford）不接受这种解释。圣巴西尔在本文第二十六章的结尾处说，我们的主就是父“刻在相像者身上的真像和印记”。圣阿塔那修（St. Athanasius, Ep. i. ad Serap. 23.）写道：“印记有盖印者基督的样子，被印者分有这个样子，按着它成形。”参见《加拉太书》4：19，《彼得后书》1：4。
⑤ 《约翰福音》14：9。
⑥ 《马可福音》8：38。
⑦ 《约翰福音》5：23。
⑧ 《约翰福音》1：14。
⑨ 《约翰福音》1：18。这里的“独生神”是对圣巴西尔的五个手抄本（five MSS.）的译法。有的抄本没有这个词。在本文第八章，圣巴西尔明确地引用圣经，称子为“独生神”（第八章第十七节）。但在第十一章第二十七节，在他引用了《约翰福音》1：18 的地方，译为“独生子”。
⑩ 参见《诗篇》110：1。

具、身体的位置，所有这些都与绝对、无限、无形体的事物截然不同。更有甚者，这种观念里包含的贬损既是诋毁父，也是诋毁子。所以不论谁复述这些观点，并不能损害子的尊贵，却招致亵渎父的指控。因为人在子身上所做的任何无耻行为，都必然也针对父。如果人把高位分给父，视之为他的优先权，而认为独生子坐在下面，那么他就会发现，他所设想的事物附带着身体的所有属性。如果说这些都是醉酒后的幻觉，精神错乱后的想象，那么那些得到主亲自教导"不尊敬子的，就是不尊敬……父"[①] 的人，拒绝在敬拜荣耀父的同时来一共敬拜那在本性、荣光和尊严上都与父不可分离的子，这样的人怎么可能与真教义一致呢？我们该说什么呢？如果我们试图把那共有尊贵和宝座的从同等的层次降为低等，那么到了那个普遍审判万物的可怕日子，当主清晰地宣称他要"在他父的荣耀里"到来；[②]当司提反看见耶稣站在上帝的右边；[③]当保罗在灵里证实基督"在上帝的右边"[④]；当父说"你坐在我的右边"[⑤]；当圣灵见证他已经坐在上帝"至大者的右边"[⑥]，我们能有怎样正当的辩解？[⑦] 在我看来，站和坐表明事物的固定性和全然的稳定性，就如巴录，当他想要展示神性存在的不变性和不动性时，就说"因为你永远坐着（作王），而我们彻底死去了"[⑧]。此外，在我看来，右边的位置表示同等的尊贵。因此，企图剥夺子分有三一颂的资格，似乎他在尊贵上只配列于低一级的位置，实为草率鲁莽。

---

① 《约翰福音》5：23。
② 《马太福音》16：27。
③ 《使徒行传》7：55。
④ 《罗马书》8：34。
⑤ 《诗篇》110：1。
⑥ 《希伯来书》8：1。
⑦ 约翰斯顿先生合理地指出，这五个见证并不是随意引用的，而是"有一定顺序，引导读者从将来的二次降临，经过在右边的当下时期，再回到过去的上升"。
⑧ 《巴录书》3：3，七十士希腊文译本。（此节经文系中译者根据英文直译。——中译者注）

## 第七章

驳斥那些主张论到子时不可用“与他一起”，而应当用“藉着他”的人。

16. 他们的论点是，“与他一起”这个短语的用法完全陌生、不为人知，也不合惯例，而“藉着他”既是圣经里常见，也是弟兄间使用频繁的语言。我们该如何作答？我们说，不曾听到你们的话的耳朵有福了，不曾受到你们这些话伤害的心灵有福了。而对你们这些基督所爱的人，我要说，教会对这两种用法都认可，不轻视任何一个，不认为一个破坏另一个。因为每当我们沉思独生子的至大本性和他的至高尊严时，我们都见证荣耀是“与”父“一起的”。相反，每当我们想到他赐给我们的美好礼物，想到他允许我们进入上帝的家，[①]接纳我们，我们都承认这恩典是“藉着”他并“依靠”他临到我们的。

由此可见，“与他一起”这个短语适用于描述荣耀，而另一个“藉着他”则专门适用于致谢。同样，宣称“与他一起”的短语不常出现在信徒的用法中也完全不正确。所有那些品性健全、认为古典用法比新炮制的新奇事物更可敬的人，那些保守父辈的传统[②]不受玷污的人，不论城里的还是乡村的，都在使用这个短语。相反，那些讨厌熟悉的惯常用法，傲慢地攻击古老事物，视之为陈腐的人，就是那些欢迎革新创制的人，正如你们爱炫耀的爱人，在衣着上总是喜欢最新潮的服装，而不喜欢日常便服。所以你甚至还可以看到，民间的语言保留着古代风格，而我们自以为聪明的专家，这些精于文字游戏的人，他们的语言贴着最新哲学的标签。

---

① 参见《以弗所书》2：18。

② 参见《加拉太书》1：14。

我们的祖先这么说，我们也这么说：父和子的荣耀是共同的，因而我们将三一颂献给父“与”子。但是我们这样做并不只是依凭祖辈的传统，事实上他们也遵循圣经的含义，并以我前面刚从圣经引用的、呈现给你的证据为出发点。因为想到“光辉”总是同时想到“荣耀”①，想到“像”，也就想到原型，②子无时无处不与父同在；就是两者紧密相联的名称也不容许分离，更不必说其本性的同一了。

## 第八章

有多少种方式使用“藉着他”；在何种意义上“与他一起”更适合。解释子如何领受诫命，又是如何被差。

17. 所以，当使徒说“靠着耶稣基督……感谢上帝”③，又说我们“藉着他受了恩惠并使徒的职分，在万国之中叫人……信服真道”④，或者“藉着他……进入现在所站的这恩典中”⑤时，他提出恩典乃是通过子赐予我们的，有时候使恩典里的美好恩赐从父送到我们手上，有时候通过他本人将我们带到父那里。因为他说我们“藉着他受了恩惠并使徒的职分”⑥，就是宣称好礼物来自于源泉的供给；又说我们“藉着他……进入”⑦，就是指出我们借着基督蒙悦纳，得以成为“上帝家里的人”⑧。那么我们承认由他为我们成就的恩典是否就降低了他的荣耀呢？我们岂不更应当说记念他的恩益正是荣耀他的最好证据？正是因为这样的原因，我们不曾看到圣经向我们描述主时只用一个名称，甚至不局限

---

① 《希伯来书》1：1。参见奥古斯丁 *Ep*. 2. ad Serap.：“父是光，子是光辉和真光。”
② 《哥林多后书》4：4。
③ 《罗马书》1：8。
④ 《罗马书》1：5。
⑤ 《罗马书》5：2。
⑥ 《罗马书》1：5。
⑦ 《罗马书》5：2。
⑧ 参见《以弗所书》2：19。

于只表示他的神性和大能的术语。有时候它使用描述他的本性的术语，因为它知道“那超乎万名之上的名”就是子的名字，说的是真正的神子，[1] 上帝独生的子，[2] 上帝的能力[3]、智慧[4]和道[5]。同样，由于恩典赐给我们有种种方式[6]——这是由于他有丰富的恩慈[7]，照着他百般的智慧[8]，他将恩典赐给需要的人——所以圣经用其他数不胜数的头衔来描述他，称他为牧羊人[9]、君王[10]、医生[11]、新郎[12]、道路[13]、门[14]、泉水[15]、粮[16]、斧子[17]、磐石[18]。这些头衔都不是描述他的本性，而是如我所说的，是指他的各种功效，他出于对自己造物的怜悯，根据各个造物的独特需要，赐给它们各自所需之物。那些逃到他那里避难，寻求他的支配力保护，并通过耐心忍受改正了固执任性的行为方式的人，他就称为“羊”，向聆听他的声音并拒不接受外来教导的人自称为“牧羊人”。他说，因为“我的羊认得我的声音”。而当他们已经达到较高的阶段，需要公义的王权的时候，他就是他们的王。

因为他通过他的诫命这条直路，引导人行善，又因为他把所有凭着在他里面的信而致力于寻求更高智慧的恩福的人安全关在里面，所以他是门。

---

① 参见《马太福音》14：33及27：54。
② 《约翰福音》1：18。
③ 《哥林多前书》1：24，可能还有《罗马书》1：16。
④ 《哥林多前书》1：24。
⑤ 例如《约翰福音》1：1。参见《诗篇》107：20；《所罗门智训》9章1节，18章15节；《传道书》43：20。
⑥ 参见《希伯来书》1：1。
⑦ 参见《罗马书》2：4。
⑧ 《以弗所书》3：10。
⑨ 例如《约翰福音》10：12。
⑩ 例如《马太福音》21：5。
⑪ 例如《马太福音》9：12。
⑫ 例如《马太福音》9：15。
⑬ 例如《约翰福音》14：6。
⑭ 例如《约翰福音》10：9。
⑮ 参见《启示录》21：6。
⑯ 例如《约翰福音》6：21。（应为6：35。——中译者注）
⑰ 参见《马太福音》3：10。
⑱ 例如《哥林多前书》10：4。

因此他说："凡从我进来的……出入都得草吃。"[①] 另外，对信徒来说，他是坚固不可动摇的保障，比任何壁垒都更难攻破，他是磐石。在这些头衔中，正是当他被称为门或道路时，"藉着他"这个词显得非常恰当而清晰。然而，作为上帝和子，他与父一同得荣耀，因为"叫一切在天上的、地上的，和地底下的，因耶稣的名无不屈膝，无不口称'耶稣基督为主'，使荣耀归于父神"[②]。于是，我们两个词都使用，用一个表示他自己独特的尊贵，另一个表示他赐给我们的恩典。

18. 每一种援助都"藉着他"进入我们的灵魂，而且每一个头衔都是根据某种特定的眷顾所设计的。所以当他将这没有玷污、皱纹[③]，清洁无污的灵魂献给自己时就像纯洁的少女的，他就被称为新郎；但是每当他接纳一个因魔鬼的邪恶击打而身陷痛苦情状的身体，治好它的罪恶的重疾病患时，他就被称为医生。难道他对我们的这种保护降低了我们对他的思念吗？还是相反，它使我们更加惊异于救主的大能和他向人所施的慈爱？[④] 因为他既与我们一同忍受我们的疾病，[⑤] 又能俯就我们的软弱。无论是天、地、大海，是生活在水里和旱地上的造物，是植物，是星辰，是空气，是时节，还是宇宙秩序中的各种事物，没有一个如此杰出地显示他作为上帝的奇妙大能，虽然不可领会，不受感动，却能借着肉身，进入与死亡的直接冲突，目的就是通过他自己的受难，使我们得恩惠，从痛苦中得释放。[⑥]没错，使徒说："靠着爱我们

① 《约翰福音》10：9。

② 《腓立比书》2：10、11。

③ 《以弗所书》5：29。（应为5：27。——中译者注）

④ *Φιλανθρωπία* 在新约里出现两次（《使徒行传》28：2 和《提多书》3：4），在前一处钦定本译为"情分"，后一处译为"向人所施的慈爱"。

⑤ 或同情我们的弱点。

⑥ 在《诗篇一百一十五篇布道书》的第五节中，圣巴西尔描述了上帝作为道的能力，最明显地表现在道成肉身的经世以及对卑微而软弱的人的俯就中。参见阿塔那修《论道成肉身》54 节："他成了人，以便叫我们成为上帝；他藉一个身体来显明自己，以便我们得以认识不可见的父；他忍受人的侮辱，好叫我们承继不朽。他自己原本是绝不可能受伤害，因他是不能受苦，不能朽坏的，是道，是上帝，但是为了受苦的人的缘故，他忍受了这一切，并在他自己的不能受苦中扶持并保守受苦的人。"

的主，在这一切事上已经得胜有余了。”[1] 但是在这样的短语中，完全没有低级、从属的执事的暗示，[2]而毋宁说是表示“依赖他的大能大力”[3]所获得的救助。因为他自己已经捆住那壮士，抢夺了他的家财，[4] 也就是我们人，我们的仇敌以一切邪恶活动所伤害的人，使我们这些预备行各样善事的人成为“器皿……合乎主用”[5]，因为我们里面受我们自己支配的部分已经做好预备。[6]因此我们借着他已经有了走向父的路，得以“脱离黑暗的权势”，“叫我们能与众圣徒在光明中同得基业”[7]。然而，我们绝不可以为借着子的经世是出于位卑奴仆的被迫、从属性的服侍，而毋宁说是出于对他自己造物的慈悲和怜悯，照着父神的旨意而自愿成就的对人的关爱。如果在以前的和现在的一切他所成全的事上，我们既见证他能力的完全，又绝不将它与父的旨意分离，那么我们就与真教义相一致。比如，每当称主为道路时，我们就被带到更高的含义，而不是源于这个词的普通含义。我们把道路理解为向完全的前进，[8] 它是由一级级台阶按规定顺序铺成，通过公义的作为和“知识的光照”[9] 而成就的；始终追求面前的，去得着还没有得着的事，[10] 直到抵达有福的终点，就是上帝的知识，主借着自身将这知识给予已经信他的人。因为我们的主是一条本质上美好的路，那里没有歧途，不会迷路，直接通向

---

① 《罗马书》8：37。

② 《使徒行传》26：16 救主对圣保罗说：“要派你作执事”；《哥林多前书》4：1“人应当以我们为基督的执事。”

③ 《以弗所书》6：10。

④ 参见《马太福音》12：29。

⑤ 《提摩太后书》2：21。

⑥ 这段话有多种读法，每种读法都含义模糊，故极难翻译。我通过“我们的自由意志（受我们自己支配）”力图呈现希腊原文的力量。参见列举的“受我们自己支配”的事物：“受我们自己支配的事物是冲动、欲望、意向。”论到《以赛亚书》6：8 的“我在这里，请差遣我”，圣巴西尔写道：“他没有加上‘我肯去’，因为接受信息是我们可支配的事，而有能力去则是赐给恩典、赋予能力的上帝的事。”

⑦ 《歌罗西书》1：12、13。

⑧ 参见《路加福音》2：52，论到我们的主“一直前进”（和合本“一齐增长”）。

⑨ 《哥林多前书》4：6，修订本旁注。

⑩ 这里虽然不是引文，却似乎是对《腓立比书》3：13 的回忆。

那本质上是善的事物，通向父。他说："若不藉着［钦定本为'依靠'］我，没有人能到父那里去。"[1] 这就是我们"藉着子"到上帝那里去的道路。

19. 由此，接下来我们应当指出父"藉着他"赐给我们的恩福的特性。整个被造世界，包括这个可见的世界和心灵构想的整个世界，若没有上帝的眷顾和安排，就不可能统一起来，这位造物主道，独生的神，按每个个体的需要分配救助，由于接受者的种类和特性多种多样，他的慈爱也多种多样，适合于每个个体的需要。那些沦陷于无知的黑暗的，他照亮他们，因此他就是真光。[2] 在根据行为的功过分配回报时，他做出审判，因此他是公义审判的主。[3] 因为"父不审判什么人，乃将审判的事全交给子"[4]。那些偏离崇高生活滑入罪中的人，他抬起他们不让他们坠落，因此他是复活。[5] 他的能力一触摸，就卓有成效，他的善意一发出，就成就一切。他看护，他教导，他喂养，他医治，他引导，他使人复活，他使原本虚无的事物成为存在，他使已经创造的事物保持存在。因此美好的东西"藉着子"从上帝降临到我们身上，子在任何时候都以无法描述的速度做工。没有哪道闪电，没有哪种在空气中穿过的光，能如此迅速；就是眼睛的急速转动，就是我们念头的变化，也没有这般迅速。事实上，上帝的活动远比所有这些都要快，犹如飞鸟、风或天体的旋转比最慢的生命物的活动都要快，或者不提这些事物，犹如我们的思想本身与最慢的生命活动相比。因为他"用他权能的命令托住万有"[6]，不是靠身体的动作，不需要双手帮助他创造万物，一切被造的事物都顺服地听从他，自愿答应他，那他还需要什么时间？就如犹滴所

① 《约翰福音》14：6。
② 《约翰福音》1：9。
③ 《提摩太后书》4：8。
④ 《约翰福音》5：22。
⑤ 《约翰福音》11：25。
⑥ 《希伯来书》1：3。

说："你已经想好了，你决定的事情早已预备妥当了。"①另一方面，为防止我们过分沉迷于主所成就之工的伟大，以为主没有开端②，那自有者是怎么说的？"我因［钦定本：靠］父活着"③，是上帝的能力；"子凭着自己不能做什么。"④自我完全的智慧是怎么说的？"父已经给我命令，叫我说什么，讲什么。"⑤通过所有这些话他指示我们走向父的知识，将我们对一切被造之物的惊奇归于他，目的在于使我们"藉着他"认识父。因为我们不认为父展现的是与子分离的、独有的活动，是与子的活动不同的；事实上，不论子看见父做什么事，"子也照样做"⑥。但父欣赏我们对出于独生子之荣耀的一切生成之物的惊叹，既欣喜于成就一切事迹的他的子，也对伟大的事迹本身感到欢喜，受到所有认他为我们的主耶稣基督（就是"那为万物所属，为万物所本的"⑦）之父的人的赞颂。因而，主说："凡是我的都是你的"⑧，似乎是说对受造物的主权授予了他，而"你的也是我的"，似乎是说创造的原因从父进入了他里面。我们不可以为他在行动中利用了协助，也不可以为他的每项工作都分别得到委任和吩咐，这显然是仆役做工的情形，与上帝的尊严是完全不相吻合的。事实上，道充满他父的卓越之处；他从父发射出来，按照生他

---

① 《犹滴传》9章5、6节。（中译者按英文直译。——中译者注）

② ἄναρχος，教父们在两个意义上使用这个词。（1）指永恒的，用于a在统一性中的三一体；b子。（2）指无原因的，仅用于父，不适用于子。所以纳西盎的格列高利在《神学讲演录》29.490中说："如果你把父理解为原因，那么子并非没有开端。""因为父作为原因就是子的开端。"子在这个意义上虽然不是开端，但被认为是受生的。参见亚历山大的亚历山大致君士坦丁堡的亚历山大的书信。参见Hooker，*Ecc. Pol.* 5.54："凭藉永恒生育的恩赐，基督获得与父同一的本体，这本体是父自有的，不是从别的源头获得的。每一个'开端'都是所源出之物的'父'，每个'产物'都是所孕育者的'子'。因此，唯有父是那原初的上帝，而基督不是（因为基督是靠上帝的存有而是上帝，靠从光发射出来而是光），由此可见，不论基督与他天上的父有什么共同之处，都必然是给予他的，当然是按本性永恒地给予。"

③ 《约翰福音》6：57。

④ 《约翰福音》5：19。

⑤ 《约翰福音》12：49。

⑥ 《约翰福音》5：19。

⑦ 《希伯来书》2：10。参见《罗马书》11：36，两种抄本的译法显然使引文更与这一节接近。大多数解经者认为《希伯来书》2：10是指父，但狄奥多勒认为它是指子，从圣巴西尔的论点看，他必然采用同样的用法。

⑧ 《约翰福音》17：10。

的父的样式做一切事。因为既然他的本质没有丝毫改变，那么权能也不会有任何改变。[①] 就那些权能同等者来说，各方面活动也是同等。基督是上帝的能力，上帝的智慧[②]，所以“万物是藉着他造的”[③]，“万有都是……藉着他造的，又是为他造的”[④]，不是在履行奴仆的义务，而是作为造物主成全父的旨意。

20. 他说：“我没有凭着自己讲”[⑤]，又说：“我所讲的话正是照着父对我所说的”[⑥]，“你们所听见的道不是我的，乃是差我来之父的道”[⑦]，在另一处还说：“父怎样吩咐我，我就怎样行”[⑧]，他这样说不是因为他缺乏深思熟虑的目标，或者发动的能力，也不是因为他必须等候预先商定的基调，才使用这样的语言。他的目的是清楚地指出，他自己的旨意与父紧密相联，不可分离。因此我们不可因为所谓的“吩咐”一词，就以为是通过说话器官发出的专横命令，是对子下令，告诉他该做什么，就如吩咐仆人那样。相反，我们要在与神性相适合的意义上认识到，旨意的这种传送，就像镜子成像，瞬间就从父传到子。因为“父爱子，将自己所做的一切事指给他看”，因此“凡是父所有的”，也是子所有的，不是一点点逐渐地加给他，而是所有一切都同时与他同在。在人类，工匠若是已经完全学会了本行技艺，又经过长期操练，有了可靠确定的经验，那他就能够根据他所积累的科学方法独立做工。那么我们是否可以设想，上帝的智慧，万有的创造者，永恒的完全者，无师自通者，或者说上帝的能力，“所积蓄的一切智慧知识，都在他里面藏着”[⑨] 的，倒需要

① 参见《雅各书》1：17。
② 《哥林多前书》1：24。
③ 《约翰福音》1：3。
④ 《歌罗西书》1：16。
⑤ 《约翰福音》12：49。
⑥ 《约翰福音》12：50。
⑦ 《约翰福音》14：24。
⑧ 《约翰福音》14：31。
⑨ 《歌罗西书》2：3，钦定本。

一条一条地指示告诉他运作的方式和标准吗？我想，你出于虚妄的考虑，打算开一所学校；你要让一者（父）坐在教师的位置上，另一者（子）作为无知的学生站立一旁，通过一点点传授给他的课程，慢慢学习智慧，渐渐走向完全。因此，如果你有意遵守逻辑推论，那么你就会发现子永远处在学习之中，但始终不能到达完全的目标，因为父的智慧是无限的，而无限的终点是不可思议的。这样说来，无论是谁，只要拒不承认子从起初就拥有一切，就绝不可能承认他会获得完全。但是我对讨论过程中降低到这样有失尊严的观点感到羞耻。因此，还是让我们回到更高尚的论题中来吧。

21. “人看见了我，就是看见了父”①，人看见的不是像，也不是样式，因为神性不允许有复合；事实上，在父里所看到的意愿的善——它与本质是一致的——与在子里看到的是相似而同等，或者毋宁说是一样的。②

那么“存心顺服”③是什么意思？“为我们众人舍了”④是什么意思？这是说，子是作为父的子而为人类做仁慈之工的。但是你必然也听过这样的话：“基督……赎出我们脱离律法的咒诅”⑤，“基督在我们还作罪人的时候为我们死”⑥。

也要细细品味主的话，要注意无论他何时向我们教导他的父，他都习惯性地使用个人权威的术语，说：“我肯，你洁净了吧”⑦、“住了吧！

---

① 《约翰福音》14：9。

② 这里的观点似乎不是说，基督不是父的“像”或印记，如《希伯来书》1：3里对他描述的，或者不是如《腓立比书》2：6里所说的形象，而是说，对《约翰福音》14：9里我们主所说的话，不可在这个意义上理解“看见父”。“*χαρακτήρ*”和“*μορφὴ*”等同于“*ἡ θεία φύσις*”，而圣巴西尔对“*μορφὴ*”的使用与圣保罗相同——如果不是跟从，就是符合古代希腊哲学的用法——都意指圣道成肉身之前的本质属性。

　　神性不允许有“复合”，是说神性不“混合”（参见狄奥多勒在驳斥混淆基督里的神性与人性的对话里的论述）我们主里面的人性，仍然保持不可见性。

③ 《腓立比书》2：8。

④ 《罗马书》8：32。

⑤ 《加拉太书》3：13。

⑥ 《罗马书》5：8。

⑦ 《马太福音》8：3。

静了吧”、[①]“只是我告诉你们”[②]、“你这聋哑的鬼，我吩咐你……”[③]以及其他诸如此类的表述。这样，借助这些话我们可以认识我们的主和造物主，通过这种认识可以知道我们主和造物主的父。由此也就全面地证明了真教义，即父借着子创造的事实既不造成父的创造不完全，也不表明子的活动能力虚弱，而是表明了旨意的合一性；由此“藉着他”这个表述包含对先前的因（antecedent Cause）的认可，但不能用来排斥动力因。

## 第九章

与圣经教导相符的圣灵的确定含义。

22. 现在我们要考察我们关于圣灵的共同认识，以及我们已经从圣经收集起来的关于圣灵的论述，还有我们从祖先的未成文传统中接受的观点。首先，我们要问，听到圣灵这个名称，有谁不肃然起敬，有谁不把思想指向至高之物？它被称为“上帝的灵”[④]、“从父出来真理的圣灵”[⑤]、“正直的灵”[⑥]、“引导的灵”[⑦]。它[⑧]固有的独特称呼是“圣灵”，这个名称专门适用于无形、纯洁、非质料的且不可分的事物。因此，当那个撒玛利亚妇人把上帝看做某个地方的崇拜对象时，我们的主就教导她无形的事物是不可领会的，说“上帝是个灵”[⑨]。当我们听到灵这个词，我们

---

① 《马可福音》4：39。
② 《马太福音》5：22，等。
③ 《马可福音》9：25。
④ 《马太福音》12：28，等。
⑤ 《约翰福音》15：26。
⑥ 《诗篇》51：10。
⑦ 《诗篇》51：12，七十士希腊文译本；修订本和钦定本“自由的灵”。（和合本“乐意的灵”。——中译者注）
⑧ 要记住在尼西亚信经里“生命的主和赐予者”是“*τὸ κύριον τὸ ζωοποιόν*”。在钦定本里既有“他”（《约翰福音》15：26，*ἐκεῖνος*）又有“它”（《罗马书》8：16，*αὐτὸ τὸ πνεῦμα*）。
⑨ 《约翰福音》4：24。

不可能想到有限制、可变动的东西，或者就像造物一样的东西；我们必须使自己的观念上升到至高者，想到一种理智性本质、能力无限、广袤无边、不能用时期或世代来衡量的东西，它慷慨地赐下美物，凡需要神圣化的事物都转向它，凡生活在美德中的事物都追随它，因为它用灵气浇灌它们，帮助它们走向各自本性所特有的目标。它使万物获得完全，自身却无所缺乏；它把生命赐给万物，自己却永不枯竭，无需恢复；它不是靠添加而成长，而是直接就是完满、自我确定、无所不在，它是圣化的源头，心灵可感知的光。可以说，通过它自身为每一种寻求真道的官能提供光亮。它的本性不可企及，我们唯有凭借它的善才能靠近它；它的权能充满万物①，但只有配得的人才能分有；它分配自己的活力（energy），但对接受者不是一视同仁，他不是使用同一个标准，而是照着“信心的程度”② 分配；它的本质单纯，但权能多样，完整地显现在每一个个体里，又完整地存在于每个地方；它被分割，但未受影响，它被分有，但丝毫无损于它完整如一的整体性。就如太阳的光辉，慷慨地洒向太阳底下的人，似乎只照他一个，其实同时照耀着大地、海洋，并与空气混合；同样，圣灵向每一个接受它的人显现，就如只赐给他一人，其实它同时为整个人类发出充足而完满的恩典，凡是分有它的人都按着能力——不是它权能的能力，而是他们本性的能力——享有。

23. 我们知道，圣灵与灵魂的亲密接触不是靠着位置的接近。确实，一个有形体的怎么可能接受无形体的事物呢？这种接触是由于情欲的撤退才产生，情欲是由于灵魂与肉体结合渐渐进入灵魂里的，也由于灵魂与上帝的亲密关系而最终疏远灵魂。人唯有洁净了因自己的恶行而沾染的羞耻的斑点，重新显现他的本性之美，并且可以说洁净了高贵的形

---

① 参见《所罗门智训》1章7节。

② 《罗马书》12：6。

象，恢复它原初的样式，唯有这样，他才有可能靠近保惠师。① 圣灵就像太阳，借助于你纯洁的眼睛在他自身里向你显明不可见者的形象，使你在神圣景象中看见不可言说的原型的美。②在他的帮助下，我们精神振奋，软弱者得到扶持，前进者走向完全。他照耀那些洁净了所有污点的人，使他们通过与他的结合而成为属灵的。正如当一束阳光投在明亮透明的物体上时，物体也变得光彩夺目，并从自身发出纯净的光辉；同样，有圣灵居住的灵魂得到圣灵的光照，自身也变为属灵的，并把他们得赐的恩典传递给他人。由此产生对未来的预知，对奥秘的领会，对隐藏之事的参悟，对美好恩赐的分有，得做天上的公民，众天使中的一员，享有无穷无尽的喜乐，住在上帝里，成为与上帝相似的，而最高的恩赐乃是，成为上帝。③关于圣灵的伟大、尊贵和作为，圣灵的圣言本身教导了我们许多思想，以上这些只是挑选出的小部分而已。

## 第十章

驳斥那些认为不应当把圣灵与父和子同列的人。

24. 现在我们必须反击我们的对手，努力驳斥那些根据“似是而非的

---

① 参见狄奥多勒 *Dial.* 1. p. 164，Schaff and Wace 版“罪不是出于本性，而是出于败坏的意志”。所以英国教会（the English Church）的第九款说罪不是人的本性，而是“每个人本性的过失和败坏”。关于恢复图像的比喻，参见阿塔那修《论道成肉身》§14 和狄奥多勒 *Dial.* 2. p. 183。

② 参见 Ep. 236。“我们的心灵被圣灵照亮，朝向子，在他里面，就如在一个形象里面，沉思父。”乍看之下，文中所说的我们里面“高贵的形象”与作为上帝形象的基督之间有点混乱，其实它是说，我们在什么程度上像基督，就在什么程度上看见基督里的上帝。这就是“看见上帝”的人“心里纯洁”。

③ 这一思想最著名的表述见阿塔那修《论道成肉身》§54。他成了人，以便我们能成为上帝——*Θεοποιηθῶμεν*。参见 *De Decretis*，§14 以及阿塔那修的其他段落。奥利金（Origen）在《驳克尔苏斯》（*contra Celsum*，3. 28）里说：“人性通过与更神圣者的结合就可能变为神圣的，不仅在耶稣里如此，在所有那些因信开始耶稣所教导的生活的人中也如此。”纳西盎的格列高利在《神学讲演录》（*Or.* 30. §14）说：“直到他藉着道成肉身的权能使我成为上帝。”

在巴西尔的《驳欧诺米》（*adv. Eunom.* 2. 4）里，我们读到“那些在美德上完全的人被认为配得上帝的称号。”

参见《彼得后书》1：4：“就得与上帝的性情有分。”

学问”[1] 推导出来反对我们的“异议”。

他们声称，将圣灵与父和子同列是不允许的，因为圣灵的本性不同于后者，在尊贵上也略逊一筹。我们用使徒的话来驳斥他们非常恰当，“顺从上帝，不顺从人，是应当的！”[2]

既然我们的主在吩咐救人的洗礼时，指示他的门徒要奉“父、子、圣灵的”[3] 名给万民施洗，不可轻看与圣灵的结合，而这些人却声称我们不可将他与父和子同列。那么显然，他们岂不是公然抵制上帝的命令吗？如果他们否认这种合作是表示某种协力和联合，那么请他们告诉我们为何圣经要求我们坚持这种观点，除此之外，父、子、圣灵还拥有怎样更亲密的联合[4]关系。

即使主真的没有在洗礼中将圣灵与父及其自身联合，他们也不能[5]指责我们杜撰出这种联合，因为我们既不会持有也不会宣扬任何与主的话语

---

① 《提摩太前书》6：20。巴西尔在理智上的倡导主要体现在对圣灵的同质性的辩护上，反对阿里乌主义和半阿里乌主义，后者的领袖人物就是欧诺米（Eunomius）和马其顿（Macedonius），马其顿以自己的名字命名那些对三位一体的第三位格持错误观点的人组成的派别，就是众所周知的马其顿主义。但是即使在捍卫尼西亚信经的人中，对圣灵的本性和作为的理解也远没有对子那样清晰。一直到 380 年，巴西尔去世之后，纳西盎的格列高利《神学讲演录》第三十一篇《论圣灵显现》第五章写道：“在我们的智慧人中，有些认为它是一种活力，有些认为是一种造物，有些认为是上帝。还有些人，出于对圣经的尊重，既不敬拜也不玷污圣灵，因为圣经对这个话题没有任何规定。”参见 Schaff's *Hist. of Christian Ch.* III. Period，Sec. 128。在圣巴西尔的书信 125. 中，可以发现他于 373 年——略早于本文的写作——写给塞巴斯泰亚的欧大悌的关于异端邪说的一个概述，他相信这是阿里乌主义的观点。

② 《使徒行传》5：29。

③ 《马太福音》28：19。

④ 这个词的希腊文是“συνάφεια”，在关于我们主身上的神性和人性的合一问题的争论中是个非常关键的词。参见西利尔（Cyril）对聂斯脱利（Nestorius）的第三道咒逐令以及对这个词的使用，以及狄奥多勒的相反陈述。摩普绥提亚的西奥多（Theodore of Mopsuestia）选择用“συνάφεια”，而不用“ἕνωσις”，但撒摩撒他的安得烈（Andrew of Samosata）认为两者没有分别。阿塔那修（*de Sent. Dionys.* § 17）用它表示圣三位一体各位格之间的相互关系。

⑤ μηδέ。本笃版的注是这么说的：“伊拉斯谟所采纳的这一理解激起了孔布费斯（Combefis）的愤怒，因为后者把它理解为‘那么他们可以指责我们’。但是他对伊拉斯谟太不公正了，其实伊拉斯谟更清楚地领会了论点的要旨。巴西尔使他的对手陷于两难境地，‘奉父、子、圣灵的名’这话或者论断了或者没有论断圣灵与父和子的联合。如果没有论断，巴西尔不应当因为‘联合’而受到责难，因为他遵守圣经的话，与其说联合是从他的话里推出的，不如说是从圣经的话里推出的。如果论断了，那么他更不可能因遵循圣经的话而受到任何指责。细心的读者会看到这就是巴西尔的意思，所以应当保留普遍接受的解释。”

相悖的观点。如果相反，圣灵原本就是与父和子联合的，没有人会无耻到另立他论的地步，那么他们更不能因为我们遵循圣经的话语而指责我们。

25. 然而，所有争战的武器都已经瞄准我们，各种智力的投弹都瞄准我们；渎神者的口舌一次又一次地向我们发射攻击，比以前杀害基督的凶手攻击司提反的石头还要坚硬。事实上，对我们的攻击只是争战的前奏，这些行动的真正目的远不止于此，所以绝不能让他们得逞。他们说，他们预备这些器械，布置这些陷阱，是为了反对我们；为了反对我们，他们叫嚣呐喊，按着各人的力量或者计谋，冲向我们。然而攻击的目标乃是信仰本身。整族敌“正道”① 的仇敌的目标就是夷平使徒传统，彻底毁灭它，动摇基督信仰的根基。于是他们就像债务人——当然是真实的债务人——叫嚣着要拿出书面的证据，拒斥列祖不成文的传统，视之为毫无价值的东西。② 但是我们要坚决捍卫真道，绝不懈怠，我们不会胆怯地放弃这一事业。主已经传给我们必不可少的、拯救人的教义：圣灵必须与父同列。我们的对手却不这么认为，而认为应当分开和撕裂他们，③ 把圣灵归入协助的灵（ministering spirit）的行列。这样说来，他们岂不是把自己的渎神话语看得比主所规定的律法更具权威性吗？那么好吧，我们无须单凭争论，就来看看放在我们面前的这些观点吧。

26. 我们凭什么成为基督徒？凭我们的信心，这必是普遍的回答。我们以何种方式得救？显然是借着受洗时所赐的恩典而得重生。此外还能有什么方式？在认识到这样的救恩是通过父、子和圣灵确立的之后，我们还会抛弃我们所接受的“道理的模范”④ 吗？如果在人看来我们现今“比初信的时候”⑤ 离得救更远，当初接受的东西，现在却不认了，那

---

① 《提摩太前书》1：10。

② 约翰斯顿先生认为这里涉及恶管家的比喻，并适当地引用纳西盎的格列高利《神学讲演录》第三十一篇第三章论到异端分子对圣经的使用，“他们以自己对圣经的热爱为自己的不敬找藉口”。阿里乌主义者在尼西亚反对“ὁμοόνδιογ”（本质同一），认为这不是圣经的说法。

③ 参见 Ep. 120. 5。

④ 《罗马书》6：17。

⑤ 《罗马书》13：11。

岂能不导致巨大的忧伤？一个人不论是终其一生未经受洗，还是虽受了洗但不符合传统的某些要求，他的损失是同等的。[①] 无论是谁，只要不是任何时候、任何地方都坚守我们最初入教时记录下来的宣誓，作为确定的保护，得以“离弃偶像，归向上帝”[②]，那就是使他自己成为上帝的“应许”的“局外人”[③]，就是违背他接受信仰时亲手记录下来的话。如果我的洗礼是我生命的开始，重生的那天是我所有日子的起头，那么显然，我在被收为嗣子的恩典中所说的话就是迄今为止最可敬的。那么我怎么可能在这些人话语的引诱下堕落，放弃那引导我走向光明、又赐予我认识上帝的恩惠的传统呢？我因罪而一直与上帝为敌，而这传统却使我成为上帝的儿子。就我本人来说，我祈求可以带着这份认信离世归到主那里，而对他们，希望能牢固保守信心，直到基督到来的日子，坚持圣灵与父、子不分离，既要在认信中，也要在三一颂里坚守他们受洗时所领受的教义。

## 第十一章

否认圣灵的人就是悖逆者。

27. “谁有祸患？谁有忧愁？”[④] 苦恼和黑暗属于谁？永灭归于谁？岂不是归于悖逆者吗？岂不是归于那些否认信仰的人吗？他们的否认有

---

① 问题在于洗礼是否根据神圣吩咐，奉父、子、圣灵的名举行了正式的仪式。圣西普里安（St. Cyprian）在与罗马主教司提反（Stephen）的争论中提出了比较苛刻的观点，也即，异端的洗礼是无效的。但是在东方，除了某些例外，最后盛行的观点是，只要有水，并用指定的话，任何人执行的洗礼都有效……根据君士坦丁堡教规第七条（381 年），只受了浸水礼的欧诺米，孟他努主义者（Montanists），这里称为弗里吉亚主义者（Phrygians）和宣扬子的父权论的撒伯里乌主义者（Sabellians），都被列为异端。卫德 · 布拉特（Vide Bright）关于 *Canons of the Councils* 的注（p. 106. Socrates，5. 24）里描述了欧诺米—欧迪奇主义者（Eunomi-Eutychians）如何不以三位一体的名受洗，而是受洗归入基督的死。

② 《帖撒罗尼迦前书》1：9。

③ 《以弗所书》2：12。

④ 《箴言》23：29。

什么证据呢？他们岂不是把自己的认信视为草芥吗？他们何时认信，认信的是什么呢？就是当他们弃绝魔鬼和他的使者的时候，说那些救人的话语的时候，认信圣父、圣子和圣灵。那么光明之子找到了什么样的名称适用于这样的人呢？他们岂不就是被称为悖逆者，背弃了救他们的约的人？我要怎样称呼不认上帝的行为呢？怎样界定不认基督的行为呢？除了称之为悖逆之外，还能称之为什么？对于否认圣灵的人，你希望我加给他什么头衔？岂不必然是同样的称呼？因为他背弃了与上帝的约。既然认信上帝就保证得到真道的恩福，而否认则使人陷于不敬上帝的毁灭，那么他们鄙视认信岂不是一件可怕的事？不是怕火、刀剑、十字架、鞭打、轮刑、拷问台，而是怕被敌圣灵派（pneumatomachi）的谬论和引诱引入歧途。我向每个认信基督但不认上帝的人证明，基督与他没有任何益处；[①]向每个求告上帝但拒斥子的人证明，他的信乃是徒然；[②]向每个抛弃圣灵的人证明，他对父和子的信没有用处，因为没有圣灵的显现，他甚至不可能持有这样的信念。凡是不信圣灵的，就是不信子的，凡是不曾信子的，就是不信父的。因为“若不是被圣灵感动”，没有人“能说耶稣是主”[③]，“从来没有人看见上帝，只有在父怀里的独生子将他表明出来”。[④]

这样的一个人在真崇拜中既无位置也无份；因为若不借着圣灵，就不可能崇拜子；若不借着嗣子的圣灵，就不可能求告父。

## 第十二章

驳斥那些主张只奉父的名施洗就足够的人。

---

① 参见《加拉太书》5：2。
② 参见《哥林多前书》15：17。
③ 《哥林多前书》12：3。
④ 《约翰福音》1：18。

28. 使徒在提到洗礼时常常省略父和圣灵的名，但我们不可误解，或者因此以为他没有遵守奉名的祷文。他说：“你们许多人受洗归入基督，就披戴基督了”；[①]又说：“你们受洗归入基督的许多人，就是受洗归入他的死。”[②] 事实上，提到基督就是认信整体，表明了给予的上帝、接受的子以及作为油膏的圣灵。我们在《使徒行传》里从彼得知道“上帝怎样以圣灵……膏拿撒勒人耶稣”[③]；在《以赛亚书》里“主耶和华的灵在我身上，因为耶和华用膏膏我”[④]；《诗篇》作者说：“所以上帝，就是你的上帝，用喜乐油膏你，胜过膏你的同伴。”[⑤] 然而，圣经在论到洗礼时，有时候只明确提到圣灵。

它说：“我们……都从一位圣灵受洗，成了一个身体。”[⑥] 与此一致的段落有：“你们要受圣灵的洗”[⑦]，“他要用圣灵……给你们施洗”[⑧]。但是谁也不能因此就可以说那种只奉圣灵之名的洗礼是完全的洗礼。因为使人重生的恩典所赐给我们的传统必须永远完整无损地予以保留。那救赎我们的命脱离死亡的，[⑨] 赐给我们更新的力量，其原因是不可言喻的，隐藏在奥秘里，但给我们的灵魂带来了伟大的救赎，因此无论是加添还是删减什么，[⑩] 都显然意味着离开永生。既然在洗礼中，把圣灵与父和子分开对施洗者来说是危险的，对受洗者来说也没有任何益处，那么把圣灵从父和子剥离出去对我们怎么可能是安全的呢？信心和洗礼是救赎的两种不可分割的途径：信心借洗礼得完全，洗礼借信心得确立，而两者依靠同样的名得成全。就如我们信父、子和圣灵，同样，我们也

---

① 《加拉太书》3：27，修订版。
② 《罗马书》6：3，转向第二位格。
③ 《使徒行传》10：38。
④ 《以赛亚书》61：1。
⑤ 《诗篇》45：7。
⑥ 《哥林多前书》12：13，不严格地引用。
⑦ 《使徒行传》1：5。
⑧ 《路加福音》3：16。
⑨ 参见《诗篇》103：4。
⑩ 参见《申命记》4：2；《启示录》21：18、19。

奉父、子和圣灵的名受洗；先是认信，引我们走向救赎，然后是洗礼，加印确认我们的认信。

## 第十三章

陈述原因：为何在保罗的作品中天使与父和子联合。

29. 然而，有异议说，与父和子同列的事物并非总是与他们一同得享荣耀。比如，使徒保罗在吩咐提摩太时把天使与父和子联合，说："我在上帝和基督耶稣并蒙拣选的天使面前嘱咐你。"① 这异议指出，我们不是要将天使与其他造物隔离，但也不允许它们与父和子同列。虽然这论点如此明显地荒谬可笑，其实根本不值得回答，但我还是要回答说，或许在温和友好的法官面前，尤其是在那对传讯到他面前的人态度仁慈，表明他的判决公正无私、无懈可击的上帝面前，人很可能愿意提供证人，甚至是同为奴仆的（即天使）来作证；但是对奴仆来说，要得自由，得称为上帝的儿子，从死里复活，只能靠那已经获得了与我们的自然血缘关系，并已经脱离了奴仆行列的主才能成就。试想，我们怎么可能依靠一个外人成为上帝的亲人？我们怎么可能指望一个自己还服在奴役之轭下的人救我们得自由？所以，提到圣灵和天使时，不可以为两者就是同等。求告圣灵是因为他是生命的主，而求告天使是因为他们与我们同做仆人，是我们的联盟，是真道的忠实见证者。圣徒们按惯例在见证人面前传达上帝的诫命，就如使徒本人对提摩太说的，"你在许多见证人面前听见我所教训的"②；现在他又召天使做见证人，因为他知道，当主在他父的荣耀里到来，在公义里审判这个世界的时候，天使将与主同在。因为主说："凡在人面前认我的，人子在上帝的使者面前也必认他；"③ 保

① 《提摩太前书》5：21。
② 《提摩太后书》2：2。
③ 《路加福音》12：8、9。

罗在另一处也说：“那时，主耶稣同他……的天使从天上……显现。”[①]由此他已经在天使面前做了证明，为自己在伟大的法庭上预备了有利的证据。

30. 不只保罗这样做，一般而言，凡被委任做道的执事的，都不停地寻求见证，请求天地作见证，因为他们该做的事如今已经做了，在检查他们一生的种种行为时，天地也将呈现在被审判者面前。所以经上说：“他招呼上天下地，为要审判他的民。”[②]所以摩西在准备向百姓传达圣言时说：“我今日呼天唤地向你们作见证”[③]；又在他的歌里说：“诸天哪，侧耳！我要说话；愿地也听我口中的言语”[④]；以赛亚说：“天哪，要听！地啊，侧耳而听！”[⑤]而耶利米描述了天听到百姓邪恶行为之消息时的震惊：“天要因此惊奇，极其恐慌，因为我的百姓做了两件恶事。”[⑥]同样，使徒知道天使是上帝指派做人的指导者和监护者的，就呼召他们作见证。另外，嫩的儿子约书亚甚至立起一块石头为他的话语作见证（圣经某处已经有一个石堆被雅各称为证据[⑦]），他说：“看哪，倘或你们背弃主耶和华我们的上帝，今日这石头就可以向你们作见证，直到末了”[⑧]，或许他相信借着上帝的大能，就是石头也能说话定悖逆者的罪；如若不是，那么至少每个人的良知将被这提醒物的力量击伤。于是，那些受托管理灵魂的人要提供证人，不论是什么样的证人，以便将来某一天提出证据。但是把圣灵与上帝同列，不是因为情势所需，而是因为他们本性上的同一关系；圣灵不是我们硬拉进来的，而是主请来的。

---

① 《帖撒罗尼迦后书》1：7。
② 《诗篇》50：4。
③ 《申命记》4：26。
④ 《申命记》32：1。
⑤ 《以赛亚书》1：2。
⑥ 《耶利米书》2：12、13，七十士希腊文译本。
⑦ 《创世记》31：47。
⑧ 《约书亚记》24：27，七十士希腊文译本。

## 第十四章

异议：有人受洗归了摩西，并信摩西；对此异议的答复；关于预表的论述。

31. 有异议指出，即使有人受洗归入圣灵，也不能因此就把圣灵与上帝同列。有些人“在云里、海里受洗归了摩西”①。而且也承认可以认信于人，在此之前就已经有了，比如“百姓信服上帝和他的仆人摩西”②。既然有证据表明以前对人也说过同样的事，那为什么我们因为信心和洗礼就把圣灵抬升、夸大到远高于造物的地位呢？我们该如何回答呢？我们的回答是，信圣灵等同于信父和子；同样，洗礼也是如此。但是信摩西和云，可以说是一种影子和预表。上帝的本性常常通过粗糙带阴影的轮廓③作为预表；但是显然，我们不能因为神圣事物以渺小的人事作为预表，就得出结论说，神性是小的。预表是所指望之事的一种显现，使人对将来有一种想象的展望。所以亚当乃是“那后来要来之人”的一个预表。④从预表的意义上说，“那磐石就是基督”⑤，那水就是道使人永生的能力；如主所说，“人若渴了，可以到我这里来喝。”⑥吗哪是从天上降下来的叫人得永生的粮的预表⑦；那作为预表的蛇⑧，是通过十字架成就的救赎的受难，因此那些只看了它们一眼的人就得保存。同样，以色列出埃及的历史得以记载，是为了公布那些借洗礼得救的人。因为以色列人的

---

① 《哥林多前书》10：2。
② 《出埃及记》14：31，七十士希腊文译本。
③ *σκιαγραφ¡α* 或者阴影绘画（shade-painting），就是使人产生错觉的布景绘画。柏拉图（*Crit*. 107c.）称之为“朦朦胧胧的，产生错觉的”。
④ 《罗马书》5：14。
⑤ 《哥林多前书》10：4。
⑥ 《约翰福音》7：37。
⑦ 《约翰福音》6：49、51。
⑧ 参见《民数记》21：9和《约翰福音》3：14。

头生借着所赐的以血做标记的恩典得以保存。羊羔的血是基督宝血的预表；头生长子则是第一人（亚当）的预表。由于第一人必然存在于我们里面，并一代代地传递，以至到末了，所以“在亚当里”我们“都死了”①，“死……作了王”②，直到律法成全，基督到来。长子得到上帝的护佑，免于灭命者的灭命，表明我们这些在基督里得活的人不再在亚当里死了。出埃及时的海和云引着百姓从惊奇走向信心，但就将来的时间来说，它们以预表的方式预示着将要到来的恩典。“谁是智慧人，可以明白这些事?”③ ——海如何以洗礼的预表导致法老毁灭，这种洗涤也怎样导致魔鬼暴政的终止。海把仇敌杀死在它自身里，在洗礼中也同样，我们的仇恨向上帝死了。百姓从海里出来毫发未损，我们同样可以说从死里活过来，逐步离开水，本乎那召我们的主的“恩”而“得救”④。云是圣灵恩赐的一个影子，他“治死”我们的“肢体”⑤，从而冷却我们情欲的火焰。

32. 然后呢？难道因为他们在预表的意义上受洗归了摩西，因此洗礼的恩典就是小的吗？倘若这样，又假如我们处处都对我们特权的尊贵抱有偏见，将它们与它们的预表相比，那么所有特权没有一个可算为大的；就是上帝，尽管他为我们的罪把独生子舍了，他的爱也不能算是伟大而非同寻常的，因为亚伯拉罕没有失去自己的儿子；⑥就是主的受难也不能算是荣耀的，因为一只公羊取代以撒预示了献祭；就是降入地狱也不是什么可怕的事，因为约拿早已预示了三天三夜的死亡。凡是用影子来判断现实，将被预示者与预表相比的人，对洗礼也同样做出带着偏见的比较，试图通过摩西和海立即毁损福音的整个神意。海里有什么罪的

---

① 《哥林多前书》15：22。
② 《罗马书》5：17。
③ 《何西阿书》14：9。
④ 《以弗所书》2：5。
⑤ 《歌罗西书》3：5。
⑥ 参见《罗马书》8：32。

赦免，有什么生命的更新吗？通过摩西有什么属灵的恩赐？那里有罪的死吗？那些人没有与基督同死，因而他们也没有与他同活[①]；他们没有“属天的形状”[②]；他们不是“身上常带着耶稣的死”[③]；他们没有“脱离旧人”，没有“穿上新人。这新人在知识上渐渐更新，正如造他主的形像”[④]。那你为何要拿这些只有名称意义的洗礼做比较呢？它们本身之间的差异就如同梦境与现实之间的差距，以及影子和具有实体性存在的形象之间的差距。

33. 信摩西不仅没有表明我们信圣灵是无益的，而且即便我们采纳对手的论证思路，也不能削弱我们对宇宙之上帝的信仰。经上写道：“百姓信服上帝和他的仆人摩西。”[⑤] 摩西与上帝联合，而不是与圣灵联合；他不是圣灵的预表，而是基督的预表。因为在那个时候，在执行律法时，他依靠自己代表“上帝与人之间的中保”[⑥]。摩西在有关上帝的事上为百姓做中保时，不是圣灵的执事；因为律法是“借天使经中保之手设立的”，即经摩西之手设立，这是根据百姓的呼求，“求你和我们说话……不要上帝和我们说话”[⑦]。因此信摩西就暗示着信主，上帝与人之间的这位中保，他说：“你们如果信摩西，也必信我。”[⑧] 那么难道因为我们对主的信预先通过摩西指示出来就是一件小事吗？这样说来，即使人受洗归了摩西，也并不能说洗礼中所赐的圣灵的恩典是小的。我还可以指出，圣经里通常都说摩西和律法，[⑨] 如以下这句经文：“他们有摩西和先

① 参见《罗马书》6：8。
② 《哥林多前书》15：49。
③ 《哥林多后书》4：10。
④ 《歌罗西书》3：9、10。
⑤ 《出埃及记》14：31。
⑥ 《提摩太前书》2：5。
⑦ 《出埃及记》20：19。
⑧ 《约翰福音》5：46。
⑨ 即用“摩西”意指律法。

知。”[1] 因此，当它说“他们受洗归了摩西”[2] 时，其实是说他们受洗归了律法。那么这些污蔑真道的人为何要煞费苦心地用影子和预表来鄙视和嘲笑我们“可夸的盼望”[3]，我们的上帝和救主的丰富恩赐，就是借着重生使我们如鹰返老还童[4]的主？可以肯定，这完全是幼稚的，就像婴孩必须用奶来喂，[5] 对我们救恩的伟大奥秘一无所知；因为根据我们循序渐进的教育，在我们操练敬虔，[6] 走向完全的进程中，我们先是学习基础性的、较容易的课程，就是那些与我们的智力相适合的内容，同时我们命运的管理者始终引导我们向上，使我们渐渐习惯，就如眼睛离开黑暗，抬升到伟大的真光。上帝丰富的智慧何其深，他智性的判断何其难测，[7] 他宽恕了我们的软弱，开出这样温和的处方，以适合我们的需要，使我们逐渐习惯先看物体的影子，看水中的太阳，以使我们避免一下子撞上纯净未有掺杂的真光，而变成瞎子。律法是将来之事的影子，先知的预表教训是对真理的隐晦阐述，设计出这些都是作为训练心眼的手段，这样，过渡到隐藏在奥秘里的智慧[8]就会变得容易一些。关于预表已经讲得够多了，我们不可能再在这个话题上停留，否则附带讨论的内容就会比主题讨论的篇幅多很多倍了。

## 第十五章

回答暗示的异议：我们受洗“归入水”。兼论洗礼。

34. 还有什么呢？没错，我们的对手在论证上训练有素，装备精良。

---

① 《路加福音》16：29。
② 《哥林多前书》10：2。
③ 《希伯来书》3：6。
④ 参见《诗篇》103：5。
⑤ 参见《希伯来书》5：12。
⑥ 参见《提摩太前书》4：7。
⑦ 《罗马书》11：33。
⑧ 《哥林多前书》2：7。

他们说，我们受洗归入水，但我们自然不会视水高于其他所有造物，或者让它分有父与子的尊严。完全可以设想，这些人的论证就如同愤怒的争论者，对冒犯他们的人不惜一切手段攻击，因为他们的理性被他们的情感淹没了。然而，我们不会退缩，即便是这些观点也要一一讨论。就算我们不教导无知者，至少也要驳倒我们面前的行恶者。不过，让我们暂时折回我们的脚步。

35. 我们的上帝和救主关于人的计划是将之从堕落中召回，从因悖逆而与上帝的疏远回到与上帝的亲密合一中。所以基督要住在肉身里，做福音书里所描述的生命典范，受苦，上十字架，埋葬，复活；所以通过效法基督得救的人就领受那从前的嗣子身份。对完全的生命来说，效法基督必不可少，不论是他在自己的生命中为我们树立的温顺[①]、卑微、长期忍耐的榜样，还是他真实的死都是效法的典范。所以保罗，这个效法基督的人[②]，说："效法他的死，或者我也得以从死里复活。"[③] 那么我们怎样效法他的死呢？[④] 那就是我们借着洗礼与他一同埋葬。那是什么样的埋葬呢？这种效法有什么好处呢？首先，必须剪断与旧生命的连结。而根据主的话，[⑤] 人若没有重生，这是不可能的；因为重生，就如这个词本身所表明的，就是第二次生命的开始。所以第二次生命开始之前，必须先终结第一次生命。正如奔跑者转身跑第二道时，有一种暂停和中止，介于相反方向的两次运动之间；同样，要改变生命，似乎必须有死来作为两种生命之间的中保，结束先前的生命，开始随后的生命。那么我们如何才能降入阴司呢？通过洗礼效法基督的埋葬。因为可以说，受

① 'αοργησία，在亚里士多德《伦理学》4.5，5 里，这是一种缺点。普鲁塔克写过一篇论温顺的文章，在他看来，这是一种美德。在《马可福音》3：5 里，耶稣"怒目"（μετ' ὀργῆς）周围看他们，但在《马太福音》11：29 里，他自称为 πρᾷος（柔和）。

② 参见《哥林多前书》11：1。

③ 《腓立比书》3：10、11。

④ 《罗马书》6：4、5。

⑤ 《约翰福音》3：3。

洗者的身体就在水里埋葬了。而洗礼象征着脱去肉身的作为，如使徒所说，你们“也受了不是人手所行的割礼，乃是基督使你们脱去肉体情欲的割礼……受洗与他一同埋葬”[①]。可以说，灵魂因体贴肉体[②]而生长出来的污秽得到了清除，[③]如经上所写：“求你洗涤我，我就比雪更白。”[④]因此我们不会像犹太人那样，每当有一点污秽，就要清除一次，而是承认救人的洗礼[⑤]只有一次。[⑥]因为代表世界的死只有一次，从死里复活也只有一次，洗礼就是这死和复活的预表。因此这赐给我们生命的主也赐给我们洗礼的约，这约包含生和死的预表，水成全了死的形象，圣灵给予我们生命的凭据。由此可以说，对于为何将水与圣灵相联系[⑦]这个问题的回答是很清楚的：原因就在于在洗礼中提出了两个目标，一方面，使罪身灭绝，[⑧]从而它永不结死亡的果子；[⑨]另一方面，我们要靠圣灵得生，[⑩]就有成圣的果子。[⑪]水如同坟墓一样接纳身体，这预示死，而圣灵浇灌重生的权能，更新我们的灵魂，使它脱离在原来生命中因罪而来的死。这就是借水和圣灵重生的含义，水成就我们的死，而圣灵使生命在我们里面成形。因此，伟大的洗礼奥秘就在浸三次[⑫]、祷告三次中完成，其目的是充分展示死的预表，也使受洗者的灵魂在神圣知识的传统

---

① 《歌罗西书》2：11、12。
② 参见《罗马书》8：6。
③ 参见《彼得前书》3：21。
④ 《诗篇》51：9。（和合本为51：7。——中译者注）
⑤ 参见《彼得前书》3：21。
⑥ 参见《以弗所书》4：5。
⑦ 参见《约翰福音》3：5。
⑧ 参见《罗马书》6：6。
⑨ 参见《罗马书》7：5。
⑩ 参见《加拉太书》5：25。
⑪ 参见《罗马书》6：22。
⑫ 浸三次是大公教会的普遍教规。参见尼撒的格列高利 *The Great Catechism*，p. 502。……左门（Sozomen）（6.26）说，据说欧诺米是第一个主张洗礼只要浸一次就完成的人，由此破坏了使徒传统，狄奥多勒（Haeret. fab. 4.3）说欧诺米抛弃了三浸仪式，也放弃了在受洗归入基督的死时求靠三位一体的传统。杰瑞米·泰勒（Jeremy Taylor，*Ductor dubitantium*，3.4，Sect. 13）说，“在英格兰，我们有洒水的习俗，但只洒一次……至于次数，英国教会没有规定，因而洒一次水的习俗没有什么影响，可以不受限制，但是如果一致公认三浸仪式表示三一奥秘，而前者不表示，那么这种习俗就不应盛行，也不应遵守。”

中得到光照。由此可以说，如果水里有什么恩典，那不是出于水自身的本性，而是因为有圣灵临在。因为洗礼“本不在乎除掉肉体的污秽，只求在上帝面前有无亏的良心”① 。所以，主在训练我们迎接复活之后的生命时，就陈列了福音所要求的各种生命样式，为我们立法，要求温顺、忍耐、远离因喜好享乐而产生的污秽，不贪婪，目的在于使我们立志预先得胜，获得将来包含其固有本性的整全生命。所以，如果有人试着对福音下定义，说它是复活之后的生命的一种预告，在我看来，他并没有超出适宜和正确的范围。现在我们就回到我们的主题上来。

36. 我们借着圣灵得以回到乐园，升入天国，恢复嗣子的地位，自由地呼唤上帝为我们的父，得以分有基督的恩典，得称为光的众子，分有永恒的荣光，总之，我们得以进入包含“丰盛的恩典”② 的状态，无论是此生，还是来世，我们等候满满地享有为我们积聚的美好恩赐，因着应许，借着信心，仰望它们恩典的影子，似乎它们已经近在眼前。如果预表已是这样，那成全了又会怎样呢？既然初果已然如此，那最终的成果又会怎样呢？再者，由此也可以理解那从圣灵而来的恩典与水洗之间的分别，那就是：约翰用水施洗，而我们的主耶稣基督用圣灵施洗。他说：“我是用水给你们施洗，叫你们悔改；但那在我以后来的，能力比我更大，我就是给他提鞋也不配。他要用圣灵与火给你们施洗。”③ 这里他把审判台前的试炼称为火的洗礼，就如使徒所说：“这火要试验各人的工程怎样。”④ 又说：“那日子要将它表明出来，有火发现。”⑤ 迄今为止，已经有一些人在捍卫真道时为基督而死，不是在象征意义上，而是真真实实的死，所以他们的得救不需要水的任何外在记号，因为他们在自己

---

① 《彼得前书》3：21。
② 《罗马书》15：29。
③ 《马太福音》3：11。
④ 《哥林多前书》3：13。
⑤ 《哥林多前书》3：13。

的血里受了洗。[1] 我这样说不是轻视水里的洗礼，而是要推翻那些恣意反对圣灵的人的观点，[2] 这些人将彼此有别的事物混为一谈，又将毫无可比性的事物相提并论。

## 第十六章

圣灵在任何时候都不与父和子分离，不论在创造可感知事物中，还是在安排人类事务和将来的审判中。

37. 让我们回到开始时提出的观点，即在一切事上，圣灵都与父和子不可分，分开就完全不能存在。圣保罗在论到讲方言的恩赐时，对哥林多人写道："若都作先知讲道，偶然有不信的，或是不通方言的人进来，就被众人劝醒，被众人审明，他心里的隐情显露出来，就必将脸伏地，敬拜上帝，说：'上帝真是在你们中间了。'"[3] 既然上帝被认为是在先知中间，因为说预言是照着圣灵分配的恩赐而行的，那么我们的对手就要想一想，他们要把什么样的地方指派给圣灵。请他们说说，将它与上帝同列更适合，还是把他推到造物的位置更适合？彼得对撒非喇（Sapphira）说："你们为什么同心试探主的灵呢？你不是欺哄人，是欺哄上帝了。"[4] 这话表明对圣灵犯的罪与对上帝犯的罪是同等的；因而你们就会知道，在圣灵的每一次运作中，他都与父和子紧密联合，不可分离。上帝以各种各样的方式做工，主也担当各种不同的职事，而任何时候，圣灵都出于自己的意愿与他们同在，按各个接受者的德性分配恩赐。经上说："恩赐原

---

① 关于殉道士的血洗，参见 Eus. 6.4 论初信者荷莱斯（Herais）的殉道。耶路撒冷的西利尔（*Cat. Lect.* 3.10）也说："如果一个人没有受洗，他就没有得救；唯有殉道者例外，即使他没有水洗，也能承受天国。因为当救主通过十字架救赎世界，肋旁被刺穿时，他流出血和水，于是，有些人在和平时代就在水里受洗，有些人在受逼迫时代就在自己的血里受洗。"德尔图良（*In Valentin.* 2.）也认为圣洁无罪者（Holy Innocents）"为耶稣的缘故在血里受了洗"。

② 参见《哥林多后书》10：4。

③ 《哥林多前书》14：24、25。

④ 《使徒行传》5：9、4。"你不是欺哄人"一句原是对亚拿尼亚说，被插入到对撒非喇的责备之中。

有分别，圣灵却是一位；职事也有分别，主却是一位；功用也有分别，上帝却是一位，在众人里面运行一切的事。”[①] 经上说：“这一切都是这位圣灵所运行，随己意分给各人的。”[②] 但是，绝不能因为这一段落里使徒先提到圣灵的名，再提到子，第三提到父神，就以为他把他们的顺序颠倒了。使徒只是根据我们的思维习惯这样说，当我们接受恩赐时，最先想到的是分配者，然后想到发送者，再后才上升到恩惠的源头和起因。

38. 另外，我们也可以从起初被造的事物中得知圣灵与父和子的联合关系。纯洁、理智、超尘世的权能是且被称为圣洁的，因为它们拥有圣灵所赐的恩典的圣洁性。因而，叙述宇宙创始的历史学家只是向我们揭示了可见之物的被造，而对诸天的权能者（天使）的被造未置一词。但是你既有能力从可见的事物联想到不可见的事物，岂能不荣耀造物主，因为万物都是借他造的，无论是能看见的、不能看见的，或是有位的、主治的、执政的、掌权的，以及其他我们说不出来的有理性的事物。[③] 当你思考创造时，我恳请你先想一想被造万物的初始因，父，再想想创造因，子，再想想成全因，圣灵。于是，借父的旨意存在的执行灵就因子的工作而产生，因圣灵的显现得完全。此外，天使的完全在于圣化，并一直保持在圣洁里面。但是希望不要有人以为我主张有三个原初的位格[④]，或者宣称子的工作是不完全的。因为存在之物的第一原理是一，他通过子创造，并通过圣灵完善创造。[⑤] 不是说在万物之中、在一切之上的父的运作是不完全的，也不是说若不靠圣灵完全，子的创造之工就不能完成。父完全按他自己的旨意创造，他并不是任何事情都需要子，但是他选择通过子做工；同样，子作为父的形象做工，他也不需要合作，

---

① 《哥林多前书》12：4、5、6。
② 《哥林多前书》12：11。
③ 参见《歌罗西书》1：16。
④ 这里显然等同于 *οὐσίαι*（本质）。
⑤ 对比异教哲学的中性的 *τὸ ὄν* 与基督教启示哲学的 *ὁ ὤν* 或 *ἐγώ εἰμί*。

只是子也选择通过圣灵来完成他的工。“诸天藉耶和华的命而造；万象藉他口中的气［灵］而成。”[①] 这命令不只是说话器官发出、留在空气中的深刻印记；他口中的灵也不是从呼吸器官发出的一种气；这命令乃是那“起初与上帝同在”的，并且“就是上帝”[②]，而上帝口中的灵就是“从父出来真理的圣灵”[③]。由此你必须认识到三位：下令的主，创造的道以及确认的圣灵。所谓确认，不就是在圣洁上的成全吗？这种成全表示这确认是坚固的，不变的，确立在善里的。而没有圣灵就不可能有圣洁。诸天的权能者（天使）本性上并非是圣洁的，否则，它们与圣灵之间在这方面就没有任何分别。它们正是按着自己的相对卓越程度，从圣灵获得圣洁这一回报。当我们想到烙铁的时候同时想到火，然而铁与火是不同的。天上权能者（天使）的情形也同样如此，它们的实体或许是无形的灵，或者是非质料的火，如经上所写：“他使他的使者为灵，使他的执事为火焰。”[④]因而，它们存在于空间，成为可见的，向配得看见的人显现出其特有的形体。但是它们的圣洁是在它们的实体之外的，通过与圣灵的结合它们才变得完全。它们驻守在善和真里，由此保持它们的地位，它们虽然保留自己的自由意志，但立志永不背离、耐心服侍那真正的善者。由此可推，如果你通过论证取消圣灵，那么天使一族就被解散，天使长的主权就遭破坏，一切都陷入混乱，他们的生命不再有法则、秩序和特性。若没有圣灵赋予天使能力，他们怎么会高喊：“在至高之处荣耀归于上帝”[⑤]？因为“若不是被圣灵感动，没有人能说耶稣是主；被上帝的灵感动的，也没有说耶稣是可咒诅的”[⑥]，邪恶的、敌对的

---

① 《诗篇》33：6。

② 《约翰福音》1：1。

③ 《约翰福音》15：26。

④ 《诗篇》14：4。（此节经文为中译者据英文直译；参见和合本104：4“以风为使者，以火焰为仆役”。——中译者注）

⑤ 《路加福音》2：14。

⑥ 《哥林多前书》12：3。（和合本为“被上帝的灵感动的，没有说耶稣是可咒诅的；若不是被圣灵感动的，也没有能说耶稣是主的。”——中译者注）

灵很可能会说“耶稣是可咒诅的”这样的话，他们的堕落证明我们所说的话没错，即不可见的权能者（天使）是有自由意志的；事实上，他们处在介于美德和邪恶之间的中间状态，因此需要圣灵的帮助。我确实认为，即使是加百列[①]，也不外依靠圣灵的预见来预告将来之事，此外他没有别的办法，因为圣灵所赐的恩惠之一就是说预言。如果不是圣灵，那受命向大蒙眷爱的人[②]宣告神秘异象的天使从哪里获得智慧，得以教导隐藏的事？事实上，显现奥秘正是圣灵的独特功能，如经上所写：“上帝藉着圣灵向我们显明了。”[③]那些“有位的、主治的、执政的、掌权的”若不曾“看见天父的面”[④]，怎么可能过着有福的生活？而没有圣灵，要见父的面万万不能！正如在晚上，如果你把房子里的灯盏撤走，眼睛陷入黑暗，它们的功能就无法发挥，对象的价值就无法辨别，金子被践踏，因为不知道它是金子，以为是铁；同样在理智世界里，若没有圣灵，高级生命就不可能遵守法则。否则，就如同军队没有统帅而仍然维持纪律，合唱团没有领唱仍然协调一致。撒拉弗（Seraphim）若没有得到圣灵的教导，知道真道要求它们在赞美荣光时高喊几次，他们怎么可能呼喊说：“圣哉！圣哉！圣哉！”[⑤]“他的众使者”、“他的诸军”[⑥]不都在赞美他吗？那恰恰是通过圣灵的合作才有的。在他面前侍立的不是有“千千”使者，侍奉的灵不是有“万万”[⑦]吗？他们借着圣灵的权能无可指责地尽自己的职责。至高天上荣耀而难以言说的和谐，[⑧]不论是侍奉上帝中表现出来的，还是诸天的权能者们彼此之间的和谐，唯有靠圣灵的指示才能保存下来。因此，对那些不是通过成长、进步一点点完全，而是

---

① 《路加福音》1：11。
② 《但以理书》10：11。
③ 《哥林多前书》2：10。
④ 《马太福音》18：10。（和合本为“常见我天父的面”。——中译者注）
⑤ 《以赛亚书》6：3。
⑥ 《诗篇》148：2。
⑦ 参见《但以理书》7：10。
⑧ 参见《约伯记》38：7。

被造时就是完全的事物来说，被造中就有圣灵显现，他赋予他们从上帝而来的恩典，使他们的本质得以成就和完全。

39. 但是当我们论到我们伟大的上帝，救主耶稣基督[①]为人所做的安排时，谁能否认这些计划都已经借着圣灵的恩典成全了？不论你想要检查古代的证据——先祖的恩福，通过律法所得的帮助，预表，预言，战争中得胜，通过义人所行的神迹——还是想要考察我们的主道成肉身之后所成就的事，无一不是通过圣灵成就的。首先，他受到油膏，与主的肉身同在，须臾不分离，就如经上所写："你看见圣灵降下来，住在谁的身上，谁就是"[②]"我的爱子"[③]，就是"上帝……以圣灵……膏"的"拿撒勒人耶稣"[④]。这之后，每一次做工都是与圣灵的合作完成的。当主受到魔鬼试探时，圣灵与他同在，如经上所说："耶稣被圣灵引到旷野，受魔鬼的试探。"[⑤] 当他行神迹奇能时，[⑥]圣灵与他不分离，如经上所说："我若靠着上帝的灵赶鬼。"[⑦] 当他从死里复活时，圣灵没有离开他，因为当他使人复兴，在门徒脸上吹气，恢复恩典，就是上帝向人吹气而来的、但人早已丧失的恩典时，主是怎么说的？"你们受圣灵。你们赦免谁的罪，谁的罪就赦免了；你们留下谁的罪，谁的罪就留下了。"[⑧] 教会的秩序岂不是通过圣灵建立的？这是清清楚楚、无可争议的。经上说，他"在教会所设立的：第一是使徒，第二是先知，第三是教师，其次是行异能的，再次是得恩赐医病的，帮助人的，治理事的，说方言的"[⑨]，

---

① 《提多书》2：13，修订本。钦定本偏爱这一观点，反对希腊教父的观点，即"伟大的上帝"意指父。

② 《约翰福音》1：33。

③ 《马太福音》3：17。

④ 《使徒行传》10：38。

⑤ 《马太福音》4：1。

⑥ δυνάμεις，《马太福音》7：22"奇事"；《马太福音》11：10，《马可福音》6：14，《路加福音》10：13"大能"；《使徒行传》2：22，19：11，以及《加拉太书》3：5"异能"。

⑦ 《马太福音》12：28。

⑧ 《约翰福音》20：22、23。

⑨ 《哥林多前书》12：28。

这一秩序是根据圣灵对恩赐的分配而设立的。①

40. 此外，只要认真思考，任何人都会发现，就是在所期待的主从天上显现的那一刻，圣灵也不会如有些人所设想的那样无所事事；相反，就是在他显现的日子，那可称颂的、独有权能的②要按公义审判天下③的日子，圣灵也必然与他同在。有谁会对上帝为相配之人预备的美事一无所知，甚至不知道义人的冠冕就是圣灵的恩典？到了那日子，属灵的荣耀要更加丰盛而完全地给予各人，按各人的高贵行为分配给各人。因为圣徒的荣光中有父家里的“许多住处”④，也就是圣徒的尊贵也有差异，就如“这星和那星的荣光有分别；死人复活也是这样”。⑤ 所以，他们若是受了圣灵的印记，等候得赎的日子，⑥ 保存他们从圣灵领受的初果，使其纯洁而不减损，那么他们就会听到这样的话说：“好，你这又良善又忠心的仆人，你在不多的事上有忠心，我要把许多事派你管理。”⑦ 同样，那些以恶劣行为令圣灵忧愁的人，或者没有成就所赐给他们的工的，就被剥夺原先领受的东西，他们的恩典转给别人；或者根据福音书作者之一，他们甚至要被腰斩⑧——腰斩意味着与圣灵完全分离。这不是说把身体分为两截，一部分实施惩罚，另一部分放过一马。既然是整个身体犯罪，那就不只是半个身体受罚，公义审判不同于古代神话，这样做与它不相称。也不是说把灵魂分成两部分——灵魂是整个浸淫罪恶意向，并与身体一起作恶。所以，如我所说的，腰斩是指使灵魂永远离开圣灵。现在，虽然圣灵没有与卑劣者结合，但他确实以一定方式与那些曾经得了印记的人同在，期待他们皈依之后的得救；但是到那时，他将

---

① 参见《哥林多前书》12：11。
② 《提摩太前书》6：15。
③ 《使徒行传》17：31。
④ 《约翰福音》14：2。
⑤ 《哥林多前书》15：41、42。
⑥ 参见《以弗所书》4：30。
⑦ 《马太福音》25：21。
⑧ 《马太福音》24：51。

与玷污了他的恩典的灵魂彻底分离。出于这样的原因，“在阴间无人称谢上帝，在死地无人记住上帝”[①]，因为那里不再有圣灵的救助。那么，怎么能设想没有圣灵而完成审判呢？经上有话指出，到那时，圣灵本身就是义人的奖赏，[②] 因为所赐的不再是凭据，[③] 而是成全，同时也是罪人的最初定罪，因为他们被剥夺曾经以为拥有的东西。但是圣灵与父和子联合的最大的证据乃是圣灵与上帝的关系，被认为就是我们里面的灵与我们各人的关系。经上说：“除了在人里头的灵，谁知道人的事？像这样，除了上帝的灵，也没有人知道上帝的事。”[④]

关于这点我已经说得够多了。

## 第十七章

驳斥那些认为圣灵不能与父和子同列，只能列在他们之下的人。概论关于正确从属排列的信仰。

41. 不过，他们所说的“从属排列”(subnumeration)[⑤]是什么，他们在什么意义上使用这个词，并非轻易就能理解。众所周知，这是从“这世上的智慧”[⑥] 引入我们语言中的；但是我们现在要思考一下，它是否与我们所讨论的话题有直接关系。那些在徒劳无益的研究上可谓专家的人告诉我们，有些名词是普遍的，包含广泛的含义，有些较为特殊，还有些则专指某个事物。比如本质是个普遍名词，可用于包括有生命和无生命之物在内的万物；而动物较为特殊，包含的对象比前者少，但是比

---

① 《诗篇》6：5，七十士希腊文译本。

② 《腓立比书》3：14。

③ 《哥林多后书》1：22，5：5。

④ 《哥林多前书》2：11。

⑤ 约翰斯顿说，“这个词是表达圣巴西尔在十三节引用的教义的一个准哲学术语。它没有出现在欧诺米的认信中，他的认信是在本书之后即公元382年准备的；但他在巴西尔所驳斥的《申辩书》(*Liber Apologeticus*) 里用了这个词（公元365年之前）”。

⑥ 参见《哥林多前书》1：20。

属于它的那些名词范围要广，因为它包括理性动物和非理性动物。另外，人比动物更特殊，男人比人，彼得、保罗、约翰这样的个体比男人更特殊。[1]那么这是否就意味着通过从属排列把共同的东西分为了各个从属部分？我真不敢相信他们会愚蠢到这种程度，竟然论断宇宙的上帝像某种只靠理性想象、没有任何本质性存在的事物一样，可以分为从属的部分，并称这种再分过程为从属排列。就是可怜的疯子也不太可能说出这样的话；这样的话除了不敬之外，还表明他们确立了与自己的论点截然相反的观点。因为细分的部分与被分的整体具有同样的本质。太过明显的荒谬使我们都觉得难以找到论据来驳斥他们的荒唐，所以他们的愚蠢看起来倒像是他们的一个优势了；正如柔软弯曲的物体没有任何抵抗力，因而不会受到猛烈的打击。对一目了然的谬论不可能给予有力的驳斥。我们所能采用的唯一办法就是避而不谈他们那可恶的不敬。然而出于对弟兄的爱以及对手的胡搅蛮缠，我们又不可能保持沉默。

42. 他们主张什么呢？看看他们蒙骗人的术语。“我们主张，并列适用于具有同等尊严的对象，而从属排列适用于那些朝低等的方向变化的事物。”我反驳他们说：“你们为何这样说？我不明白你们非同寻常的智慧。你们是不是说金子与金子同列，而铅不配与之并列，因为这种质料比较便宜，就列于金子之下？你赋予数如此重大的意义，以至于能提升便宜之物的价值，或者破坏高贵之物的尊贵？因而同样，你们将金子列在宝石之下，那些较小而没有光泽的宝石则列于较大而色泽鲜亮的宝石之下。但那些‘都不顾别的事，只将新闻说说听听’[2]的人，什么样的话

① F. S. Mill, *System of Logic*, 1. 133, “普通语言论的这一部分内容讨论的是谓词（Predicables）理论，包括从亚里士多德以及他的追随者波菲利（Porphyry）沿袭下来的一组特性，其中有许多在科学词汇中打下牢固的根基，有些甚至成为流行术语。五种谓词就是对一般名称的五重分法，不是像通常那样基于它们含义上的分别，也就是它们所包含的属性的不同来划分，而是基于它们所表示的种类的差别。我们可以断定一个事物有五种不同的类别名称：类、种、差异性、属性和偶然性。对这些特性要注意的是，它们所表达的不是谓词自身所有的含义，而是表达它与主词的关系，它在特定条件下正好指称的主词。”

② 《使徒行传》17：21。

说不出来？这些拥护不敬的人将来务要与斯多葛主义和伊壁鸠鲁主义同属一列。不那么值钱的东西，与昂贵的东西相比，难道就必然是从属排列吗？凭什么铜币必须列于金币之下？”他们回答说：“因为我们不说拥有两个硬币，而是说我们有这样一个硬币，又有那样一个硬币。”但是这两个硬币在等级上究竟哪个从属于哪个呢？每一个都是以同样的方式提到的。如果你们将两者分开，以同样的方式来数算，那就是说两者的价值相等，都是一枚；如果你们把两者合起来数算，说总共有两枚硬币，那就使它们的价值合而为一。如果数第二的那个硬币属于从属排列者，那么数算者完全可以把铜币数为第一。然而，我们不必再去驳斥他们的无知，我们的论证要转向主要话题。

43. 你们是说子排列在父之下，圣灵在子之下，还是只把你们的从属排列用在圣灵身上？如果你们把这种从属排列也用在子身上，那你们就复兴了同样不敬的教义，即子的本质（与父）不同，子的地位比父低，子是后来才产生的。仅凭这最后一点，你们就将再次激发出对独生子的全部亵渎言论。要反驳这些渎神言论需要很长篇幅，不是本文所能囊括的；何况我已经在另外地方尽我的所能，对不敬做了驳斥，[①] 所以不必重复赘述。如果他们认为从属排列只适用于圣灵，那么必须告诉他们，经上论到圣灵与主时的方式与讲到子与父时的方式完全相同。“奉父、子、圣灵的名”[②] 这话也是以同样的方式说的，也是洗礼时所说的话，它说出了圣灵与子的关系等同于子与父的关系。如果圣灵与子同等，而子与父同等，那么显然，圣灵与父也是同等的。既然在同一个平等的序列中[③]称呼他们，怎么还能说一个是同列的，另一个是从属排列的？不仅如此，计数可曾改变事物自身的本性？事实难道

---

① 即在他批驳欧诺米作品的第二卷里。

② 《马太福音》28：19。

③ *συστοιχία*，同类事物的一个系列，如亚里士多德 *An. Pr.* 2.21，2。在毕达哥拉斯哲学中就是同等的或并行的系列。亚里士多德《形而上学》1.5，6 和《尼各马科伦理学》1，6，7。

不是这样的：事物被数算之后，仍然保持其本性上的原来所是，而我们把数用做符号，表示对象的多？有些事物我们数，有些我们量，有些我们称；[①]那些本性上同一的事物我们用尺子来度量；那些能分割的事物我们用数字来计算（那些因太精细只能靠量的除外）；要区分轻重的，就用天平来称量。但这并不能推出，因为我们为方便起见发明了符号来帮助我们对数量有一定认识，就因此改变了符号所表示的事物的本性。我们不会根据所称的重量说这个事物的本性在另一个事物之下，尽管可能一个是金，另一个是锡；我们也不会根据所量的大小这样说，不会对计数的事物这样说。既然其他事物没有一个可以从属排列，那么他们怎么能声称圣灵应当从属排列呢？其实他们是根据异教的谬论煞费苦心地设想，在地位上或本质上次等的事物应当从属排列。

## 第十八章

我们在认信三位格时，以何种方式保存敬虔的神格唯一论（Monarchia），[②]怎样驳斥那些声称圣灵次位论的人。

---

① 参见《所罗门智训》11章20节“你们按大小、数量和重量安排一切事物。”

② 神格唯一论（Monarchia）最先在查士丁针对多神论的作品《论神格唯一论》（*De monarchia*）中确立其在教父文献中的重要性。根据优西比乌的记载（《教会史》5.20），爱任纽（Irenaeus）写给罗马长老福罗里努（Florinus）——他因异端（很可能是灵智论）被罢黜——的一封佚失的书信的题目就提到这个词。后来这个词渐渐用来表示上帝的统一性，与三神论相对立，而不是与多神论或东方二元论相对立的神性统一。参见罗马的狄奥尼修斯（Dionysius）的话，是阿塔那修在《论原理》（*De Decretis*）§26引用的，“接下来我要转向那些将最神圣的上帝教会的教义，即神格唯一论切碎、分割并破坏，可以说，将它分成三权能，三实体和三神性的人。”

另一方面，当“神格唯一论者”指那些将统一论推向极端，否认三位一体的时候，这个词就是暗示异端的名称。这类人中较为有名的有撒摩撒他的保罗（Paul of Samosata），他是安提阿主教，于269年被罢黜，是那些被称为上帝神格唯一论者（dynamical monarchians）的代表人物；还有帕克西亚（Praxeas，有人认为这是个别号），马可·奥勒留（Marcus Aurelius）时期在罗马传教，曾发明术语“圣父受苦论者”（patripassians）来形容神格唯一论者的德尔图良论帕克西亚道：“他使保惠师逃亡，又钉死了父神”（Paracletum fugavit et patrem crucifixit）。这种异端的神格唯一论在撒伯里乌那里达到顶峰，这是位“极富独创性、天赋过人、学识渊博的神格唯一论者”。Schaff. *Hist. Chr. Church*, 1. 293。参见 Gisseler, 1. p. 127, Harnack's *Monarchianismus* in Herzog's *Real Encyclopaedis*, Vol. 10. Thomasius *Dog. Gesch.* 1. p. 179，以及 Fialon *Et. Hist.* p. 241。

44. 我们的主在传达父、子和圣灵的信仰告白时[①]并没有将恩赐与数联系起来。他没有说“归入第一、第二和第三”[②]，也没有说“归入一、二、三”，而是赐给我们信心的知识，通过圣洁的名引导我们走向救恩。因此拯救我们的是信心。数发明出来是作为符号，用来描述事物的数量。但是这些人尽一切可能的方法给自己招来灭顶之灾，甚至把人数算的能力也用来反对信仰。任何事物不会因为加上数字而产生变化，而这些人为了限制圣灵应得的荣耀，不尊敬上帝的本性，反而去尊敬数字。但是聪明的先生们啊，要知道不可企及者是高高在上，完全超越于数字的，就如古代希伯来人出于尊敬，用独特的字母来书写不可言说的上帝的名，力图表明它无限的卓越性。如果你们必须计数，那就数吧，但你们不可用计数来破坏信仰。要么用沉默表示对不可言说者的尊敬，要么让被计数的神圣之物与真道统一。有一位上帝和父，一位独生子，一位圣灵。我们单独宣称每个位格；即使我们必须计数，我们也不会让肤浅的算术把我们引到多神论上去。

45. 我们不会用增加的方式来数算，渐渐地从一加到多，同时数着一二三，或者第一第二第三。因为上帝说：“我是首先的，我是末后的。”[③]迄今为止，就是现在，我们还从未听说过有一个第二的上帝。我们确实敬拜上帝的上帝（God of God），但我们既承认位格之间的分别，同时也谨守一神论。我们不会把神学[④]切割成分裂得多，因为可以说，统一于不

---

① 《马太福音》28：19。

② 约翰斯顿引用例子说明有把“第三”这个词用于圣灵的。殉道者查士丁（*Apol.* 1. 13）：“我们崇敬位于第三的说预言的灵。”德尔图良（*In Prax.* 8）：“出于树的果子是第三个从根出来的，源于涓涓细流的小溪是第三个出于源头的，源于光的火焰是第三个出于太阳的。”欧诺米（*Lib. Apol.* § 25）：“考察圣徒的教义，我们从他们得知，圣灵在尊贵和等级上位于第三，所以相信他在本性上也是第三位的。”对最后一点，圣巴西尔（《驳欧诺米》2）驳斥说：“也许敬虔的道允许他（圣灵）位列次于子的第二……但是他在地位和尊贵上低于子（我们退一万步说），并不能合理地推出他的本性不同于子。”关于“或许”这句话在佛罗伦萨大会上引起了争论，拉丁教父不承认此话属实。

③ 《以赛亚书》44：6。

④ 按照教父的用法，“*θεολογία*”这个词专门指关于我们主的神圣而永恒的本性的研究。参见 Bp. Lightfoot. *Ap. Fathers*, part II. Vol. 2. p. 75。

变神性中的一形式可见于父神，也可见于独生神。因为子在父里，父也在子里；在后者是什么，在前者就是什么；反过来，在前者是什么，在后者也是什么，这就是统一。这样说来，就位格的分别来说，两者分别是一，就本性的一致性来说，两者就是一。那么两者分别为一时，为何不是两位上帝呢？因为我们说的是一位君王和君王的像，而不是说两位王。权能没有分裂为二，荣耀也没有切割。统治我们的君王和权力是一，因此我们献上的三一颂不是复数，而是单数；[1]因为对形象的尊敬就是对原型的尊敬。就一个例子（即君王的例子）来说，像是因效法而来的，就另一例子（即子）来说，子出于本性。就如在艺术作品中，像依赖于形式，同样，在神圣而非复合的事物中，合一性在于神性上的结合。[2]另外，圣灵也是一，我们单独论到他，借着一位子将他与父联合，并通过他自身成全可敬而圣洁的三位一体。至于他与父和子的亲密关系，只要看他没有列在复数的造物之中，而是被单独论到，这一点就足以说明了；因为他不是多中的一，他就是一。就如有一位父，一位子，同样，也有一位圣灵。理性怎样要求单数剔除复合、多数之物，他也怎样远离被造之物；单元怎样与单元亲和，他就怎样与父和子联合。

46. 我们用来证明本性同一的证据并非只有这么一个源头，还基于以下这一事实，即他还被称为"上帝的"[3]，当然不是指"万有都是出乎上帝"[4]这个意义，而是指从上帝出来的，不是通过像子一样的受生，而是他口里的气（灵）。但是，"口"绝不是一个器官，圣灵呼出的也不是可消散的气；"口"要用于与上帝相适合的程度，而圣灵拥有生命的本质，且

---

① 参见 *Liturgy of St. James* 里插入的祷文，如约翰斯顿先生所引用的，"因为国度、权柄和荣耀全是你的，全是父、子和圣灵的，现在直到永远"。

② 关于正确使用"*εἰκών*"的例子，参见巴西尔 *Ep*. 38.，Bp. Lightfoot 对《歌罗西书》1：15 的注释。亦参见《约翰福音》1：18 和 14：9、10。

③ 《哥林多后书》1：12。

④ 《哥林多前书》11：12。老底嘉的乔治（George of Laodicea）将这段话用于子，并写信给阿里乌主义者说："为何指责亚历山大大主教所说的子出于父……因为如果使徒写着万有都出乎上帝……就会有人说他出于上帝的意思等同于万有都出于上帝。"Alhan.，*De Syn*. 17。

被赋予圣化的至高权能。因此，他们之间的亲密关系就一清二楚，同时其不可言喻的存在方式也就自然得到确认。他还被称为“基督的灵”，因为本性上与基督关系密切，于是经上说“人若没有基督的灵，就不是属基督的”[①]。因此唯有他配得荣耀主，如经上所说，“他要荣耀我”[②]，不是作为造物，而是作为“真理的圣灵”[③]，在他自身中清楚地显现出真理，也作为智慧的圣灵，在他自身的伟大事业中显明“基督总为上帝的能力，上帝的智慧”[④]。作为保惠师，[⑤]他在自身中显示出那差他来的保惠师的善，在自己的尊严中表明他所本者的威严。所以，一方面有自然的荣耀，就如光是太阳的荣耀；另一方面有公正自愿地“从外面”赐给那些相配之人的荣耀。后一种荣耀又有两种类型。一种是服从式的，由被造者给予长者和尊者，如经上说：“儿子敬重父亲，仆人敬畏主人。”[⑥]另一种可以称为至交式的，由圣灵成全。就如我们的主论到自己所说的：“我在地上已经荣耀你，你所托付我的事，我已成全了”[⑦]；论到保惠师圣灵说：“他要荣耀我，因为他要将受于我的告诉你们。”[⑧]正如父说“我已经荣耀我的名，还要再荣耀”[⑨]时，子已得了荣耀，同样，独生子说“人一切的罪和亵渎的话，都可得赦免；唯独亵渎圣灵的，总不得

---

① 《罗马书》8：9。

② 《约翰福音》16：14。

③ 《约翰福音》14：17。

④ 《哥林多前书》1：24。

⑤ *Παρακλητος*在新约里出现了五次，在钦定本《约翰福音》14：16、26，15：26 以及 16：7 里译为“保惠师”；在《约翰一书》2：1 里译为“中保”，就如对子的称呼。经文描述子中保派遣圣灵中保；对这个句子的第二个子句，很难断定“*τοῦὅθεν προῆλθεν*”是指父还是指子。前一观点被约翰斯顿采纳，后一看法被基布尔（Keble，*Studia Sacra*，p. 176）一书的编辑采纳。《约翰福音》15：26 里的句子顺序很可能使人认为“*ὅθεν προῆλθεν*”等同于“*παρὰ τοῦ Πατρὸς ἐκπορεύεται*”。另一方面，圣巴西尔避免直接引用动词“*ἐκπορεύεται*”，将“*τοῦ ἀποστείλαντος*”与“*ὅθεν προῆλθεν*”紧密联系，这暗示“*μεγαλωσύνη*”在圣巴西尔心里可能就是子的“*μεγαλωσύνη*”。同时，西方教会在圣灵的双重发出（double procession）问题上基本一致，但并没有人把圣巴西尔的这一段落引来作为希腊教父普遍认可的教义的例外，尽管他们就如佩尔松（Pearson）主教所描述的“更亦步亦趋地忠实于圣经的术语和措辞，认为圣灵是从父出来的”。(Pearson *On the Creed*，Art. 8. )

⑥ 《玛拉基书》1：6。

⑦ 《约翰福音》17：4。

⑧ 《约翰福音》16：14。

⑨ 《约翰福音》12：28。

赦免”[1]时，圣灵借着他与父和子的联合，通过独生神的见证已得了荣耀。

47. 当我们借着教导我们的权柄，凝视不可见之上帝的形象之美，并通过这形象提升到原型的至高之美景时，我想，赐人知识的圣灵必与我们同在，不可分离，在他自身中赐予那些热爱真理之景的人能力，使他们看见这形象，不是从外在的地方向他们展现，而是在他自身中把他们引向完满的知识。“除了子……没有人知道父。”[2]同样，“若不是被圣灵感动的，也没有能说耶稣是主的”[3]。它不是说“藉着圣灵”，而是说“被圣灵感动”，而“上帝是个灵，所以拜他的，必须用心灵和诚实拜他”[4]，如经上所记载“在你的光中，我们必得见光”[5]，也就是在圣灵的光照中，我们看见光，“那光是真光，照亮一切生在世上的人”[6]。结果他在自身中显明独生子的荣耀，并在他自身中将上帝的知识给予真正的敬拜者。这就是获得上帝知识的道路：借着一子从一灵到一父，反过来，本性上的至善、内在固有的圣洁和王的高贵从父借着独生子延伸到圣灵。这样，我们既承认位格，也没有损害一神论的真道。[7]另一方面，对那些谈论第一第二第三、支持从属排列的人，应当告知他们，他们是在把异教的谬论引进基督徒的纯洁神学中。接受从属排列这个可怕的方法只能导致一个结果，那就是承认有第一上帝、第二上帝和第三上帝。在我们，主所规定的顺序

---

① 《马太福音》12：31。
② 《马太福音》11：27。
③ 《哥林多前书》12：3。
④ 《约翰福音》4：24。
⑤ 《诗篇》36：9。
⑥ 《约翰福音》1：9。
⑦ 参见 §66 “*δόγμα*，dogma”与“*κήρυγμα*”之间的区别。“东方教会对‘和子句’（*Filioque*）最大的异议就是，它暗示了神性里有两个‘*ἀρχαὶ*’存在；如果我们相信‘*δύο ἄναρχοι*’，其实我们就是相信两个上帝。要坚持神性的统一性，只能承认父是独一的*Ἀρχὴ*，他永恒地将自己的神性传给与他同为永恒、同一本质的子和圣灵。在一般意义上这一推论是对的，但圣灵从父和子发出的理论预设了子从父的永恒生出；但并不能因此说那一理论驳斥了大公教所信的*Μία Ἀρχή*。”哈罗德·布朗（Harold Browne）主教，*Exp.* 39 *Art.*，Note on Art 5。

已经足够，人拒斥这种顺序，无异于如不敬的异教徒那样触犯了律法。

至此，我们已经充分反驳了他们的错谬，证明本性同一绝不可能被从属排列的方式瓦解。然而，我们不妨对这些好争又弱智的对手让一步，暂且承认经上论到的第二的事物低于第一的事物。那么我们就要看看会得出什么结论。经上说："头一个人是出于地，乃属土；第二个人是出于天。"[1] 又说，"但属灵的不在先，属血气的在先，以后才有属灵的"[2]。如果第二者从属于第一者，而从属的总是低于被从属的，那么按照你们的理论，在尊贵的地位上，属灵的低于属血气的，属天的人低于属地的人。

## 第十九章

驳斥那些主张圣灵不应得荣耀的人。

48. "就算如此，"他们反驳说，"我们也绝不能把荣耀完全归于圣灵，以至于唱三一颂来赞美他。"既然我们的对手不承认圣灵与父和子的联合就是证明他的位置的充分证据，那么我们还能从哪里"出人意外地"[3] 找到证据，证明他的尊贵？无论如何，看看他的称呼的含义，看看他伟大的工作，他赐给我们或者毋宁说赐给整个受造界的美好恩赐，我们有可能在一定程度上领会他本性的崇高和他不可企及的大能。他被称为灵，如"上帝是个灵"[4]，"耶和华的受膏者好比我们鼻中的气"[5]。他被称为圣的，[6]就如父是圣的，子是圣的，对造物来说，圣

① 《哥林多前书》15：47。
② 《哥林多前书》15：46。
③ 《腓立比书》4：7。
④ 《约翰福音》4：24。
⑤ 《耶利米哀歌》4：20。
⑥ 《约翰一书》1：20。（和合本查无此节。——中译者注）

洁源于虚无，对圣灵来说，圣洁是本性的成全，正因如此，他不应被描述为被圣化的，而是圣化本身。他被称为善的，[①] 就如父是善的，由善所生的是善的。在圣灵，他的善就是本质。他被称为正直的，[②] 就如“耶和华是正直的”[③]，因为他本身就是真理，[④] 他本身就是公义，[⑤] 不会偏左偏右，因为他的本质是不变的。他被称为保惠师，就像独生子一样，如他自己说的：“我要求父，父就另外赐给你们一位保惠师。”[⑥] 这就是圣灵与父和子的共同称呼，他获得这些称呼是出于他与父和子本性上的亲密关系。不然，它们还能从别的什么源头来吗？另外，他被称为高贵的，[⑦] 真理的圣灵，[⑧] 智慧的灵。[⑨] 经上说：“上帝的灵造我”[⑩]，上帝使比撒列充满“上帝的灵，使他有智慧，有聪明，有知识”[⑪]。这样的称呼是卓越而伟大的，但它们并没有穷尽他的荣耀。

49. 那么他的工作又是什么呢？就权威性来说，不可言喻，就数量而言，不可计算。对于超越于世代的事物，我们能形成怎样的概念？在我们所能想象的世界之前，他在做什么？他给予世界的恩典有多大？他对将来的世代又施行了怎样的权能？他原本就存在；他预先就存在；他在世代之前就与父、子同在。如此说来，即使你能想象世代之外的事，你也会发现圣灵在更上更远之处。如果你设想世界，要记住诸天的权能（天使）是圣灵确立的，[⑫] 这确立的意思就是它们不会离弃

---

① 《诗篇》143：10。
② 《诗篇》51：10。
③ 《诗篇》92：15。
④ 《约翰福音》14：17；15：26；16：13；《约翰一书》5：6。
⑤ 《哥林多后书》3：8、9。
⑥ 《约翰福音》14：16。
⑦ 《诗篇》51：12，七十士希腊文译本。
⑧ 《约翰福音》15：26 等。
⑨ 《以赛亚书》11：2。
⑩ 《约伯记》33：4。
⑪ 《出埃及记》31：3，七十士希腊文译本。
⑫ 参见《诗篇》33：6。

善。因为它们之所以与上帝有亲密关系，能不向恶转变，能持续地保守在恩福里，其能力正是出于圣灵。这不是基督的降临吗？圣灵是先行者。不是有成肉身的道显现吗？圣灵与他不分离。行神迹、治愈的恩赐是借着圣灵成就的。鬼也是靠上帝的灵赶出去的。圣灵一出现，魔鬼就落空。罪的赦免要靠圣灵的恩赐，“你们奉主耶稣基督的名，并藉着我们上帝的灵，已经洗净，成圣……”① 借着圣灵与上帝有亲密关系，“上帝就差他儿子的灵进入你们的心，呼叫：‘阿爸，父！’”② 从死里复活靠圣灵的运作而实现，“你发出你的灵，它们便受造。你使地面更换为新。”③ 如果这里的创造可以理解为使死者恢复生命，圣灵的作用岂非伟大无比？他分配给我们复活之后的生命，使我们的灵魂与属灵生命协调。如果这里的创造是指使那些在此生中坠入罪里的人转向更好的状态（根据圣经的用法，可以这样理解，如保罗所说的：“若有人在基督里，他就是新造的人”④），在属世生命中发生更新，通过圣灵使我们从属地的、追求感官享受的生命转变为属天的交往，那么我们的灵魂就被提升到最可敬的顶点。想到这些，我们怎么会担心对圣灵的荣耀言过其实，夸大其词呢？相反，我们倒要担心，就算我们看起来似乎把人所能设想的、或者人的口舌所能言说的最崇高的称号给了他，我们对他的认识仍然只是皮毛。

“起来，下去，和他们同往，不要疑惑！因为是我差他们来的。”⑤ 如主所说，这话正是圣灵说的。一个卑微或者满心畏惧的人，能说出这样的话吗？“要为我分派巴拿巴和扫罗，去做我召他们所做的工。”⑥ 一个奴仆会这样说话吗？《以赛亚书》记载：“主耶和华和他的灵差遣我

---

① 《哥林多前书》6：11，修订版。
② 《加拉太书》4：6。
③ 《诗篇》104：30。
④ 《哥林多后书》5：17。
⑤ 《使徒行传》10：20。
⑥ 《使徒行传》13：2。

来”[1]，“圣灵从主耶和华来，引导他们”[2]。请不要再把这种引导理解为某种卑微的服务，因为道见证这是上帝的作为——经上说：“你曾……引导你的百姓，好像羊群一般，”[3] 你“领约瑟如领羊群”[4]，“他们稳稳妥妥的，使他们不至害怕”[5]。因此当你听到保惠师要来，他要使你们想起所说的话，并“引导你们明白一切的真理”[6] 时，不可误传了意思。

50. 但是经上还说：“圣灵……替我们祷告。”[7] 那么（我们的对手说）可以这样推论，由于祈求者低于恩惠者，所以，圣灵的尊贵远在上帝之下。但是你们难道不曾听过关于独生子所说的他“在上帝的右边，也替我们祈求”[8]？所以，不要因为圣灵在你们里面——如果他真的在你们里面也不要因为他教导我们这些原本瞎眼的人，引导我们选择对自己有益的事，不要因为这样的原因而让你们自己丧失关于他的正当而圣洁的观点。不要把你们恩惠者的仁爱当成你们忘恩负义的理由，否则就真是卑鄙无耻之极了。“不要叫圣灵担忧。”[9] 听听初期殉道者之一司提反的话，当他指责百姓悖逆、不顺服时说：“你们……时常抗拒圣灵。”[10] 以赛亚也说：“他们……使主的圣灵担忧；他就转作他们的仇敌”[11]；另

---

① 《以赛亚书》48：16。约翰斯顿注释说：“在《以赛亚书》48：16，圣狄底模（Didymus）解释为 Spiritum suum……奥利金论到‘谁都要像这婴孩一样虚己’时说——引用原文，可以这样理解：‘像这婴孩一样虚己就是效法圣灵，他为了人得救而降卑自己。救主和圣灵是父为了人类的得救差遣来的，这一点以赛亚说得很清楚，他以救主的口吻说：“主耶和华差我来，还有他的圣灵。”然而，必须注意，这句话模棱两可，既可以理解为上帝和圣灵差救主来，也可以像我这样理解，父差救主和圣灵来。’”

② 《以赛亚书》62：14，七十士希腊文译本。

③ 《诗篇》77：20。

④ 《诗篇》80：1。

⑤ 《诗篇》78：53。

⑥ 《约翰福音》16：13。参见 14：26。

⑦ 《罗马书》8：26、27。

⑧ 《罗马书》8：34。

⑨ 《以弗所书》4：30。

⑩ 《使徒行传》7：51。

⑪ 《以赛亚书》63：10。

一段说："雅各家惹怒了主耶和华的灵。"[1]这些经文岂不是表明了他具有权威性的权柄？我请读者自己去判断，当我们听到这些段落时该持什么样的观点；我们是该把圣灵看做一种工具，一个对象，与造物同列，是我们自身的一个仆人，还是相反，对敬虔者的耳朵来说，这种亵渎的话，就是听到一点，也令人无比忧伤。你称圣灵为仆人吗？但是经上有话说"仆人不知道主人所作的事"[2]，而圣灵知道上帝的事，就如"人里头的灵……知道人的事"[3]。

## 第二十章

驳斥那些主张圣灵既不属于仆人之列，也不属于主人之列，而在自由者之列的人。

51. 有人说，他不是仆人，也不是主人，而是自由人。这种观点是多么可怕的胡言乱语，这种人是何等的厚颜无耻！我是该为他们的无知悲叹，还是该为他们的渎神忧伤呢？他们企图玷污关于神性的教义，将它与人性相提并论，力图把人类生活中由共同习俗形成的尊卑之别应用于不可言喻的神性，却不知道在人中间没有哪个天生就是奴仆。人或者由于被征服而背上奴役的轭，比如战争中被俘的战犯；或者因为贫困而沦落为奴，比如受法老压迫的埃及人；或者出于明智而神秘的安排，顽劣的孩子在父亲的命令下侍奉聪明良善的兄弟姐妹；[4]对此，任何正直的人了解具体情形之后都会宣称这不是惩罚性的裁定，而是恩益。因为没有头脑的人自身里面根本没有自我约束的自然原则，让这样的人成为别人的奴隶，其目的在于，让他受到他主人的

---

① 《诗篇》106：32；《弥迦书》2：7。（和合本圣经里没有完全对应的经文，中译者根据英文直译。——中译者注）

② 《约翰福音》15：15。

③ 《哥林多前书》2：11。

④ 参见《创世记》9：25。

理性指导，成为如同有驾驭者的马车，或者有舵手掌舵的船只。因此雅各得到父亲的祝福，成为以扫的主，[①] 好叫这个愚拙的、浑浑噩噩的儿子，能够从他明智的兄弟那里受益，尽管他本人并不愿意如此。同样，迦南必“给他弟兄作奴仆”[②]，因为他的父亲含缺乏智慧，他没有得到美德的教导。这样说来，在这个世上，人是成为奴仆的，而那些脱离了战争、贫困，或者不需要得到别人监护的人，就是自由的。由此可以说，即使一个人被称为主人，另一个人被称为仆人，但是不论从我们彼此平等的角度，还是作为我们造物主的奴仆的观点看，我们都同为奴仆。而在另一个世界，你能说谁是自由的呢？因为它们一旦被造，捆绑就开始了。天体不会彼此控制，因为它们没有野心，全都拜倒在上帝之下，全都以他为主人敬畏他，视他为造物主，共同荣耀他。“儿子尊敬父亲，仆人敬畏主人”[③]，这两件事，上帝要求众人做到其中一件，“我既为父亲，尊敬我的在哪里呢？我既为主人，敬畏我的在哪里呢？”[④] 否则，众人的生命若不是在主人的看护之下，那将成为怎样可悲的情状？就如那些背信天使，他们因为梗着颈项反对全能的上帝，甩掉捆绑他们的缰绳——不是因为他们的自然结构有什么不同，而是因为他们对造物主产生悖逆的意向。那么你们说谁是自由的？没有君王统治的人吗？既没有统治他人的能力，又不愿意被人统治的人吗？在一切存在者中，没有这样的事物存在。所以对圣灵持这样的观点显然是亵渎的。如果他是个造物，那他当然与其他所有造物一起侍奉，因为经上说：“万物都是你的仆役”[⑤]；但是如果他在造物界之上，那么他必然分

① 《创世记》27：29。
② 《创世记》9：25。
③ 《玛拉基书》1：6。
④ 《玛拉基书》1：6。
⑤ 《诗篇》119：91。

有王权。①

## 第二十一章

圣经里的证据：圣灵被称为主。

52. 然而，我们完全可以引证更高尚的思想毫无争议地证明（圣灵的）荣耀是卓越的，既然如此，我们又何必去驳斥这些有失尊严的问题，去取得毫无体面可言的胜利呢？事实上，如果我们复述我们从圣经里学过的话语，每一个敌圣灵派的人都可能会发出大声尖锐的叫喊，蒙上耳朵，拿起石头或其他可拿的东西做武器向我们冲来。但是我们追求的是真理，绝不能把自己的安全放在第一位。我们从使徒得知，"主引导你们的心，叫你们爱上帝，耐心等候基督"② 解除我们的苦难。引导我们

---

① 圣巴西尔的奴役观是，（1）就我们与上帝的关系来说，一切被造者都必然处于对造物主有用的状态；（2）就我们彼此之间的关系来说，奴役不是出于本性，而是出于习俗和环境。这里他在多大程度上与亚里士多德《政治学》第一卷提出的著名的奴役论不一致，取决于我们对"自然本性"这个词如何解释。亚里士多德问，"是否有人本性上想要成为奴隶，这样的状态对他既适宜又正当，或者并非所有的奴役都违背本性？基于理性和事实，这个问题不难回答。因为有人统治，有人被统治，这不仅是必不可少的，而且是有利的；从出生之时起，就有人注定为奴，有人注定为主……只要有灵魂与身体或者人与动物之间的区别存在（比如有些人的生意就是使用自己的身体，他们不可能做更好的事），卑微者本性上就是奴仆，而且这对他们更好，对所有卑微者来说，都应服于一个主人的统治……显然，有人本性自由，有人本性为奴，对后者来说，奴役既是有益的，也是正义的。"（《政治学》第一卷第五章）这里"本性"似乎意指类似于巴西尔所说的"缺乏理智"的事物，所以，使一人成为另一人的奴隶对前者是"有益的"。圣巴西尔和亚里士多德都认为让弱者有一个强有力的保护者对他有利，两人在这一点上是一致的。毫无疑问，这一点也为奴隶制找到最佳的辩护点。

基督教确实尽了很大努力改善奴隶的状况，即主张奴隶的灵是自由的，但最初它也不过是强调后来的异教哲学。基督教思考的与其说是人受制于他人的奴役状态，不如说是人被恶捆绑的奴役状态和摆脱恶的自由状态……克里索斯托甚至认为，圣保罗之所以没有谴责奴隶制，是因为让它与基督教的自由并存比废除它在道德上是更大的胜利（*In Genes. Serm.* 5. 1）。即使到了 6 世纪，东罗马帝国皇帝查士丁尼（Justinian）立法时仍然认为没有本性上的自由，尽管所立的是保护性的法……因此我们不必吃惊，在 4 世纪的教父中没有发现后来提出的基督教观点的预示。同时，正是在圣巴西尔时代，"教父们的语言采用更大胆的调子"（参见 *Dict. Christ. Ant.* 2. 1905），"在纳西盎的格列高利的书信里，我们看到他提到一个案例，说一名奴隶当选为旷野一个小国的主教。而他的基督徒女主人则力图主张她的主人权利，为此她受到圣巴西尔的严厉指责（参见 *Letter* CXV.）。圣巴西尔死后，她又重新要求把这奴隶领回来，因此格列高利写信给她，强烈反对说她要把他的主教弟兄从职责领域召回，这是非基督徒的愿望。*Ep.* 79" 同上。

② 《帖撒罗尼迦后书》3：5。

爱上帝并耐心等候基督解除苦难的主是谁？请那些想要使圣灵成为奴仆的人回答我们。如果这里的主是父神，那它自然应当说："主引导你们的心，叫你们爱他自己"，如果是子，那它就会加上"学他自己的忍耐"。请他们找出还有哪个位格配尊称为主。与此相似的还有另一段落，"主叫你们彼此相爱的心，并爱众人的心都能增长，充足，如同我们爱你们一样，好使你们当我们主耶稣同他众圣徒来的时候，在我们父神面前，心里坚固，成为圣洁，无可责备。"[①] 那么，他请求什么主，以便当我们主来的时候，帖撒罗尼迦的信徒在我们的父神面前心里坚固，成为圣洁，无可责备？请那些把圣灵置于受差侍奉的执行灵之列的人回答。为此再请他们听听另外的证据，明确称圣灵为主的段落。经上说："主就是那灵"；又说："就如同从主的灵变成的。"[②] 为了不给对手反驳的空间，我要引用使徒说的整段话——"直到今日诵读旧约的时候，这帕子还没有揭去。这帕子在基督里已经废去了……但他们的心几时归向主，帕子就几时除去了。主就是那灵。"[③] 他为何这样说？因为谨守单纯字面意义沉溺于律法规则的人，可以说，已经把自己的心包裹在犹太人接受的字句里，就像蒙了一块帕子；他之所以蒙上帕子，是因为他不知道随着基督的到来，律法的字面意义已经废去，因为将来预表要转化为现实，太阳升起了，灯盏就不需要了；真理显现了，律法的位置不复存在，预言归于沉寂。相反，得赋能力、洞悉律法的深刻含义的人，透过晦涩的字句，如同透过帕子，进入不可言说的事物，这样的人就如摩西与上帝说话时揭去帕子。这样的人也从字面转向了精义（圣灵）。所以，摩西脸上蒙着帕子对应律法教义的隐晦不明，而属灵的沉思对应转向主。于是，在研读律法时离开字句转向主——主这里被称为圣灵——的人更是成为像摩西一样的人，脸上充满上帝显现时的荣光。正如靠近亮丽色彩的物

① 《帖撒罗尼迦前书》3：12、13。
② 《哥林多后书》3：17、18，修订版。
③ 《哥林多后书》3：14、16、17。

体自身也染上周围弥散的光彩，同样，紧紧凝视圣灵的人因圣灵的荣耀也变得更加荣光焕发，可以说，他的心被出自圣灵的真理的光芒照亮。[①]这是把圣灵的“荣光变成”他自己的“荣光”，这种变不是一点点，也不是模糊不清的，我们对明亮能想象到什么程度，一个被圣灵照亮的人的荣光就能大到什么程度。人啊，当你听到使徒说“你们是上帝的殿，上帝的灵住在你们里头”[②]时，难道你不畏惧吗？他怎么能容忍把奴仆的地方尊为“殿”？圣经是圣灵启示而写，所以称圣经为“上帝所默示”[③]的人，怎么能使用侮辱和轻视圣灵的语言呢？

## 第二十二章

从圣灵的存有确立他与父和子的本性同等性和不可领会性。

53. 我们了解圣灵的卓越本性，不仅基于圣灵拥有与父和子同样的称号、分有同样的工作，而且从他的存有看，他与父和子一样是思想所不可领会的。我们的主论到父怎样说他在人的观念之上、之外，论到子怎样说，论到圣灵也用同样的语言说。他说：“公义的父啊，世人（世界）未曾认识你”[④]，这里的世界不是指由天地组成的复合体，而是指我们趋向死亡，要遭受无数的无常变化的此世生命。当论到他自身时，他说：“还有不多的时候，世人（世界）不再看见我，你们却看见我。”[⑤]这段话同样用“世界”这个词指那些受制于这个质料性的、肉身的生命，只能靠肉眼把握真实的人，他们因不相信复活，注定不能用心眼看见我们的主。主也以同样的话论到圣灵。他说：“真理的圣灵，乃世人不能接受

① 参见《哥林多后书》3：18。
② 《哥林多前书》3：16。
③ 《提摩太后书》3：16。
④ 《约翰福音》17：25。
⑤ 《约翰福音》14：19。

的，因为不见他，也不认识他；你们却认识他，因他常与你们同在。”[1] 属肉体的人，就是心窍从未习练通达，[2] 反倒沉溺于对肉体的体贴之中，[3] 就如同陷在烂泥里的人，没有力量仰望真理属灵的光。所以，世人，就是受制于肉身情欲的生命，不能领受圣灵的恩典，就如微弱的视力不能接受太阳的光芒一样。而主以他的教训见证生命的纯洁，赐给门徒力量，使他们如今既能看见也能沉思圣灵。他说：“现在你们因我讲给你们的道，已经干净了”[4]，因而，“世人不能接受他，因为不见他……你们却认识他，因他常与你们同在”[5]。以赛亚也说：“将地和地所出的一并铺开，赐气息给地的众人，又赐灵性给行在其上之人的上帝耶和华。”[6] 那些把地上之物踩在脚下，超越于它们的人被证明就是配得圣灵恩赐的人。那么世人不能接受，唯有圣徒在纯洁的心里沉思的圣灵，我们该怎样认识他呢？什么样的尊敬才能与他相称呢？

## 第二十三章

荣耀圣灵就是列举他的属性。

54. (我们相信圣灵无处不在，而）其他权能（天使）都存在于某个限定的地方。站在哥尼流身边的天使[7]就不能同时在腓利身边；[8]从圣坛上与撒迦利亚说话的天使也不能同时留在天上占据自己的位置。但是我们相信圣灵同时既在哈巴谷和巴比伦的但以理里面做工，[9] 又在牢里与

① 《约翰福音》14：17。
② 参见《希伯来书》5：14。
③ 参见《罗马书》8：6。
④ 《约翰福音》15：3。
⑤ 《约翰福音》14：17。
⑥ 《以赛亚书》42：5，七十士希腊文译本。
⑦ 《使徒行传》10：3。
⑧ 《使徒行传》8：26。
⑨ 《彼勒与大龙》34。

耶利米同在，[1] 也在迦巴鲁与以西结同在。[2] 因为主的圣灵充满世界，[3] “我往哪里去躲避你的灵？我往哪里逃、躲避你的面？”[4]用先知的话说，“耶和华说：……因为我与你们同在……我的灵住在你们中间。”[5] 他既然无处不在，并与上帝同在，那么该分配给他什么样的本性呢？是包含一切的本性，还是局限于具体空间的本性，就像我们讨论中所表明的天使那样？谁也不会说是后者。那么我们岂不应当大大地赞美他，赞美他神圣的本性，他无限的伟大，他大能的作为，他美好的祝福？在我看来，荣耀他不是指别的，就是把他自己的奇事异能列举出来。由此可以说，或者我们被对手的，甚至不敢提及从圣灵传给我们的好事，或者相反，我们只要扼要重述他的属性，就是以最完全的方式把荣耀归于他。就是对上帝、对我们的主耶稣基督和独生子的父，我们也只能尽我们所能列举他们的所有奇事异能，此外没有别的方法能把荣耀归于他们。

## 第二十四章

比较造物界受到荣耀的事物，证明拒不荣耀圣灵是荒谬的。

55. 此外，人得赐“荣耀尊贵为冠冕”[6]，并有“荣耀、尊贵、平安”被应许要加给“一切行善的人”[7]。对以色列人还有特殊、独特的荣耀赐给他们，经上说，“那儿子的名分、荣耀……礼仪……都是他们的”[8]，《诗篇》作者论到他自己的某种荣耀，“好叫我的荣耀歌颂你”[9]；又说：“我

---

① 《耶利米书》20：2，七十士希腊文译本。
② 《以西结书》1：1。
③ 《所罗门智训》1 章 7 节。
④ 《诗篇》39：7。（应为 139 篇。——中译者注）
⑤ 《哈该书》2：4、5。
⑥ 《诗篇》8：5。
⑦ 《罗马书》2：10。
⑧ 《罗马书》9：4。
⑨ 《诗篇》29：12。（和合本为 30 篇。——中译者注）

的荣耀啊，你当醒起”[1]；根据使徒，还有某种日月星辰的荣耀，[2]“定罪的职事有荣光”[3]。既然有那么多的事物得荣耀，难道你希望唯有万物的圣灵不得荣耀？然而使徒说：“那属灵的职事，岂不更有荣光吗？”[4]怎么可能他本身倒是不配得荣耀了？按照《诗篇》作者，义人大有荣耀，[5]为何在你们看来，圣灵却毫无荣耀？这样的论述岂不必然给我们自己带来无可逃遁的罪吗？既然靠义行得救的人也荣耀那些敬畏主耶和华的人，[6]他必然更不会剥夺圣灵应有的荣耀。

他们说，就算他得荣耀，那也不是与父和子同得。但是凭什么要放弃主指定给圣灵的位置，而炮制出另外的位置？他既然无处不与神性联合，那么，在认信的时候，在赎罪洗礼的时候，在行神迹的时候，居住在圣徒里的时候，赐恩福给顺服者的时候，凭什么剥夺他对荣耀的分有？要知道，没有圣灵就连一样恩赐也不能到达造物界；[7]若没有圣灵的帮助，那些捍卫基督的人甚至说不出一个字，就如我们在福音书里从我们的主和救主得知的。[8]我不知道在分有了圣灵的人中是否有人会同意忽略这一切，忘却圣灵在一切事上的联合，将他与父和子分离。那么我们该将他安排于何处呢？与造物同列吗？但是所有造物都在捆绑之中，而圣灵使它们得自由。“主的灵在哪里，哪里就得自由。”[9]我们可以举出许多例证表明将圣灵与被造之物同列是不相称的，但现在我不去论及它们。事实上，我如果按与本文所讨论的高贵主题相适应的方式提出我们所能找到的所有证据，从而推翻我们对手的异议，那就需要写一

---

① 《诗篇》57：8。
② 参见《哥林多前书》15：41。
③ 《哥林多后书》3：9。
④ 《哥林多后书》3：8。
⑤ 参见《诗篇》21：5。
⑥ 参见《诗篇》15篇。
⑦ 参见《马太福音》28：19；《哥林多前书》12：11；《罗马书》8：11；《彼得前书》1：2。
⑧ 《马太福音》10：19、20。
⑨ 《哥林多后书》3：17。

篇很长的论文，而我的读者很可能会被我的啰唆弄得疲惫不堪。因此我打算就这个问题专门另写一篇论文，[①]而现在我要直接切入以下这些观点。

56. 让我们一个个地检查这些观点。他本性上是善的，就如父是善的，子是善的一样；另一方面，造物是通过选择善的行为而分有善。他知道“上帝深奥的事”[②]；而造物借着圣灵接受不可言喻之事的显现。上帝创造万物，叫万物得生，[③]他与上帝一同使万物得生；子是赋予生命的，他与子一同赋予生命。经上说：“那叫基督从死里复活的，也必藉着住在你们心里的圣灵，使你们必死的身体又活过来。”[④]又说：“我的羊听我的声音，……我又赐给他们永生”[⑤]，但“圣灵是叫人活”[⑥]，还说：“圣灵却因义而活。”[⑦]主也见证说：“叫人活的乃是灵，肉体是无益的。”[⑧]既然如此，我们怎么能使圣灵脱离他那叫人活的权能，使他归于无生命的东西？谁会如此好争，如此全然没有天恩，[⑨]未曾得到上帝美言的喂养，如此缺乏永恒盼望中的分，以至于将圣灵与神性分离，把他与造物界同列？

57. 有人争辩道，圣灵是上帝给我们的恩赐，不能把恩赐与赐予者视为同等尊贵来敬拜。没错，圣灵是上帝的恩赐，但这是生命的恩赐，如经上所说的，“赐生命圣灵”的律“使”我们“脱离（罪和死的律）”[⑩]；是能力的恩赐，因为“圣灵降临在你们身上，你们就必得着能力”[⑪]。难

① 约翰斯顿推测这是指 *Hom.* 24。“*Contra Sabellianos et Arium et Anomaeos.*”

② 《哥林多前书》2：10、11。

③ 参见《提摩太前书》6：13。

④ 《罗马书》8：11。

⑤ 《约翰福音》10：27—28。

⑥ 《哥林多后书》3：6。

⑦ 《罗马书》8：10。（和合本作“心灵”。——中译者注）

⑧ 《约翰福音》6：63。

⑨ 参见《希伯来书》6：4。

⑩ 《罗马书》8：2。

⑪ 《使徒行传》1：8。

道他因此就被轻视？上帝岂不也将他的子作为白白的恩赐给了人类？经上说："上帝既不爱惜自己的儿子为我们众人舍了，岂不也把万物和他一同白白地赐给我们吗？"[①] 另一处说："叫我们能知道上帝开恩赐给我们的事"[②]，即道成肉身的奥秘。由此可说，坚持这种观点的人，把上帝伟大的仁爱当做亵渎神的机会，岂不真正地比犹太人还忘恩负义！他们对圣灵挑错，因为圣灵赐给我们自由，使我们可以叫上帝我们的父。"上帝差他儿子的灵进人"我们"的心，呼叫：'阿爸，父！'"[③] 叫圣灵的声音成为那些接受了他的人的声音。

## 第二十五章

圣经用"在里面"(in) 或"藉着"(by, ἐν) 来代替"与"(with)。它还表明"和"(and) 这个词与"与"具有同等力量。

58. 然而，我们的对手质问说，圣经里没有哪个地方描述圣灵与父和子同得荣耀，倒是小心地避免使用"与圣灵一同"的表述，同时处处选择用"在他里面"的荣耀作为恰当的用语。就我自己来说，我不认为介词"在里面"[或借着] 比"与……一同"暗示更低的位置；相反，我认为只要正确理解，就可看出它引导我们走向最高意义的理解。事实上，如我们所看到的，它常常代替"与……一同"，比如，"我要用燔祭进你的殿"[④]，这里用的是"in"，而不是"with"；又如"他领自己的百姓带银子、金子出来"[⑤]，这里用了"by"，意思就是"with"；"你不和我们的军兵同去"[⑥]，这里用的是"in"，而不是"with"；类似的经文数不胜数。总之，我非常

① 《罗马书》8：32。
② 《哥林多前书》2：12。
③ 《加拉太书》4：6。
④ 《诗篇》66：13，七十士希腊文译本。
⑤ 《诗篇》105：37。
⑥ 《诗篇》44：9。

愿意从这种新炮制的哲学知道，按照我们对手所谓的源于圣经的这种解释，使徒用“in”这个词描述的是哪一类荣耀，因为我哪里也找不到这样的句式“父啊，愿尊贵和荣耀藉着独生子，靠着圣灵［或者在圣灵里面］归于你”——然而，在我们的对手看来，这个句式自然得如同他们呼吸的空气。没错，你可以找到这些从句的单独形式，① 但他们不可能向我们表明这些从句是以这样的联合方式排列的。如果他们希望与经上所写完全保持一致，那就请他们指出准确的出处。如果相反，他们这样做是向习俗妥协，那他们也不能因这样的特权就反对我们的三一颂。

59. 因为我们发现信徒们都在使用这两种表达式，所以我们两者并用，相信这两种说法都同等地表示圣灵有充充满满的荣耀。然而，我们指出另一点，就可以完全堵住那些辱骂真道者的嘴。在圣经里，介词“with”与连词“and”的意思相同，不是我们的对手随意可使用的武器（事实上现在是他们攻击的对象），两者可以互相替代。试想，说“保罗、西拉**和**提摩太”②与说“保罗**与**西拉和提摩太”是完全相同的，不论哪种说法都保留了名字之间的联系。主说：“父、子和圣灵。”③如果我说父、子与圣灵，难道有意义上的分别吗？用连词“和”来表示名字之间的关联，这样的例子很多。我们读到“我们主耶稣基督的恩惠、上帝的慈爱和圣灵的感动”④；又读到“我藉着我们主耶稣基督，又藉着圣灵的爱，劝你们……”⑤ 如果我们想用“与”来代替“和，又”，那又有什么分别呢？我看不出有什么分别，除非有人严格遵守语法规则以致迂腐的程度，一定要用连词做连接，使连接更紧密，而拒斥介词，认为介词的连接力不够。不过，如果我们必须在这些观点上捍卫自己，我想

---

① 在《以弗所书》2：18，它们是合在一起的，但没有哪种圣经三一颂把ἐν 用于圣灵。
② 《帖撒罗尼迦前书》1：1。（和合本里没有“和”字。——中译者注）
③ 《马太福音》28：19。（和合本里没有“和”字。——中译者注）
④ 《哥林多后书》13：13。（和合本为13：14，且没有“和”字。——中译者注）
⑤ 《罗马书》15：30。

我们并不需要浪费很多口舌。事实上，他们的论点不是关于字词，也不是关于词的这个或那个发音，而是关于在权能和真理上大相径庭的事物。正是因为如此，虽然字词的使用其实是毫无紧要的问题，我们的对手还是在努力使某些字词具有权威性，把另一些字词从教会剔除出去。就我而言，尽管一听到“与”（with）这个词就明白它的用法，但我还是要提出论证，说明我们的列祖开始使用这个介词的合理过程。[①]事实上，它确实与介词“和”一样，可用来完全等效地驳斥撒伯里乌（Sabellius）的谬论；[②]它也完全与“和”一样表明位格之间的差异，比如“我和我父必要来”[③]，“我与父原为一。”[④] 此外，要证明它包含永恒的团契和不间断的联合，证据是非同寻常的。因为说子与父同在就同时表明了位格上的分别和不可分割的联合关系。就是在人类事务中也可以看到同样的事，因为连词“和”表明某个行为中有共同因素，而介词“与”也同样在一定程度上表明行为中的共同性。比如，保罗和提摩太航行去马其顿，而推基古（Tychicus）和阿尼西母（Onesimus）被派往歌罗西。因此我们知道他们做的是相同的事情。但是假如我们听到的是保罗与提摩太一起（with）航行，推基古与阿尼西母一起被派往歌罗西，那会如何呢？那么我们就进一步了解到，他们彼此结

---

① 约翰斯顿说，“就编者所知，圣巴西尔所说的在三一颂里使用‘μετά，σύν，’的理由，早期或同时代的著作者既没有确认，也没有否认。”

② “通常认为撒伯里乌是3世纪中叶的人，克林顿先生（Mr. Clinton）指出他的活跃期是公元256—270年。但是希坡律陀（Hippolytus）的“*Philosophumena*”的发现表明这种界定是错误的，他的时间应往回推到2世纪末和3世纪初……他在罗马的全盛期是公元198—217年任Zephyrinus主教的时期。”（Stokes，*D. C. Biog*. 4. 569）关于巴西尔对撒伯里乌主义（Sabellianism）的看法，参见Epp. CCX.，CCXIV.，CCXXXV。狄奥多勒在他的*Haer. Fab. Conf*. 2. 9里写道：“撒伯里乌说过，父、子、圣灵是一位格；有三个名称的一个位格；同一个位格他有时候称为父，有时候称为子，有时候又称为圣灵。他说，在旧约里，上帝作为父立法，在新约里道成肉身为子，又作为圣灵向众使徒显现。”同样，在Ἔκθεσις τῆς κατὰ μέρος πίστεως——错误地归到行奇迹者格列高利（Gregory Thaumaturgus）名下，其实可能是阿波利拿里（Apollinarins）的作品——里（参见Theod. *Dial*. 3.）有这样的话：“我们要远离撒伯里乌，因为他说，父和子是同一位，说话的那位是父和道，而既保留在父里，同时又在创世时显现出来，到了万物完满时返回到父的那位，是子。关于圣灵他也说同样的话。”

③ 显然是对《约翰福音》14：23不严谨的引用。

④ 《约翰福音》10：30。

伴从事同一行为。因此，“与一起”（with）这个词推翻了撒伯里乌的错误观点，这是其他语词不可能做到的；同时它又抨击了那些犯有另一极端之错误的恶人，我指的是那些以时间间隔将子与父、圣灵与子分离的人。①

60. “with”与“in”相比，有如下的区别：“with”表明相关各方彼此的联合，比如，那些一起航行的人，一起居住的人，一起做其他事的人；而“in”表明他们与承载他们正在做的行为的事物之间的关系。比如我们一听到“乘……航行”或“居住在……”的说法就想到船和房子。这就是通常这些词用法的区别。只要不辞辛苦地深入考察，就很可能发现更多的例子。但我没有时间考察字词的本性。既然我已经表明“with”非常清楚地表示连接的含义，如果你愿意，就宣告它享有安全通行权，不要再对它发动猛烈的、无休无止的攻击了。当然，尽管这个词已经非常有利，但如果有人想要在三一颂里用“和”字来连接两个名，归荣耀与他们，比如我们知道福音书和洗礼告白都是这样教导的：父、子和圣灵，② 那就让他这样说，没有人会提出任何异议。在这些情形中，如果你愿意，我们不妨退让一步。但是我们的仇敌宁愿放弃他们的舌头，也不愿接受“和”这个词。正是这个词使他们对我们怀着深仇大恨，发动无休无止的战争。我们必须“在圣灵里”归荣耀给上帝，他们争辩道，而不是也把荣耀归于圣灵；他们情绪激昂地坚持用“in”这个词，似乎它就降低了圣灵的地位。因此，对这个词做更详尽的讨论，不会没有益处。如果当他们听了我们不得不规劝的话之后，仍然没有认识到“in”这个词本身就是他们事业的背叛者，它反而逃到了圣灵荣耀这一边，那我肯定会感到很吃惊的。

---

① 即说子“有一个时间是不存在的”阿里乌主义者，以及使圣灵成为受造物的敌圣灵派。

② 《马太福音》28：19。

## 第二十六章

"in"这个词在它所包含的多重意义上都可理解为对圣灵的描述。

61. "in"这个词虽然既短小又简单，但在我看来，它的含义很多，也很丰富。而就它被使用的各种意义来看，我们发现都能帮助我们认识圣灵。我们说，形式在质料里；能力在有能力的事物里；习惯在受它影响的人里，如此等等。① 因此，就圣灵完善理性存在者，成全他们的美德来说，他可比作形式。人若不再"顺从肉体活"②，而是"被上帝的灵引导"③，就得称为上帝的儿子，"效法上帝儿子的模样"④，被认为是属灵的。就如健康的眼睛能看见，同样，纯洁灵魂里的圣灵能做工。因此保罗也为以弗所人祷告，求那"赐人智慧……的灵""照明"他们的"眼睛"⑤。就如技艺在获得技艺的人身上始终存在；同样，圣灵的恩典在接受者身上也始终显现，尽管并非总是在起作用。因为技艺在艺术家身上是潜在的，只有当他按技艺做工时，技艺才起作用；同样，圣灵始终与那些相配的人同在，但只在需要的时候才做工，比如说预言时，治疗时，或者将他其他的潜在行为付诸实施的时候。另外，就如我们的身体有健康，有发烧，或者一般而言有变化无常的状态；同样，灵魂里的圣灵也不断变化，因为他不会与那些因心意不定，很容易拒斥已经接受了恩典的人同住。比如扫罗就是一个例子，⑥ 还有以色列子孙中的七十个长老，只有伊利达和米达是例外，圣灵只停留在他们两个身上，⑦

---

① 在亚里士多德的哲学里，形式就是本质或形式因。参见亚里士多德《形而上学》6.7，4。潜在的活动或存在与实际的活动或存在相对。参见亚里士多德《形而上学》8.3，9；8.8，11。

② 《罗马书》8：12。

③ 《罗马书》8：14。

④ 《罗马书》8：29。

⑤ 《以弗所书》1：17、18。

⑥ 《撒母耳记上》16：14。

⑦ 《民数记》11：25、26，七十士希腊文译本和修订版。

总之，凡是品性上与这些人类似的，圣灵都离他们而去。就如灵魂中的理性，有时是心里的念头（思想），有时候表现为口舌说出的话语；[①]在圣灵里也是这样，有时他“与我们的心同证”[②]，有时在我们心里“呼叫阿爸，父”[③]，有时他代表我们说话，比如“不是你们自己说的，乃是你们父的灵在你们里头说的”[④]。另外，在涉及恩赐的分配时，我们认为圣灵是各部分中的整体。因为我们全都是“互相联络作肢体……按我们所得的恩赐，各有不同”[⑤]。因此“眼不能对手说，我用不着你；头也不能对脚说，我用不着你”[⑥]，其实所有肢体一起在圣灵的统一体中成就基督的身体，把由恩赐而来的必须的帮助给予彼此。“但如今上帝随自己的意思把肢体俱各安排在身上了。”[⑦]“总要肢体彼此相顾”[⑧]，因为它们天生就有通感和属灵的共鸣。因此，“若一个肢体受苦，所有的肢体就一同受苦；若一个肢体得荣耀，所有的肢体就一同快乐。”[⑨]部分之与整体如何，我们各自之与在圣灵便如何，因为我们都“在一个身体里受洗归入一位圣灵”[⑩]。

62. 圣经常常说圣灵是那些成了圣洁之人的“居所，地方”，这种说法虽然有些特别，但仍然是正确的，而且我们明显可以看到，即使使用这样的比喻，圣灵非但没有受到贬损，反倒得了荣耀。为清楚起见，圣经常常把适用于身体的语言转换为属灵的概念。于是我们看到《诗篇》作者甚至在提到上帝时说“求你做保护我的上帝，救我的堡垒”[⑪]，论到

---

① *λόγος ἐνδιαθετος*（思想）与 *λόγος πορφορικός*（言语）之间的分别，最先出现在 Philo. II. 154。
② 《罗马书》8：16。
③ 《加拉太书》4：6。
④ 《马太福音》10：20。
⑤ 《罗马书》12：5、6。
⑥ 《哥林多前书》12：21。
⑦ 《哥林多前书》12：18。
⑧ 《哥林多前书》12：25。
⑨ 《哥林多前书》12：26。
⑩ 《哥林多前书》12：13 的倒置。
⑪ 《诗篇》71：3，七十士希腊文译本。

圣灵说“看哪，在我这里有地方，你要站在磐石上。”[①] 显然，这地方就是在圣灵里的沉思，当摩西进入那里之后，就能看见向他清晰显现出来的上帝。这是专门的、独特的、真正崇拜的地方，就如经上所说：“你要谨慎，不可在你所看中的各处献燔祭。惟独耶和华从你那一支派中所选择的地方……”[②] 那么属灵的燔祭是什么呢？就是“称颂的祭”[③]。那我们要在何地献上这样的祭？就在圣灵里。我们从哪里得知这一点呢？是主亲自告诉我们的，他说：“那真正拜父的，要用心灵和诚实拜他。”[④]雅各见过这地方，还说：“耶和华真在这里。”[⑤] 由此可见，圣灵就是圣徒的居所，圣徒也是圣灵的专门住所，因为圣徒确实拿自己做上帝的居所，被称为上帝的殿。[⑥] 所以保罗凭着基督讲道，说“在上帝面前凭着基督讲道”[⑦]，基督也在保罗里面，如他自己所说：“你们既然寻求基督在我里面说话的凭据……”[⑧] 同样，他在圣灵里讲说各样的奥秘，[⑨] 圣灵也在他里面说话。[⑩]

63. 相对于有起源的事物（the originate），应当说圣灵“多次多方地”[⑪]在他们里面，而相对于父和子来说，不说圣灵在他们里面（in），而是说与他们同在（with），这样更符合真教义。因为当他住在那些相配之人里面并展开自己的运作时，说从他发出的恩典存在于那些能够接受他的人里面，这是完全恰当的。另一方面，对于先前世代的他的本质存在，他与子和父

---

① 《出埃及记》33：21，七十士希腊文译本。

② 《申命记》12：13、14。

③ 《诗篇》50：14，七十士希腊文译本。

④ 《约翰福音》4：23。关于这一解释，参见 Athan.，*Epist.* 1. *Ad Serap.* §33，“由此表明，真理就是子本身……他们拜父，但在圣灵和真理里拜，也就是认信自己里面的子和圣灵；因为圣灵与子不可分离，就如子与父不可分离一样。”

⑤ 《创世记》28：16。

⑥ 《哥林多前书》6：19。

⑦ 《哥林多后书》2：17。

⑧ 《哥林多后书》13：3。

⑨ 《哥林多前书》14：2。

⑩ 《彼得前书》1：11。

⑪ 《希伯来书》1：1。

的永远同在，若不借用表示永恒联合的称呼，就根本无法思考。因为绝对的、真正的共在是对相互不可分离事物的描述。比如，我们说热存在于热铁里，但只有在真实的火中两者才能共存；同样，健康存在于身体里，而生命与灵魂共在。由此可见，无论什么情况下，两者的关系若是亲密的，先天的，不可分的，"with" 这个词就更富表达力。事实上，它就表示对不可分关系的认识。另一方面，从圣灵流出的恩典必然有来有去。就此而言，应当说圣灵存在于某人里面更为确切，也可以这样说，即便由于接受者坚定向善，恩典一直与他们同在。因此，每当我们思考圣灵的恰当位置时，我们就把他看做与父和子同在，而当我们想到从他出来的恩典在那些分有它的人身上做工时，我们就说圣灵在我们里面。我们"在圣灵里"献上的颂歌并不是说承认他的地位，毋宁说是承认我们自己的软弱，同时表明我们仅凭自己不能荣耀上帝，唯有在圣灵里才能荣耀他。[①] 在他里面或者靠着他我们才能为我们所领受的恩益感谢上帝。我们每个人按自己的洁净程度，有的从圣灵得到大的帮助，有的得到小的帮助，所以我们每个人都要"以颂赞为祭献给上帝"[②]。也就是说，根据一种用法，我们可以说在圣灵里献上我们的感谢祭，那是真教义所要求的；但这并不能成为有人证明以下观点的理由："上帝的灵在我里面，我藉着从他而来的恩典得智慧之后献上荣耀。"因为在保罗，这样的说法就变成"我也想自己是被上帝的灵感动了"[③]，又说"从前所交托你的善道，你要靠着那住在我们里面的圣灵牢牢守住。"[④] 在但以理，则应当说"他里头有上帝的灵"[⑤]，对于具有同样德性的人也有类似的说法。

64. 当然，正如父在子里成为可见的，同样子也在圣灵里成为可见的，这样的话可以理解为另一意义。"在圣灵（心灵）里拜"表示我们

---

① 参见《哥林多后书》3：5。
② 《希伯来书》13：15。
③ 《哥林多前书》7：40。
④ 《提摩太后书》1：14。
⑤ 《但以理书》4：8，七十士希腊文译本。

的理智运作得到了启示，这可以从对撒玛利亚女子所说的话里得知。她被自己国家的习俗蒙骗，以为崇拜要在某个地方，但我们的主想要给她更好的教导，说拜上帝应“在心灵和诚实里”① 拜，显然这里的诚实（真理）就是指他自己。就如我们说在父神的形象里拜就是在子里拜，同样，我们说在圣灵里拜就表明在主的神性本身里拜。因此即使是在我们的敬拜里，圣灵也与父和子不可分。如果你仍然在圣灵之外，你就根本不可能敬拜；一旦你在他里面，你就绝不可能将他与上帝分开，就如你不能将光与可见对象分开一样。因为若不是靠着圣灵的光照，人就不可能看见不可见之上帝的形象，叫他凝视形象将光与形象分开，这是做不到的，因为看见之因必然与可见对象同时看见。因此，我们通过圣灵的光照看见上帝“荣耀的亮光”，通过“真像”就近父神，我们的主就是父神刻在相像者身上的真像和印记。

## 第二十七章

“with”这个词的起源，它有什么力量。也论教会的非成文法。

65. 我们的对手问，如果“in”这个词“完全适用于圣灵，只要用这个词就足以表述关于他的各种思想”。那么为何我们要引入这个新的短语，说“与圣灵同在”(with)，而不是说“在圣灵里面”(in)，为何要使用一个完全没有必要、教会传统也不认同的短语呢？请注意，在本文的前一部分我们已经指出，“in”这个词并非专门指定给圣灵，也用于圣父和圣子。在我看来，我们也已经充分地表明，它绝不会减损圣灵的尊贵，而是引导众人——除了那些思想完全错误的人之外——到达至高之处。我尚需做的就是追寻“with”这个词的起源，解释它有什么样的力量，表明它与圣灵的一致性。

---

① 《约翰福音》4：24。

66. ①关于教会保存下来的那些信念和习俗，不论是普遍接受的，还是公开宣告的，②有些我们是从成文教导中获得的，有些是通过使徒传

① 本文这后面部分的真实性受到伊拉斯谟的质疑，他认为这里的风格与巴西尔严肃作品的风格不太相像。杰瑞米·泰勒（Jeremy Taylor）主教采纳伊拉斯谟的观点（Vol. 6. ed. 1852，p. 427）。卡索邦（Casaubon）回顾了圣约翰·大马士革从 *Thirty Chapters to Amphilochius* 摘录的引文，为这种观点做了辩护。约翰斯顿先生评注道："后来发现整卷书中有古代叙利亚释义，这一发现将这种观点推回到距巴西尔的写作大约一百年的时候。圣巴西尔对本文的这一部分内容特别关注，对它是否安全到达安菲洛奇乌的手上特别关心，而且两人的朋友都非常重视它，从所有这些来看，说本书的这一半是伪造的，说它取代了这一部分的原文，几乎是难以置信的。"第 66 节被引用为关于正确使用传统的权威论述，传统"是正确理解圣经的向导，是正确主持圣餐仪式，保存神圣权利和仪式的原初的纯粹形式的向导。"见 Philaret：*Longer Catechism of the Eastern Church*。

不过，圣巴西尔强调圣经的至高无上性，如主教哈罗德·布朗在 *On the xxxix Articles* 里所引用的："相信经上记载的那些事；不寻求没有记载的事。"（*Hom. 29. Adv. Calum. S. Trin.*）"无论是拒斥记载的事，还是引入没有记载的事，都是对信仰的明显背叛，是专横自大的证明。"（*De Fide*. 1.）参见 Letters CV. and CLIX。关于正确使用传统，参见 Hooker，*Ecc. Pol.* 65. 2，"因此，为了防止传统这个词冒犯什么人，防止有人把它看做多遥远的东西，也防止滥用，我们规定传统就是指基督宗教鼎盛时期所定的规范，是靠基督留给他的教会在一般事务上的权威确立的，因此必须遵守，直到同样的权威出于公正而合理的原因改变它们。所以教会传统不能因为其创立者是人而被粗暴无礼地一举推翻。"

② 除了给出以上这样的意译外，几乎不可能译出原文的字面含义。在圣经里，"δόγμα，dogma"出现了五次（《路加福音》2：1；《使徒行传》16：4；17：7；《以弗所书》2：15 以及《歌罗西书》2：14），有其专门的含义，就是规条或教令。参见莱特福特主教论《歌罗西书》2：14，他认为，希腊教父普遍错估了《歌罗西书》和《以弗所书》中"δόγματα"的力量，把它理解为福音的教义和训令。"κήρυγμα"出现了八次（《马太福音》12：41；《路加福音》11：32；《罗马书》16：25；《哥林多前书》1：21；2：4；15：14；《提摩太后书》4：17 以及《提多书》1：3），都是意指传讲或宣告。

"后来的基督教把 δόγμα 理解为'教义'，这源于它次要的经典用法，这一用法适用于哲学家权威的、绝对的'命令'，参见 Just. Mart.，*Apol.* 1. 7。一般而言，希腊人中的所有派别虽然教义各异，却通过哲学的共同名称为人所知。"在 Ignat. *Mag.* 13 里有一种用法接近教会使用的含义……Bp. Lightfoot in Col. 2. 14。异端的"教义"也称为 δόγματα，如巴西尔 *Ep.* CCLXI 和 Socr.，*E. H.* 3. 10。参见 Bp. Bull，*in Serm.* 2，"The dogmata or tenets of the Sadducees."奥利金《驳克尔苏斯》（*c. Cels.*）3. p. 135，Ed. Spencer，1658，"δόγμα"用来表示我们主的福音或教训。

圣巴西尔使用 δόγματα 的特殊之处在于，他非公开地、按惯例地将这个词用于教会认可的教义和习俗上（就像 ἀπόρρντα 用于毕达哥拉斯主义的深奥理论，柏拉图《斐德罗篇》62B），同时他保留 κηρύγματα 专指现在常常用 δόγματα 表示的意思，比如"*legitima synodo decreta.*"参见 *Ep.* LII.，其中他谈到尼西亚教父伟大的 κήρυγμα。在这一点上他得到亚历山大宗主教欧洛吉奥（Eulogius，579—607）的支持，论到这位宗主教，福提乌（Photius，*Cod.* 230. Migne Pat. Gr. 103. p. 1027）写道："他在这篇作品（即 Or. II）中说，教会里通过执事流传下来的教义（διδαγμάτων，*didagmaton*）中有些是 δόγματα，有些是 κηρύγματα。两者的区别在于，δογματα 是通过隐秘、审慎的方式宣告的，并且常常涵盖着晦涩的内容，这样做的目的是避免神圣之事暴露在世俗人面前，避免珍珠扔在猪面前；而 κηρύγματα 是没有任何隐藏、直截了当地说出来的。"……约翰斯顿注释说："因此，圣巴西尔把 ὁμοούσιον，homoousion 称为 κήρυγμα，而不是 δόγμα，尽管今天许多人称之为尼西亚 δόγμα，因为它是在尼西亚公会议上提出来的。但按巴西尔的理解，它是那次会议的 κήρυγμα（解说），因为它始终是教会的 δόγμα。"

在其他的神学哲学中，一种信条总是意指一种明确表达的观点，不论是否正式颁布。所以，Shaftesbury，*Misc. Ref.* 2. 2"有人确定或者自认为确定地说他知道，就此而言，不论他说的是对是错，他就是个 dogmatist。"法语里有类似的用法。在神学中，现代天主教把教条局限于颁布的教义，比如修道院院长伯杰尔（*Dict. de Theol.* Ed. 1844）关于 the Immaculate Conception of the Blessed Virgin 所说的话。"*Or, nous convenons quecen'est pas un dogme de foi*"，因为虽然是天主教徒（Romanists）共同的看法，但它并不是特兰托（Trent）公会议上所论断的。自 1854 年庇护的第九号法令（Pius IX's Edict）颁布以来，对教宗至上论者来说，它已经成为"信仰的教条"。

统“以奥秘的形式”[①] 传给我们的。这两者在真教义中具有同等的力量，谁也不会否认它们——无论怎样，即使是对教会习俗不太熟悉的人也不会否认。假如我们试图拒斥非成文的习俗，认为它们无足轻重，那么我们就在不知不觉中损害了福音的最重要部分；或者毋宁说，使我们的公众解说成为空洞的词句，没有任何意义。[②] 比如，就拿最初也是最普遍的例子来说，有谁用书写的文字教导我们，要在那些信我们的主耶稣基督的名的人身上刻十字的记号？有什么文字作品告诉我们祷告时要面朝东方？哪位圣徒给我们留下作品，记载着出示圣餐的饼和祝福的杯时要说什么求告的话？众所周知，我们不满足于使徒（保罗）或福音书所记载的，在开始时和结尾时都要加上另外的话，认为这对此项圣礼的有效性意义重大，而这些话我们是从不成文的教导中得来的。此外，我们祝福洗礼的水和油膏仪式的油，也祝福受了洗的新信徒。我们这样做根据的是什么成文权威？我们的权威岂不就是沉默不语的、充满奥秘的传统？不仅如此，油膏[③]本身是哪里记载的话语教导的？浸洗三次的习俗又源自何处？我们从哪卷圣经得知其他的洗礼习俗，比如弃绝撒旦和他的天使？这一切难道不是源于那些未颁布的、隐秘的教导？我们的祖先默默地守卫它们，使它们远离好奇的干预和盘根究底的考察。他们有过很好的教导，知道沉默是对可畏而高贵的奥秘的最好守护。未入会者甚至不允许看一眼的事物，怎么可能公开地写在文献里向众人展示。伟大的摩西为何没有让帐幕的每一部分都向众人敞开？他把俗人安排在圣所之外，把第一院子分派给得了洁净的人；他判定唯有利未人配做上帝的仆人；各种祭祀、燔祭以及其他的祭司工作他分派给祭司；从祭司中挑选

---

① 《哥林多前书》2：7。不论这里是否有意识地参考圣保罗的话，看起来在正文里和所引用的段落里都使用了 *μυστήριον*，mysterion 这个词的专门含义，即向初信者显明的奥秘。

② 也就是说，如果除了记载的事，别的一切都无足轻重，那就不需要任何权威的认可，不需要对圣经里记载的 *δόγμα* 做出 *κήρυγμα*。

③ 关于初信者的涂油礼，参见 *Ap. Const.* 7.22；关于受洗者的涂油礼，参见德尔图良 *De Bapt.* 7.；关于施坚信礼时的油膏，参见同上，8.；关于病人的涂油礼，参见 Plumptre on St. James 5.14，in *Cambridge Bible for Schools*。参见 *Letter* clxxxviii。

一位允许进入至圣所，就是这一位也不是时时能进去，一年中也只有一天能进入；就是这一天，也只有规定的一个时间能进入。这样，当他凝视至圣所时，就震惊于所看到的奇异而新颖的景象。摩西非常聪明，知道陈腐、明显的东西往往被人轻看，而非同寻常的、陌生的东西则自然地引发热切的兴趣。同样，起初为教会制定律法的使徒和教父也这样秘密地、默默地保守奥秘的至高尊严，因为在民众中随便散播的东西根本就不是奥秘。正是出于这样的原因，我们保守着未成文的律令和惯例传统，免得我们的教义知识因众人习以为常而受忽视和轻看。“Dogma”和“Kerugma”是两件不同的事；前者是默默谨守的，后者却向全世界宣告。这种沉默的一种形式就是圣经里使用的隐晦语言，这使得“信条”的含义很难解释为对读者有益的。比如，我们都朝向东方祷告，但几乎没有人知道我们这是在寻找我们自己的古老家乡，[①] 就是上帝在东方的伊甸所立的乐园。[②] 我们周日站立祷告，[③] 但我们都不知道原因。在复活（或者“重新站立”，希腊词ἀνάστασις）的日子我们站立祷告，以此提醒自己记念赐给我们的恩典，不只是因为我们与基督一同复活，必定“求在上面的事”[④]，而且因为这日子在我们看来在某种意义上就是我们所盼望的世代的一个象征。因此它虽然是日子的开端，摩西却不是称它为“第一天”，而是称为“一日”。他说，“有晚上，有早晨，这是一日”[⑤]，似乎这一日要常常重现。我们知道，“一”和“第八”是指同一天，一在自身中清楚地指明它既是“一”又是“第八”，《诗篇》作者也在诗篇的某些标题中提到这样的用法，这日子预示现世之后的状态，这日子不知道月亏或日暮，没有后继者，是一个没有终结、也不会变老的世

---

① 《希伯来书》11：14，修订版。

② 《创世记》2：8。

③ 最早的祷告姿势是站立，双手张开，伸向天空，脸转向东方。参见早期艺术，尤其是“祈祷”（oranti）的画像。他们身上穿的华服，反映的与其说是此生真实的状态，不如说是将来乐园的福祉。参见 *Dict. Christ. Ant.* 2. 1684。

④ 《歌罗西书》3：1。

⑤ 《创世记》1：5。（和合本为“头一日”。——中译者注）

代。因此，教会必须教导她自己养育的孩子要在那天站立祷告，目的在于，通过不断提醒，使我们记住永生，免得因忽视而没有为自己移居到那里的旅程做好预备。此外，整个圣灵降临节就是一种提醒，叫我们记念指望在将来世代可得的复活。因为从那头一日算起，加上七七四十九天，就是七周的圣灵降临节；圣灵降临节从这第一天开始，经过五十个日子的循环，结束于同一天。因此这就是永恒的一个象征，开始和结束都在同一个点上，就如绕了一个圆圈。教会教规教导我们，这一日要站立祷告，可以说，通过这样的清晰提醒，我们的心灵不再专注于现在，而是指望将来。而且，每次我们都要跪下，再起立，通过这样的行为表明，我们因自己的罪而屈膝跪在地上，又因我们造物主的仁慈被召回到天上。

67. 如果我试图一一列出教会里未成文的奥秘，那时间就不够了。所以其余的我就不说了，只谈一点，我们认信父、子和圣灵的做法有什么文字依据呢？如果承认我们受洗就归与父、子和圣灵，那么也必须相信，我们以受洗时的术语所承认的信仰是与我们的洗礼传统，与真教义原则相一致的，所以我们的对手也必须承认我们有权利用我们认信时的术语来荣耀上帝。如果他们借口我们的三一颂缺乏文字权威而轻视它，那请他们对我们的认信和其他我们所列举的事都拿出书面证据。既然未成文的传统如此之多，它们对“敬虔的奥秘”① 如此重要，他们怎能拒不同意我们使用祖先流传下来的一个词？我们发现这个词源于淳朴的习俗，保存在正统教会里；这个词论证充分有力，而它对成全奥秘的威力功不可没。

68. 关于两种表达法的力量我已经做了解释。接下来我要再次说明它们在什么地方一致，什么地方有分别——所谓分别不是说它们彼此截然对立，而是说它们对真教义各有不同的贡献。介词“in”陈述与我们自己相关的真理，而“with”显示圣灵与上帝的关系。我们使用这两个语词时，用一个来表达圣灵的尊贵，用另一个来宣告赐与我们的恩典。因此

---

① 《提摩太前书》3：16。

我们既在圣灵里，又与圣灵一起归荣耀与上帝。这里，我们不是使用自己杜撰的词，而是尽我们所能遵循主的教导，视之为恒定的规范，并将他的话语转用到密切相关的、奥秘里的联结所必不可少的事物上。他在洗礼中与他们同列，所以我们认为在我们的认信中也必须将他与他们联合，我们将这种认信看做三一颂的起源和母体。那现在我们的对手该怎么办呢？他们必须指示我们，或者不可像我们所接受的那样受洗，或者不可像我们受洗的那样相信，或者不可像我们所相信的那样荣耀。无论是谁，只要他能够，就请他证明这些行为的顺序不是必然的，不是连续的；或者如果能够，任何人都可以否认这里的创新意味着全盘毁灭。然而他们在我们耳边喋喋不休，说把荣耀一同归于圣灵没有根据，没有圣经权威，如此等等。我们已经说过，就语词本身的含义而言，说“荣耀归于父、子和圣灵”与说“荣耀归于父、子连同圣灵”是相同的。任何人也不可能拒斥或者取消“和”这个词，因为它出于我们主亲口说的话语，也没有任何理由拒不接受与它同等的词语。至于两者之间究竟有什么分别和相似，我们已经做了说明。事实上，使徒不加分别地使用这两个词，这就是对我们论点的确证。使徒有时说“奉主耶稣的名，并（and）藉着我们上帝的灵”①，有时又说“就是你们聚会的时候，我的心也同在……并用（with）我们主耶稣的权能”②，无论他用连词（and）还是介词（with），他都不认为会对名字之间的联系产生什么影响。

## 第二十八章

我们的对手拒不认可圣经用来描述人的词用在圣灵上，比如与基督同作王。

---

① 《哥林多前书》6：11。
② 《哥林多前书》5：4。

69. 我们要来看看，我们是否能找出理由为我们的祖先使用这个词辩护，因为最初使用这种表述的人比我们自己更有可能受人指责。保罗在致歌罗西人的书信中说："你们从前在过犯和未受割礼的肉体中死了……叫你们与基督一同活过来。"[①] 上帝把与基督一同活的恩惠赐给全体百姓，赐给教会，但与基督同生的生命却不属于圣灵，这可能吗？如果这样的事连想一想都是不敬的，那么作为我们的信仰宣告出来，岂能说是虔敬的行为吗？因为他们（基督与圣灵）在本性上是密切相关的。另外，这些人承认圣徒与基督同在（如我们所知的，如果保罗离开了身体，就与主同在，[②] 离开了世界，就与基督同在[③]），但同时又尽他们所能拒不承认圣灵与基督同在，即使是在与人同等的程度上，这岂不表明他们完全缺乏常识吗？保罗在传福音时自称为"与上帝同工的"[④]，但我们若是说圣灵也是"与上帝同工的"，通过他将福音传到普天之下，结出果子，[⑤]那他们是否要控告我们不敬上帝？看起来情形似乎变成了这样：那些信主的人的生命"与基督一同藏在上帝里面，基督是我们的生命，他显现的时候"他们"也要与他一同显现在荣耀里"[⑥]，而"使我们脱离罪……的律"[⑦] 的赐生命的圣灵本身，却没有与基督同在，既没有在上帝神秘而隐藏的生命里与基督同在，也没有在我们所指望的显现在圣徒身上的荣耀里与基督同在。我们是"上帝的后嗣，和基督同作后嗣"[⑧]，而圣灵却在与上帝及其基督的联合中丝毫没有份？"圣灵与我们的心同证我们是上帝的儿女"[⑨]，难道我们却不承认主教导我们的圣

① 《歌罗西书》2：13。
② 参见《哥林多后书》5：8。
③ 参见《腓立比书》1：23。
④ 《哥林多前书》3：9。
⑤ 参见《歌罗西书》1：6。
⑥ 《歌罗西书》3：3、4。
⑦ 《罗马书》8：2。
⑧ 《罗马书》8：17。
⑨ 《罗马书》8：16、17。

灵与上帝联合的见证？如果我们靠着圣灵，凭着对基督的信心，[①] 盼望等他将我们这卑贱的身体改变形状，从血气的变为灵性的[②]时候，能与他一同复活，一同坐在天上，[③] 同时却拒不承认圣灵在同坐上、在荣耀上或者其他我们从他所领受的事物上有任何分有，那真是愚蠢至极。我们自信配得基督所应许的不可废除的恩惠，但是所有这些恩惠中我们却不留一个给圣灵，似乎它们全都比圣灵更高贵。你们有特权，可按自己的作为"和主永远同在"，你们可以指望"被提到云里，在空中与主相遇"，"和主永远同在"[④]；同时你们却宣称将圣灵与父和子同列的人犯有不可容忍的不敬罪。现在，你们还真的能否认圣灵与基督同在吗？

70. 其余的话我实在羞于再讲。你们指望与基督一同得荣耀（"如果我们和他一同受苦，也必和他一同得荣耀"[⑤]），但是你们不将"圣善的灵"[⑥] 与基督一同荣耀，似乎他甚至不配得到与你们同等的尊荣。你们盼望与基督"一同作王"[⑦]，却"亵慢施恩的圣灵"[⑧]，把他分派在奴仆和侍从的位置。我这样说不是要表明得把多大的荣耀归于圣灵，而是要证明那些人的不当，他们不仅不会把多大的荣耀归于圣灵，还不愿承认圣灵与子和父的联合关系，似乎承认这种关系就是不敬上帝。谈到这些事谁能不叹息呢？目前的这种状态岂不预示着信心的衰落？这是明摆的事实，连儿童也能明白。原本是无可置疑的东西现在成了无法确定的事情。我们在圣灵里认信，然后却与我们自己所认信的争战。我们受了洗，却又开始挣扎。我们求告他做赐生命的王，然后又把他鄙视为与我们一样的奴仆。我们将他与父和子一同接受了，却又玷辱他为造物的一

---

① 《加拉太书》5：5。
② 参见《腓立比书》3：21 及《哥林多前书》15：44。
③ 参见《以弗所书》2：6。
④ 《帖撒罗尼迦前书》4：17。
⑤ 《罗马书》8：17。
⑥ 《罗马书》1：4。
⑦ 《提摩太后书》2：12。
⑧ 《希伯来书》10：29。

部分。那些“不晓得当怎样祷告”的人，尽管在圣灵感动下满心敬畏地说出一句话，似乎接受了圣灵的尊贵，然而将凡是与他们的语言不完全相称的东西统统删除。他们倒应当为自己的软弱哀叹，因为我们无法用语言表达对我们真正接受的恩益的感激之情。他“出人意外”①，显明我们的语言天生软弱无能，甚至根本不能与他的高贵相提并论。就如智慧书②所记载的：“尽管你倾心倾意赞美他，他仍远远在你的言语之外；尽管你不知疲倦、全力以赴地赞美他，你仍没有将他赞美够。”③上帝说过，亵渎圣灵的，永不得赦免；④上帝是不会说谎的，你们听了这样的话，想想将要因自己的话在上帝面前做怎样可怕的辩解。

## 第二十九章

列举在作品中使用了“with”这个词的教会名人。

71. 为驳斥“与圣灵一同”的三一颂没有书面权威的观点，我们主张，如果没有别的不成文形式的例子，那么这个不成文形式的例子就不可接受。然而，如果我们的更多奥秘都是在毫无书面权威的情形下成为我们的惯例的，那么我们就要与接受其他许多奥秘一样接受这一奥秘。因为我认为遵守未成文传统也属于使徒传统。如保罗所说：“我称赞你们，因你们凡事记念我，又坚守我所传给你们的”⑤；又说：“凡所领受的教训，不拘是我们口传的，是信上写的，都要坚守。”⑥其中一种教训就是现在我们所讨论的习俗，那些起初定下这教训的人让它牢固地扎根在教会里，把它传给后继者，于是就一代代承袭了这种用法，使之成为

① 《腓立比书》4：7。
② 即《西拉子耶稣智慧书》，或称《便西拉智训》43章30节。
③ 参见《圣经后典》，张久宣译，商务印书馆，2004年。——中译者注
④ 《路加福音》12：10。
⑤ 《哥林多前书》11：2。
⑥ 《帖撒罗尼迦后书》2：15。

一种习俗。就如在法庭上，如果我们找不到记录的证据，但能够提供很多人证，那么难道你不判我们无罪吗？我认为应是这样，因为“凭两三个人的口作见证”就“可定案”[1]。如果我们能够清楚地证明我们已经很长时间地作了见证，那么我们是否有理由要求你们不要以这样的诉案将我们告上法庭？古代的教义激发某种敬畏，事实上它们因古老性而受人尊敬。因此我要向你们列出支持这话的人的名单（对于存而不疑的事物也必须把时间跨度考虑在内）。因为这话原本不是我们原创的。怎么讲？相对于这个词盛行的时代，用约伯的话说，我们“不过从昨日才有”[2]。如果我必须谈论与我个人相关的事，那么我本人珍惜这一术语，把它视为我祖先传给我的遗产。它是经一人[3]传给我的，这人长期侍奉上帝，他为我施了洗，又任命我做教会的执事。当我尽我所能检查是否有哪些古代的有福之人使用过现在受到质疑的话，我发现许多有声望的人都使用过，这些人的声望不仅源于他们生活在久远之前，还因为他们——不像今天的人——拥有准确的知识。这些人中，有些在三一颂中用介词，有些用连词，将各个词连接起来，但无论如何都不会出现分歧，至少在真教义应有的意义上没有分歧。

72. 这些人中有著名的爱任纽、[4]罗马的克莱门特（Clement of Rome）、[5]罗马的狄奥尼修斯（Dionysius of Rome），[6]说来也怪，还有亚历山大的狄奥尼修斯，这位狄奥尼修斯在写给与他同名者的第二封书信里论到“定罪和辩护”时，做出如下结论。我要引用他的原话。“我们既然从以前的长老们接受了某种样式和规范，在这一切之后也要用他们所

---

① 《申命记》19：15。

② 《约伯记》8：9。

③ 即卡帕多西亚的凯撒利亚主教狄亚尼乌（Dianius），约于357年在圣巴西尔从雅典回来途中为他施洗，任命他做读经师。狄亚尼乌是个动摇的人，于359年在阿里米努姆（Ariminum）信经上签名；巴西尔后来离开了他，但在Ep. 51里很尊敬地谈到他。

④ 逝于约200年。

⑤ 逝于100年。

⑥ 逝于269年。

用的术语献上感谢祭，由此结束我们写给你的这封信。荣耀和大能归于父神、子，我们的主耶稣基督和（with）圣灵，直到永永远远，阿们！”谁也不会说有人篡改了这段话。如果他说的是“在圣灵里”，那他就不会如此坚持不懈地说他得到了某种样式和规范。因为“在圣灵里”这个短语使用非常普遍，而需要辩护的正是“with”的使用。这位狄奥尼修斯还在文中写到对撒伯里乌主义者（Sabellians）的驳斥，“他们说，如果位格是三个，那么上帝就是分离的。但是不论他们愿意与否，位格就是三个。否则他们就会完全破坏神圣三位一体。”又说：“由于这一原因，继统一性之后最神圣的就是三位一体。”[①] 克莱门特以更朴实无华的风格写道：“上帝、主耶稣基督和圣灵永活。”[②]我们再来听听与使徒时代很近的爱任纽如何在他的作品《驳异端》里提到圣灵。[③]“那些肆无忌惮、随自己的情欲行事，完全不体贴圣灵的人，使徒恰当地称他们为属肉体的。”[④]在另一段爱任纽说：“使徒大声说，属血气的不能承继天上的国，恐怕我们因不分有圣灵，而不能得天上的国。”如果有人认为巴勒斯坦的优西比乌[⑤]因阅历丰富、见多识广值得信赖，那么我要进而指出他在讨论古人的一夫多妻问题时所使用的措辞。他在激励自己写作此书时写道：“藉着我们的救主耶稣基督和圣灵，求告众先知的圣神”，光的创造者。

73. 同样，我们发现，奥利金在许多《诗篇》注释里使用了“和圣

---

① 狄奥尼修斯是公元247—265年亚历山大的宗主教。巴西尔那句“说来也怪”是缘于他这一看法：狄奥尼修斯在Letter 9. 里表现出异端倾向。但是阿塔那修（*De Sent. Dionysii*）对这位先辈的正统教义感到满意。韦斯科特（Westcott）主教（*Dict. C. Biog*. 1. 851）引用拉姆佩尔（Lumper, *Hist. Pat*. 12. 86）的话认为巴西尔指责狄奥尼修斯播种了相似派（即欧诺米派）异端的种子是由于对他的作品没有完全了解。在Letter 188. 里，巴西尔称他为“伟人”，这表明巴西尔对他基本上是认同的。

② Clem. Rom., *Ep. ad Cor*. 58. Lightfoot, *Ap. Fathers*, Pt. I. 2. 169.

③ 从爱任纽对殉道者波利卡普（Polycarp）的个人了解来看，他不仅离使徒时代很近，与使徒的关系也很密切。参阅优西比乌《教会史》第五章第二十节所引用的爱任纽致福罗里努（Florinus）书。同一章节引用的爱任纽的作品《论八》（*On the Ogdoad*）中，他论到自己“使自己成为使徒最亲密的继承者”。

④ 很可能参考了《哥林多前书》2：11，3：1。

⑤ 即历史学家凯撒利亚的优西比乌，这样称呼他是为了区别尼科美底亚（Nicomedia）的同名者。参见狄奥多勒《教会史》1.1。优西比乌的这篇作品已毁。

灵”(with)这样的三一颂格式。他的圣灵观并非总是处处合理，但是在很多段落他本人也谦恭地承认既定用法的力量，以与真教义相一致的术语表述圣灵观。如果我没有记错，在《〈约翰福音〉注释》第六卷[①]中，他明确地指出圣灵是敬拜的对象。他的话是这样说的：“洗礼的水表明灵魂得到了洁净，把由恶习生出的一切污秽全都除去。[②] 而对顺服于可敬三一上帝的人来说，水洗本身藉着求告的力量还成为他得恩福的起因和源泉。”另外，他在《〈罗马书〉注释》里又说，“神圣权能能够领受独生子和圣灵的神性。”由此我想，传统的力量真是巨大，常常能迫使人用与自己的观点相左的术语来表达思想。[③] 另外，连历史学家阿夫里卡努也知道这种格式的三一颂。他在《时代缩影》(*Epitome of Times*)第五卷里说：“我们了解那些术语的分量，也并非不知信心的恩典，所以我们感谢父；我们是他亲手造的造物，他就把世界的救主和我们的主耶稣基督赐给我们。荣耀和大能归于主和圣灵，直到永远。”[④] 对于其他段落，我们可能偶然会产生怀疑，或者它们可能真的被人篡改，只是难以查明它们被人有意篡改的事实，因为差别只是一个字母。然而，我详尽引用的那些段落完全不可能被恶意复制，而且可以轻而易举地拿真实作品来证实。

现在我要引证另一个证据，虽然看起来可能微不足道，但因为它非常古老，所以被指责为创造新词的被告绝不能忽略这一证据。在我们的

---

① 引自第八卷。

② 参见《彼得前书》3：21。

③ 关于奥利金非正统的圣灵观，巴西尔可能想到《论首要原理》第一卷里的一段话，原文尚存于查士丁尼的 *Ep. ad Mennam* 里。但是这篇作品已无完本，就是在鲁菲努的译本中也不完整，他省略了某些部分，而圣哲罗姆则认为鲁菲努的理解有误。福提乌说，奥利金在这篇作品中认定子由父生，圣灵由子生，这是完全渎神的。然而，哈罗德 · 布朗主教(*Biblioth. cod.* 8.)却认为，如果鲁菲努对那段话(《论首要原理》I. 3. 7)译得更准确些，奥利金的圣灵观就不会被指责为异端……关于巴西尔与纳西盎的格列高利从奥利金所受的恩惠，参见 Socrates 4. 26。

④ 尤利乌 · 阿夫里卡努(Julius Africanus)约于 220 年在以马忤斯(Emmaus)和亚历山大写作，其主要作品只有残篇保存下来。《致奥利金的一封信》是完整的。他的重要作品是从创世到公元 221 年的《历代记》(*Chronicon*)，共有五卷。萨蒙(Salmon)博士(*D. C. B.* 1. 56)认为巴西尔所引用的三一颂就是这部著作的结语。

祖先看来，黄昏时分接受光的恩赐不可沉默无语，最好是它一出现就献上感谢。我们不知道是谁创造出灯亮时要说的这些感恩辞，但是当人们说出这古老的形式时，没有人指责那些说“我们赞美父、子和上帝的圣灵”①的人犯有不敬之罪。如果有人知道阿塞诺根尼（Athenogenes）的赞美诗——那是他在急急奔向火堆殉道时作为一种告别礼物送给朋友们的——他就知道殉道者关于圣灵的观点。对这个题目我已经说得够多了。

74. 还有大格列高利，② 我该把他和他所说的话放在什么地位呢？一个如使徒和先知那样凭着同一个圣灵行事③的人，我们难道不能把他与他们同列吗？他在一生中从未偏离圣徒的脚踪，只要还活着，就一丝不苟地坚守福音的原则。我敢肯定，如果我们不把那样的人放在上帝的百姓中间，那必定是犯了错误，因为他确实就像上帝的教会里的一座灯塔，借着与圣灵同工拥有胜过魔鬼的巨大力量，又得赐言语的恩典，“在万国之中叫人……信服真道”④，所以虽然刚开始时只有十七位基督徒，他却引导城里和乡村的所有人都认识上帝，成了基督徒。他甚至借着基督大能的名，命令河流改变方向；⑤当某些贪婪的兄弟因一个湖泊而争吵时，他使湖水变干。⑥ 此外，他对将来之事的预言一点也不逊色于伟大的先知。要详尽叙述他的所有神奇作为，那篇幅就太长了。由于圣灵在他里面做工，他得享极其丰富的恩赐，显示出种种权能、记号和神迹，连教会的敌人都称他为第二摩西。因此，他通过恩典所成就的一切

---

① 《诗篇》141 篇被称为ὀἐπιλύχνιος φαλμός（*Ap. Const.* 8. 35）。在东部教会的晚祷时要唱一首赞美诗，*D. C. A.* 1. 634 译为“不朽父的神圣荣耀发出喜乐之光，天上的、圣洁的、有福的耶稣基督，我们走近黄昏，看到晚上的光，赞美上帝，父、子和圣灵。任何时候都应当用柔顺的声音唱诗称颂神子：你赐予生命，为此世界要荣耀你。”

② 即新凯撒利亚（Neocaesarea）的主教格列高利，被称为 Gregorius Thaumaturgus，或者行神迹者格列高利。对现代读者来说，“大格列高利”更自然地意指纳西盎的格列高利，但是对他的朋友和同时代人来说，几乎可以肯定，他不是“大格列高利”，尽管到了 431 年公认的以弗所会议之时，行神迹者格列高利这个头衔自然地落到了他头上。

③ 《哥林多后书》12：18。

④ 《罗马书》1：5。

⑤ 比如传说中的吕卡斯（Lycus）。参见 Newman，*Essays on Miracles*，p. 267。

⑥ 这个故事出于尼撒的格列高利的《生平》（*Life of Greg*）。*Thaum.* Migne 46. 926—930。

事，不论是言语上的，还是行为上的，似乎都有一种光在闪耀，预示着那不可见的属天权能跟随着他。直到今天他仍是自己同胞所崇敬的伟大人物，教会确立的对他的记念常青，不会随时间的流逝褪色。因此除了他所传下来的惯例，教会不曾添加一种习俗、一句话语，一个秘仪。由于它们的体制确实非常古老，许多仪式看起来就不那么完善了。① 事实上格列高利的继承者们在教会管理上只接受他所认可的事务，不能容忍有任何革新。而他制定的规范之一就是现在受到质疑的三一颂的格式，教会根据他的传统保存了这一格式，任何人只要愿意做一次短短的旅行，就可以不费吹灰之力证实这样的陈述。我们的福尔米利安（Firmilian）持有这种信念，这可以从他留下来的作品中得到证实。② 著名的梅勒蒂乌斯（Meletius）的同时代人说梅勒蒂乌斯也持这一观点。不过，我们何必引用古代权威呢？如今在东方那些坚守真教义的人不就是主要以这一术语为人所知吗？它就如一个口令，使他们与对手相区别。我从某个既精通语言，又拥有正统思想的美索不达米亚人（Mesopotamian）那里听说，根据他母语的用法，任何人都不可能用另外的方式表达三一颂，即便他想这样做；因为按照他们母语的语法规则，他们不得不用“和”，或者更准确一点说，与“和”同义的措辞来献上三一颂。我们卡帕多西亚人用我们国家的方言也是这样说的。可见，圣灵早在出现不同方言时就预见到了这一短语的用处。至于整个西方，从伊利里亚（Illyricum）到我们世界的边陲，又是怎样的呢？岂不都支持这句话吗？

75. 既然我引证了众多的民族和城邑，比人的记忆还要古老的习俗，以渊博知识和属灵大能闻名的作为教会支柱的人们，指出他们是这话语的创立者和倡导者，那怎么还能说是我发明或创造了新的术语呢？这种

---

① 新凯撒利亚人似乎坚持一种清教徒的异议（Puritan objection），反对巴西尔时代在教会里交互轮唱赞美诗成为普遍惯例。参见 *Ep.* 207。

② 与行神迹者格列高利一样，福尔米利安是奥利金的学生，从公元 232 年前任凯撒利亚主教（Euseb. 6. 26），直到 272 年（Euseb. 7. 30）。有人认为他在 264 年或 265 年死于大数（Tarsus）。

指控导致这帮敌人向我开战，城镇、乡村，甚至最偏僻的地区，到处都有诽谤中伤我的人。对寻求平安的人来说，这种诽谤无疑令人忧愁和痛苦，但是为信仰的缘故耐心忍受苦难所获得的奖赏也是巨大的。因此除了这些之外，让刀剑闪光，让斧头锋利，让火烧得比巴比伦的更猛烈，让一切使人痛苦的工具都向我进攻吧。在我，没有什么事比不知道害怕主对那些亵渎圣灵①的人降下的震慑更可怕了。诚恳的读者会从我所说的话里找到令人满意的答辩：我所接受的短语是众圣徒非常熟悉而喜欢的，也是长期使用中得到确证的，从福音最初传讲直到我们自己的时代，都表明它在教会里享有完全合法的权利。更重要的是，教会承认它包含一种与圣洁和真教义相一致的意义。那么在伟大的审判之日，我准备说些什么来自我辩护呢？我要说，首先，我在荣耀圣灵引领下是因为主赋予了他尊荣，主在洗礼告白里将圣灵与他本身以及他的父联合起来；②其次，通过这样的入会仪式使我们每个人开始认识上帝；而最重要的是，通过所预设的惩罚的威慑力，使我们剔除一切有损尊严的言行和不相称的观念。但是我们的对手，他们会说什么呢？他们既没有对主赋予圣灵的尊荣表示敬意，也不惧怕他的威慑，那么他们将拿什么样的辩护为自己的亵渎行为开脱呢？是他们自己决定自己的行为，甚至现在也可以改变这种做法。就我自己来说，我宁愿最真诚地祈求，愿良善的上帝让他的平安在一切人心里做主，③好叫这些狂妄自大、向我们开战的人在温顺而充满爱的圣灵感动下重归安宁；如果他们变得完全没有人性，处于无法驯服的状态，那就求上帝至少让我们能够长期忍受我们必须从他们之手忍受的苦难。总之，对那些“自己也断定必死的”④人来说，为信仰受苦不是苦难，不能为信仰而战才难以忍受。运动员在竞技

---

① 参见《马太福音》12：31。
② 《马太福音》28：19。
③ 参见《歌罗西书》3：15。
④ 《哥林多后书》1：9。

中受伤，他不会深怀不满，但如果甚至不允许他进入运动场，那他必会强烈抗议。或许该是静默的时候了，就如智慧的所罗门所说的。① 当生命受到如此猛烈的风暴侵袭，使那些语言上受过教导的人的智性充满错误的推论，混乱一团，就像眼睛蒙上了灰尘一样，当人们被陌生而可怕的噪声惊住，整个世界被动摇，一切摇摇欲坠时，对着风大声疾呼，就像我这样高声呐喊，又有什么用处呢?

## 第三十章

揭示教会目前的状态。

76. 那么我该将我们现在的状态比做什么呢？我想，可以把它比做一场由宿怨引发的海战，作战双方怀有刻骨仇恨，有长期海战的经验，并且酷爱争斗。我恳请你们看看这幅在你们眼前升起的画面。看看双方的舰队排着可怕的阵势冲向敌人，爆发出难以控制的怒火，只有争斗才能解决。如果你们愿意，请想象一下，船只在狂风暴雨中颠簸起伏，乌云投下浓厚的黑暗，整个场景变得漆黑一团，于是在混乱一片中无法分辨黑暗，敌友之间的界限也荡然无存。为了把这想象的画面描绘得更加丰富，设想大海波涛汹涌，巨浪翻滚，同时天空暴雨倾泻，掀起可怕的巨浪。东南西北的狂风都聚集一处，使双方的舰队彼此冲撞倾轧。士兵中间，有的成了叛徒，有的逃离战火密集的中心，有的因受到大风的推动，不得不同时驾着各自的船只冲向对手。海员中间，由于嫉妒权威，渴望统治权，他们分成两派，彼此你死我活地争斗。除了这些，想想回荡于海面的混乱而毫无意义的声音，它们出自怒吼的狂风，碎裂的战船，翻腾的波浪，以及士兵们以各种方式表达各不相同的情感所发出的吼叫，最终舰队指挥和引航员的话一句也听不清楚。场面混乱无序得难以

① 《传道书》3：7。

描述。确实，当生命没有了指望，面对巨大的灾难，人可能放任自己做任何恶事。再设想人们都陷入痴迷荣誉这种无可医治的疾病之中，于是即便当他们的船只就要沉入海底，他们也不停止想要打败对手的企图。

77. 现在请你们从这种形象的描绘回到不幸的现实。当阿里乌主义分裂为与上帝的教会敌对的教派之初，① 岂不只是孤独地站在敌阵里？但是自从我们的敌人改变了对我们的态度，从长期激烈的辩论到公开争战，于是，众所周知，争战以我无法一一说明的方式分裂为众多派别，所有人都因宗派的情结或个人的猜疑而陷入某种根深蒂固的仇恨状态。② 海上哪有比教会的这场风暴更猛烈、更疯狂？在这场风暴中，教父们所立的每种地标都被拆除；思想的各种根基和堡垒都被动摇；一

---

① 即阿里乌在尼西亚受到谴责之后。

② 在376年写的Ep. 242中，圣巴西尔说："这是自异端向我们开战以来的第十三个年头。"363年是安提阿的阿卡西亚（Acacian）会议召开的时间；364年的几件事是：接纳瓦伦斯（Valens）和瓦伦廷（Valentian），半阿里乌主义的兰普萨卡斯（Lampsacus）会议召开，圣巴西尔任神父（priesthood），写书指控欧诺米。关于阿里乌主义通过分裂和无数再分裂进行传播，布朗特教士（Canon Bright）写道："阿里乌主义论及的问题非常多，论证方法非常精明，对上帝的亵渎也极其频繁，所有这些不是三言两语就能说清楚的。但是即使只对这种影响时间很长的异端做最简单的考察，也必须谈到它与大公教义的区别，一个是不断地变化创新，一个是单纯地固定不变。一方面，阿里乌主义大约有二十个不同的信经（其中几个与其说是否定性的，不如说是肯定性的异端信条），三个大教派，即半阿里乌主义，他们的告白是本质相似，即子在本质上与父相似；阿卡西亚主义，他们含含糊糊地说子与父相似（Homoion）；埃提乌主义，这派人明目张胆地说子与父不同，无异于说子不是上帝。另一方面是教会和尼西亚信经，相信本质同一，'子与父的本质同一'，由此，就如她的伟大卫士不断见证的那样，确保所信的是真实的神子，从而也是真实的上帝，而不是像阿里乌主义者那样，随意地冠以他上帝的称号，却有名无实。"Canon Bright，*St. Leo on the Incarnation*，p. 140。

苏格拉底（Socrates 2. 41）列举了尼西亚会议之后至360年的信经：

1. 安提阿第一信经；

2. 安提阿第二信经（以上两者都略去了homoousion，公元341年）；

3. 那西苏斯（Narcissus）和其他阿里乌主义者于342年呈给高卢的康斯坦士（Constans）的信经；

4. "由日耳曼的欧多克西乌传人意大利"的信经，即"马克罗斯底克信经"（Macrostich）或"冗长信经"（Lengthy Creed），346年被米兰会议拒斥；

5. 西尔米乌第一信经，即马克罗斯底克信经加上26条补充规定，351年；

6. 西尔米乌第二信经，"manifesto"，被阿塔那修（*De synod*，28）称为"对上帝的亵渎"，357年；

7. 西尔米乌第三信经，或者弗拉维斯·优西比乌（Flavius Eusebius）与海帕提斯（Hypatius）执政期间"注明日期的信经"，359年5月22日。

8. 塞罗西亚的阿卡西亚信经，359年；

9. 在奈克（Nike）修订、在君士坦丁堡被采纳的阿里米努姆信经。

切飘浮在谬误中的东西都来回碰撞，彼此倾覆。我们相互攻击。我们彼此推翻。即使敌人一开始并没有攻击我们，我们也被自己的同伴伤害。如果一个仇人受伤倒下，他的战友马上就把他踏在脚下。我们之间至少还有这种联合的纽带，即我们憎恨共同的敌人，但是一旦没有了共同的敌人，我们就发现自己彼此之间就是仇人。谁能详尽地列出所有损失？有些一受到敌人打击就沉没了，有些被自己的同盟不知不觉地出卖，有些因船长的重大失误成了牺牲品。可以说，我们看到整个教会，即全体船员和所有乘客，都在阴险狡诈的异端的暗礁上撞得粉碎，同时赐救恩的圣灵的其他敌人抓住了船舵，使真道之船倾覆。① 然后，这世上有权有位之人②所引发的骚乱以飓风或旋风也难以相比的猛烈之势毁灭人类。这世上的光体原是上帝为叫人心得到照耀而造，却被赶出家门，而使人沮丧和令人气馁的黑暗却笼罩在教会之上。③ 全球毁灭的恐怖已经迫在眉睫，然而他们的敌意毫无节制，以至于全然丧失了感知危险的能力。对这些人来说，个人的仇恨比普遍的、共同的争战更重要，他们把直接满足自己的野心看得比将来等候我们的奖赏更高，宁愿选择打败对手的荣耀，也不要保证人类共同利益的荣耀。于是所有人都尽其所能地彼此举起杀人的手掌。争吵中的对手恶语相向，尖声叫骂。整个教会几乎已经充满混杂一片的喊叫，难以理解的噪音，这些都源于无休无止的骚乱，从而歪曲真教义的理论原则，不是理解过分，就是理解不足。一方面是那些混淆位格、落入犹太教的人；④另一方面是那些违背本性，陷

---

① 参见《提摩太前书》1：19。

② 《哥林多前书》2：6。

③ 在瓦伦斯逼迫期间，被流放的主教有安提阿的梅勒蒂乌斯，撒摩撒他的优西比乌（Eusebius of Samosata），老底嘉的帕拉纠（Pelagius of Laodicea）和埃得萨的巴尔塞斯（Barses of Edessa）。参见狄奥多勒《教会史》4. 12 *sq.*。参见 Ep. 195。

④ 把一种错误的神格唯一论等同于犹太教，在《殉道者查士丁的第一护教篇》（*1st Apology of Justin Martyr*）里有说明，比如在 §83（Reeves' Trans.）中。“犹太人主张与摩西协商的是宇宙的父，其实应是神子，被称为天使和使徒的也是神子，所以说预言的灵和基督本身指责犹太人既不认识父也不认识子。因为他们把子看做父，犯了不认识父的罪；同样，他们也不知道宇宙的父有一位子，他作为上帝的道和首生者，本身就是上帝。”

入异教的人。[①] 受圣灵感动而写的圣经无力调停这截然对立的双方；使徒传统也不能提供公断的条件。你若坦言相告，友谊就此结束；你与他们观点不一，争吵由此产生。没有誓言能约束在错误中共谋的人。每个人都是神学家，尽管他们的灵魂里印着自己也数不清的污点。其结果就是这些革新者发现有很多人都准备加入他们的派别，于是谋求权位者（place-hunters）家里的自封为王的子孙拒绝圣灵的管理，分割教会的主要职位。由于缺乏约束，如今制度处处混乱一片；奋力抢夺重要职位的现象难以描述，每个自我吹嘘者都想方设法占据高位。这种对权力的贪求导致我们的百姓因缺乏管理而陷于极其混乱的状态；那些掌权者的劝告毫无目的、空洞无物，因为每个人都无知而轻率地认为，他的职责是给别人下令，而不是服从别人。

78. 在这样的混乱中，没有哪个人的声音强大到能被人听到。既然如此，我认为沉默比言说更为有益，如果传道者的话"在安静之中听智慧人的言语"[②] 有几分正确，那么在目前的情形中，任何讨论都是完全不恰当的。另外，先知的话也约束我，"所以通达人见这样的时势必静默不言，因为时势真恶"[③]，这样的时势，有人绊倒邻人的脚跟，有人在别人倒下时踩上一只脚，有人在旁边幸灾乐祸，就是没有人同情跌倒者，伸出帮助的手。根据古代律法，就是看到仇人的牲畜压卧在重驮之下，也不可走开，否则就要被定罪。[④]现在的情形却大相径庭。为什么呢？因为许多人的爱心已经渐渐冷淡，[⑤] 弟兄间的和睦已经毁灭，合一的名被人忽视，弟兄的告诫再也不被人听见，没有地方显现出基督徒的怜悯，没有地方流下同情的眼泪。没有人接纳"信心软弱的"[⑥]，同党

---

① 即阿里乌主义者。阿里乌主义有许多分支，都提出（很可能出于好意）要将基督教原理与古代哲学中最优秀的思想结合起来，但是没有看到阿里乌主义的二神论其实就是一种多神论。

② 《传道书》9：17。

③ 《阿摩司书》5：13。

④ 《以西结书》23：5。（应为《出埃及记》。——中译者注）

⑤ 《马太福音》24：12。

⑥ 《罗马书》14：1。

间的仇恨之火烧得如此猛烈，他们对自己的成功还不如对别人的失败更感到高兴。正如在一场瘟疫中，完全正常的人因与病人接触而传染了同样的疾病。同样，如今我们的灵魂被邪恶的竞争掌控，就陷入了邪恶的传染之中，每个人都与别人一样恶毒。于是残忍而乖僻的人坐在审判席上审判迷途的人，而批判正直者的人充满敌意、冷酷无情。在我们中间这种恶如此根深蒂固，我们已经变得比野兽更野蛮，野兽至少还与自己的同类团结成一片，而我们最残忍的战争正是与自己人开打。

79. 出于所有这些原因，我应当保持沉默，但是另一方面我又被爱吸引，她“不求自己的益处”①，只想克服时间和环境置于她道上的每一种困难。我也从巴比伦的少年②得到教导，如果没有人支持真教义的事业，我们就当独立地、毫无帮助地尽我们的职责。他们从火焰中放声高歌，赞美上帝，不在意那些无视真道的军队，只要有彼此就够了，尽管他们只有三个。因此面对成群的仇敌我们也不要气馁，而要将我们的盼望寄予圣灵，鼓足勇气宣告真理。我若不这样做，那将真的非常可怕，试想，亵渎圣灵者能如此轻易地得到胆量攻击真教义，而我们尽管有如此大能的联盟和支持者，却畏缩退却，不敢使用那样的教义，就是通过我们祖先的传统、靠连续的记忆代代相传，一直保存到我们今天的教义，那才真正可怕。使我从事这一工作的另一有力动机就是你“不虚假的爱”③的热焰，你真挚而沉默寡言的品性，这保证你不会将我对全世界要说的话公之于众——倒不是因为它不值得为人所知，而是为了避免把珍珠丢在猪前。④我的任务已经完成了。如果你觉得我以上所说还令人满意，那就让我们对这些问题的讨论在此告一段落。如果

---

① 《哥林多前书》13：5。

② 《但以理书》3：12以下。

③ 《罗马书》12：9和《哥林多后书》6：6。

④ 《马太福音》7：6。

你认为还有观点需要进一步澄清，请不要犹豫，竭尽全力去调查研究，提出无可争辩的问题，增加你的知识。或者通过我，或者通过别人，主总会根据圣灵提供给高贵之人的知识，对还未阐释清楚的问题给予充分的解释。阿们！

# 书　　信

## 第八封书信[①]

致凯撒利亚人。

对自己隐退的一个说明，兼论信心。

1. 你们对我如此高情厚谊，常令我深感惊讶。个体如我，微如草芥，无足轻重，而且可能也无甚可爱之处，竟能博得你们的耿耿忠心，实为奇事。你们提醒我不要抛弃友谊和故土，[②] 想方设法敦促我回到你们的身边，似乎我是个撇下父爱、弃离故土的逃跑者。我承认我是个逃跑者，我不想否认这一点。既然你们已经在为我惋惜，你们也该知道原委。我就像是听到了某种突如其来的噪音，震惊不已。我逃走的时候并没有放弃我的思想，反而凝神注视它们，直到现在，我离开你们已有一段时间。然后我开始渴望神圣教义，以及关于这些教义的哲学。我在想，我怎样才能克服尾随我们的灾祸？谁能成为我的拉班，使我脱离以扫，领着我走向至高的哲学？借着上帝的帮助，我已经尽我所能，实现了我的目标；我找到了一个蒙拣选的器皿，一口深井，我指的就是格列高利，基督之口。因此，我恳请你们给我一点时间。我不喜欢城市生活。我非常清楚地知道，魔鬼以这样的手段为人类设计骗局，但我确实拥有最有益的圣徒社团。关于神圣教义的观念在不断地发生变化，但我养成了持久沉思的习惯。这就是我目前的情况。

2. 虔敬而至爱的朋友啊，我恳请你们当心非利士人（Philistines）的牧者，不要让他们在不知不觉中扼杀了你们的意愿，不要让他们弄脏了

---

① 这封重要的书信写于公元360年，当时巴西尔吃惊地发现给他施洗的狄亚尼乌（Dianius）主教签署认可了阿里米努姆（Ariminum）的阿里乌主义信经，此信经修订于奈克（Theod.，Hist. Ecc. II. 16.），就离开凯撒利亚，隐退到他的朋友纳西盎的格列高利处。本笃版注释认为传统的标题是错误的，推断本书信实际上是写给巴西尔掌管的西诺比尔姆（Coenobium）的修士的。不过，它可能是在凯撒利亚或者靠近凯撒利亚的地方写给修士的，这样标题和意义才吻合。

② πατρίς 似乎是指凯撒利亚城或它的邻城，远不能证明巴西尔出生在那里。

你们纯洁的信仰知识。他们总是阻止向淳朴的灵魂教导圣经里的教训，而拿异教哲学毁坏真理的和谐，这一直是他们的目标。那个把“非受生”和“受生”引入我们信仰里的人，宣称永恒者（the Everlasting）曾有一段时间并不存在，本性上为永恒之父的，是后来变成父的；圣灵不是永恒的，这样的人岂不就是一个公开的非利士人吗？他蛊惑我们族长的羊群，使他们喝不到“成为泉源，直涌到永生”① 的水，反而让先知的话临到他们头上，他们“离弃我这活水的泉源，为自己凿出池子，是破裂不能存水的池子”② 。事实上，他们应当始终承认父是上帝，子是上帝，圣灵也是上帝，③ 就如圣言教导他们，那些在最高意义上理解这些话语的人教导他们的。有人诽谤我们是三神论者，对此我们要驳斥说，我们认信一位上帝，不是数上的一，而是本性④上的一。凡是在数上称为一的事物，都不是绝对的一，也不是本性上单纯的事物；而我们普遍承认，上帝是单一的，而非复合的。因此上帝不是数上的一。这就是我要说的意思。我们说，世界是一，这是指数上的一，不是本性上的一，也不是单一的一；因为我们可以把世界分为它的各个组成元素，火、水、气、土。⑤ 另外，说人是一也是数上的一。我们常说一个人，但人是由身体和灵魂组成的，不是单一的。同样，我们说一位天使，也是数上的一，不是本性上的一，也不是单一，因为我们认为天使的位格是圣化的本质。既然凡是数上为一的事物都不是本性上的一，凡是本性上为一的单一事物不是数上的一；而我们说上帝是本性上的一，那么为何拿数来指

---

① 《约翰福音》4：14。

② 《耶利米书》2：13。

③ 圣巴西尔将上帝（θεος）用于圣灵的情形很少，这里是其中一例。

④ ψυχῆς。——中译者注

⑤ 对于古代哲学的四元素，现代化学目前可以列举至少 67 种。在这些元素中，地球总体上涵括八种，空气是两种物质的混合物，火星两种物质的化合物，而火也是一种混合物，它能明显地证明，其中含的元素可以发光、发热。希腊哲学家关于“元素”见前 Amist. *Met.* 1. 3. 泰勒斯（大约卒于公元前 550 年）谈到水；阿纳克希门斯（大约卒于公元前 480 年）谈到空气；赫拉克利特（大约卒于公元前 500 年）谈到火。恩培多克勒在此之上，又增加了第四次，土。

控我们呢？我们已经将它完全从神圣、属灵的本性中剔除出去了。数与量相关；量与质料本性相连，数原本就是属于质料的本性；而我们相信我们的主是一切物体的造物主。因而每个数都表示那些已经接受质料的有限本性的事物。另一方面，元一（Monad）和统一（Unity）表示单一而不可领会的本性。无论是谁，只要承认神子或圣灵是数或造物，就在不知不觉中引入了质料的、有限的本性。我所谓的有限本性，不仅意指位置上有限，而且指包含在上帝——就是准备将它从非存在引入存在的上帝——的预知里，可以为科学所理解的本性。这样说来，圣洁之物如果本性有限，而且其圣洁是后天努力获得的，那它并非完全不受邪恶影响。而圣子和圣灵是成圣的源泉，使每个理性造物都按各自的德性成圣。

3. 我们按照真教义，认为子既不是像父，① 也不是不像父。② 这两个词都不可能适用于子，因为像与不像都与性质有关，而上帝没有性质可言。相反，我们认信本性同一，接受本体同一，拒不承认父是复合的，因为父是本体上的上帝，他生的子也是本体上的上帝。由此可以证明本体同一。③本质或本体上的上帝与本质或本体上的上帝是同一本质或同一本体的。不过，有时我们甚至把人也称为“神”(god)，比如“我曾说：‘你们是神（gods）’”④，有时称为“魔”，比如“外邦的神都是魔”⑤。前者的称呼是出于偏爱，后者则是不准确的。唯独上帝是本体和本质上的上帝。当我说“唯独”时，我要阐明的是上帝圣洁、非受造的本质和本体。“唯独”这个词可用于任何个人，一般意义上也用于人性。就个人来说，比如保罗，唯独他被提到第三层天上，“听见隐秘的言语，

① 在塞罗西亚的阿卡西亚信经和阿里米努姆信经宣称的。
② 参见《论圣灵》§4，论到埃提乌对欧诺米告白所负的责任。
③ τὸὁμοούσιον.
④ 《诗篇》82：6。
⑤ 《诗篇》96：5，七十士希腊文译本。（和合本译为“外邦的神都属虚无。”——中译者注）

是人不可说的”[①]。就人性来说，比如大卫说的“至于世人，他的年岁如草一样”[②]，不是指具体的哪个人，而是指一般的人性，因为每个人的生命都是短促的，必朽坏的。因此我们认为，以下这些话：“那独一不死”[③]的，“归于独一全智的上帝”[④]，“除了上帝一位之外，再没有良善的”[⑤]，全都是指本性上的一，最后一句里的“一位”等同于“独一”。同样，“他独自铺张苍天”[⑥]，“当拜主你的上帝，单要侍奉他”[⑦]，“在我以外并无别神”[⑧]，这些话也如此。圣经里形容上帝的“一位”和“独一”不是要与子和圣灵相区别，而是要排除被错误地称为上帝的那些假神。比如，“耶和华独自引导他，并无外邦上帝与他同在”[⑨]，“以色列人就除掉诸巴力和亚斯他录，单单侍奉耶和华。”[⑩]圣保罗也说：“就如那许多的神，许多的主；然而我们只有一位上帝，就是父，万物都本于他……并有一位主，就是耶稣基督，万物都是藉着他有的。”[⑪]这里我们要问，我们前面说过，用“一位”和“独一”形容上帝时，指的是本性，但为何保罗说了一位上帝之后，还不满意，还要加上父，并且又提到基督？我想，保罗作为被拣选的器皿，认为仅仅说子是上帝，圣灵是上帝——他用“一位上帝”表达了这一观点——而不加上“父”，阐明万物都本于他；不提到主，指出他是道，万物都是借着他有的；还有耶稣基督，宣告道成肉身，提出受难，宣布复活，那是不充分的。耶稣基督这个词就向我们揭示了所有这些思想。因此我们的主在受难之前不赞成“耶稣基督”这个

---

① 《哥林多后书》12：4。
② 《诗篇》102：15（和合本为103篇）。
③ 《提摩太前书》6：16。
④ 《罗马书》16：27。
⑤ 《路加福音》18：19。
⑥ 《约伯记》9：8。
⑦ 《申命记》6：13，七十士希腊文译本。圣巴西尔引的可能是《马太福音》4：10和《路加福音》4：8的引文。
⑧ 《申命记》32：39，七十士希腊文译本。
⑨ 《申命记》32：12，七十士希腊文译本。
⑩ 《撒母耳记上》7：4。
⑪ 《哥林多前书》8：5、6。

称呼，吩咐他的门徒“不可对人说他是基督”①。他的目标在于，完成经世计划，②从死里复活，被接到天上之后，再让他们传讲他是耶稣基督。经文如“认识你独一的真上帝，并且认识你所差来的耶稣基督”③，“你们信上帝，也当信我”④就具有这样的力量。圣灵处处保证我们有真正的上帝观，免得我们从一个极端走向另一个极端，注意到了神学，就忽视了经世，从而避免陷于不敬。

4. 现在我们要考察并尽我们所能解释圣经的话语，我们的对手抓住这些话，按己意曲解它们的意思，极力反对我们，说我们破坏了独生子的荣耀。首先来看这句话：“我因父活着”⑤，这是那些不敬上帝的人投向天上的长矛之一。我不认为这句话是指永生，因为凡是因其他事物而活的，就不可能是自存的，正如靠他者加热的东西不可能自己发热；但是我们的基督和上帝却说：“生命在我。”⑥所以，我认为因父活着的生命应该指肉身里的生命，在此生今世的生命。他自愿成为人，按人的生命活。他没有说“我因父而活过”，乃是说“我因父活着”，很清楚是用现在时态说的，而基督自身拥有上帝的道，能够将他所引导的生命称为生命，这就是他的意思，我们可以从以下经文明白这一点。他说：“照样，吃我肉的人也要因我活着。”⑦我们吃他的肉，喝他的血，借着他的道成肉身和他可见的生命而分有他的道和他的智慧。他把逗留在我们中间的神秘一生称为肉和血，阐明包括实践知识、物理学和神学在内的教训，使我们的灵魂得到滋养，同时为沉思真正的实在而接受训练。这或许就

---

① 《马太福音》16：19。
② 即他作为上帝显现为肉身在地上所做的工。
③ 《约翰福音》17：3。
④ 《约翰福音》14：1。
⑤ 《约翰福音》6：57，修订版。
⑥ 《约翰福音》11：25。
⑦ 《约翰福音》6：57，修订版。

是他的话想要说的含义。①

5. 其次，“父是比我大的”② 这句经文也被忘恩负义之徒、魔鬼之伙使用。我相信，就是从这一经句里也可以推导出父与子的本体同一。我知道相同本性的事物之间可以做比较。我们会说此天使比彼天使大，此人比彼人公正，此鸟比彼鸟飞得快。既然同一种类的事物之间才可比较，而经文说父与子相比较是大的，那么子与父是同质的。不过，这句经文还有另一层意义。那“道成了肉身”③，在荣耀上显得比天使小，在样式上显得比人卑微，他承认他的父比他自己大，这有什么非同寻常之处呢？经上说：“你叫他比天使微小一点”④，又说：“那成为比天使小一点的”⑤，“我们看见他的时候，他既无佳形也无美貌，他的样子比所有人都丑陋。”⑥他忍受这一切，全是因为他对自己的工充满丰盛的爱和仁慈，他要拯救迷失的羊，救出来之后就领它回家，将那从耶路撒冷下耶利哥去、落在强盗手中的人⑦安然无恙地带回他自己的地土。异端分子是否要诽谤子出生在马槽？但他这无理性的人，却要从这马槽得到理性之道的喂养。他是否因木匠的儿子没有床睡而抱怨子贫穷？这就是子比父小的原因，为了你们的缘故，他成为能死的人，使你们脱离死，分有天上的生命。这就好比有人因为医生为医治病人，屈身临近疾病，呼吸它污浊的气息而指责他们一样。

6. 正是由于你们的缘故，他不知道审判的日子和时辰。然而没有什么是真智慧不了解的，因为“万物是藉着他造的”⑧，即使在人中间，也

---

① 关于巴西尔对吃肉喝血的属灵含义的这一令人瞩目的解释，参见哈罗德·布朗主教在 *Exposition of the XXXIX. Articles*. p. 693 里引用的阿塔那修的段落。

② 《约翰福音》14：28。

③ 《约翰福音》1：14。

④ 《诗篇》8：5。

⑤ 《希伯来书》2：9。

⑥ 《以赛亚书》53：2、3，七十士希腊文译本。

⑦ 参见《路加福音》10：30。

⑧ 《约翰福音》1：3。

没有谁对自己所造的东西全然无知。但由于你们自身的软弱，这就成了他的天命，免得罪人因预定的时间[1]太短促，没有机会忏悔而陷入绝望。另一方面，也避免那些与敌对势力长期作战的人因时间推迟而放弃岗位。他假装无知，对这两类人都做了安排。对后者，考虑到他们光荣的争战，他把时间缩短；对前者，考虑到他们的罪，他为他们提供忏悔的机会。他在福音书里把自己列于无知者行列，原因就如我所说的，是因为人类中的大多数软弱无能。在《使徒行传》里，他对被拣选的完全者说话，说："父凭着自己的权柄所定的时候、日期，不是你们可以知道的。"[2] 这里他含蓄地把自己排除在外。以上只是粗略的阐述，是对问题的初步讨论。接下来我们要从更高角度考察经文的含义。我要叩知识之门，如果有幸，可能会敲醒屋里的主人，他就把灵食赐给求他的人，因为我们热情款待的人是我们的朋友和弟兄。

7. 我们救主的圣门徒突破了人类思想的界限，又借着道得了洁净，[3] 于是开始探究最终目标，渴望知道我们的主所说的连他的使者和他自己都不知道的终极恩福。他把对上帝所立目标的准确领会称为日子，把对一（One-ness）和统一（Unity）的沉思称为时辰，他认为唯有父才认识这个一。因此，我认为他是说上帝知道自身所是的东西，不知道所非的东西；上帝就是所是者，他的本性就是公义和智慧，所以说他知道公义和智慧，但不认识不义和邪恶，因为创造我们的上帝不是不义，也不是邪恶。既然认为上帝知道自身所是的，不知道所非的，而我们的主，按照道成肉身和晦涩教义的目标，不是所渴求的终极目标，那么我们的救主不知道最终目的和终极恩福。他还说天上的使者也不知道，[4] 那就是说，甚至他们里面的沉思，他们行执事的方法，也不是欲求的终极目

---

① 根据阿提卡法，预先选定一天，付钱、行事等等必须在这一天之前完成。参见柏拉图 *Legg*. 954，D。这是《加拉太书》4：2 所说的父"预定的时候"。

② 《使徒行传》1：7。

③ 参见《约翰福音》15：3："现在你们因……道，已经干净了。"

④ 《马可福音》13：32。

标。因为他们的知识若是与那面对面的知识相比，也是晦涩难懂的。他说，唯有父知道，因为父本身就是目的，就是终极恩福，当我们不再对着镜子认识上帝，[①] 而是直接靠近他，视他为一和独一，那么就是终极目的，我们也会知道。因为整个质料的知识被认为是基督的王国，而非质料的知识，可以说真实神性的知识，则是父上帝的王国。但是按照道的目标，我们的主自身也是目的和终极恩福。他在福音书里说什么？“在末日我要叫他复活[②]。”他把从质料性知识到非质料性沉思的转变称为复活，说那种知识是末日，此后没有别的知识，因为当我们的智力沉思道的一和统一时，它就复活、苏醒了，上升到恩福的顶端。但是由于我们的智力生来笨拙，受缚于地，所以既掺合了尘土，又不能在纯粹沉思中专注地凝视，在同类装饰引导下转向它自己的身体。它思考造物主的工作，同时根据这些工作的成果来论断工作，目的在于通过这样循序渐进的训练，总有一天变得足够强大，能靠近真实的、未蒙面纱的神性。我想，这就是“父是比我大的”[③] 这句话的意思，也是“不是我可以赐的，乃是我父为谁预备的，就赐给谁”[④] 这话的含义。基督“把国交与父神”[⑤] 说的也是这个意思，因为根据较晦涩的教义——如我所说的，这对我们来说比较晦涩难懂，在子本身却不是这样的——他不是目的，而是初熟的果子。正是按照这样的观点，当《使徒行传》里他的门徒再次问他“主啊，你何时复兴以色列国”时，他回答说：“父凭着自己的权柄所定的时候、日期，不是你们可以知道的。”[⑥] 也就是说，关于这样一个王国的知识不是他们这些受缚于肉和血的人所能了解的。父将这种沉思保有在他自己的权柄里；“权柄”是指那些得赋权柄的人，“他自己的”

---

① 参见《哥林多前书》13：12。
② 《约翰福音》6：40。
③ 《约翰福音》14：28。
④ 《马太福音》20：23。
⑤ 《哥林多前书》15：24。
⑥ 《使徒行传》1：6、7。

意指那些不会因对地上之事无知而受牵制的人。我恳请你们，不要思念感觉领域的时间和季节，而要思念靠心灵领会的由太阳所引起的某些知识特性。因为我们主的祷告必然要应验，正是耶稣祷告说："使他们在我们里面合而为一，正如我与你父合而为一。"① 上帝是一，当上帝在每一个里面，他就使众人都成为一，有统一在里面，数就消失了。

这是我力图解释经文的第二步。如果有人能做出更好的解释，能根据真教义纠正我说的话，那就请他说出来，并纠正我，主会为我奖赏他的。我心里没有一点嫉妒，我考察这些经句不是为了争辩，也不是为了虚荣。我这样做是为了帮助我的弟兄，免得存放上帝宝贝的瓦器被石心、未受割礼的人蒙骗，这些人的武器就是愚拙的聪明。②

8. 同样，就如《箴言》借所罗门之口所说的"造了他"；他被称为通向好消息之"路的起头"③，引领我们走向天国。他在本质和本体上不是一个造物，但按着经世计划成为"道路"。成为和被造指的是同一个意

---

① 《约翰福音》17：21、22，略有改变。

② 巴西尔在《驳欧诺米》(*C. Eunomium*) 1.20 里也引用了这节经文："由于子源于父，就此而言，父作为原因和源头，是大的。主说'父是比我大的'，显然因为他是父。没错。父这个词不就表示是他所生者的原因和源头吗？此外还能表示什么呢？" 3.1："子在顺序上次于父，因为子是父生的，在荣耀里所生，因为父是子之存有的原因和源头。"

③ 《箴言》8：22 的经文在七十士希腊文译本里是"*κύριος ἔκτισέ μέ ἀρχὴν ὁδῶν αύτοῦ εἰς ἔργα αὐτοῦ*"。钦定本的译文"在他路的起头就有了我"，修订版在页边上对"拥有"注以"形成"。

这个希伯来动词在旧约里出现了约 80 次，但除了这里之外，另外只有四处译为拥有，即《创世记》14：19、22，《诗篇》139：13，《耶利米书》32：5 以及《撒迦利亚书》11：5。在前两者中，虽然七十士希腊文译本把诗篇里的这个词译为 *ἐκτήσω*，但它应当有"创造"的意思……这个希伯来词的通常含义是"得到"或"获得"，因此很容易明白，得到或拥有的观念为何从与造物主相关变为与造物界相关。希腊译者之间意见并不一致，阿奎拉译为 *ἐκτήσατο*。这个句子不可避免地成为阿里乌战争中的战场 (Jezreel or Low Countries)，引发了许多争论。贬低子的人在这句话里找到圣经权威，为他们把子称为 *κτίσμα* 作辩护，比如阿里乌在《盛宴》(*Thalia*) 里就是这样做的，如阿塔那修在 *Or. c. Ar.* I. 3. § 9 里的转引，阿里乌的追随者的一些作品，如尼科美底亚的优西比乌 (Eusebius of Nicomedia) 致推罗的保利努斯 (Paulinus of Tyre) 的信，Theod.，*Ecc. Hist.* I. 5. 引用；尼撒的格列高利《驳欧诺米》II. 10 引用的欧诺米的作品。但是利顿 (Dr. Liddon) 在他的 *Bampton Lect.* (p. 60，ed. 1868) 中指出："他们不怀疑这受造的智慧是真实的存有或位格。"

大公教会的著作者都接受 *ἔκτισε*，但解释说这只是指人性，参见 Theod.，*Dial.* I 引用的安提阿的欧大悌 (Eustathius of Antioch)。阿塔那修的观点可见于他在 *Second Discourse against the Ariaus* (Schaff & Wace 版，pp. 357—385) 里关于这个主题的论述。参见 Bull，*Def. Fid. Nic.* II. 6. 8)。

思。就如他成为道路，同样，他也成为门、牧羊人、天使、羔羊、大祭司、使者，[①] 以及在其他意义上使用的名称。异端分子又会怎样论说上帝的不顺服，论述他为我们成为罪？[②] 经上写着：“万物既服了他，那时，子也要自己服那叫万物服他的。”[③] 先生，难道你不怕称为不顺服的上帝吗？他使你们的顺服成为他自己的顺服；因为你们抗拒良善，他就自称为不顺服的。他也在这个意义上谈到自己曾受逼迫——他说：“扫罗，扫罗！你为什么逼迫我？”[④] 当时扫罗正急急赶往大马士革，意欲捆绑主的门徒。当有弟兄赤身露体时，他也自称为赤身露体的。“我赤身露体，你们给我穿”，他说；有人在监里，他就说自己在监里，因为他亲自带走了我们的罪，担当我们的忧患。[⑤] 要知道，我们的弱点之一就是不顺服，所以他就背负这不顺服。所以，凡是我们身上对我们有害的，他都使其成为他自己的，与我们结成一体，背负我们的痛苦。

9. 那些反对上帝的人还抓住另一节经文误导他们的听众，这句话就是“子凭着自己不能做什么”[⑥]。在我看来，这话也明确地宣告了子与父的同一本性。试想，如果每个理性造物都能凭自己做任何事，每个人都有为恶和向善的倾向，由自己决定做什么，但子凭着自己不能做什么，那么子就不是造物。如果他不是造物，那他就是与父本质、本体同一的。再者，没有哪个造物能随心所愿，而子随己愿在天上、在地上做任何事，因此子不是造物。再说，一切造物或者由对立面构成，或者能接受对立面；但子是公义和非质料，因此子不是造物。既然他不是造物，他就是与父同质同体的。

---

① 《希伯来书》3：1。
② 参见《哥林多后书》5：21。
③ 《哥林多前书》15：28。即因为子到了“那时”要顺服，所以他原先是ἀνυπότακτος，不是“不服”（《提摩太前书》1：9），也不是“不服约束”（《提多书》1：6、10），而是成为人，人性虽然隶属于他，但还没有看到它“服在他的脚下”（《希伯来书》2：8）。
④ 《使徒行传》9：4。
⑤ 参见《以赛亚书》53：4 和《马太福音》8：17。
⑥ 《约翰福音》5：19。

10. 我已经尽我所能对这些经句做了以上考察。现在我们要转而讨论那些抨击圣灵的人，将他们拦阻人认识上帝的那些自高之事一概攻破。[①]你们说圣灵是造物。那好，每个造物都是造物主的仆人，因为“全都是你的仆人”[②]。既然他是仆人，他的圣洁就是后来获得的，而凡圣洁是获得的事物都能接受恶；但是圣灵本质圣洁，被称为“圣洁的泉”[③]，因而圣灵不是造物。既然他不是造物，他就是与父同质同体的。请告诉我，你们怎么能把使你们借着洗礼脱离奴役的圣灵称为仆人呢？经上说：“赐生命圣灵的律……使我脱离了罪……的律了。”[④]但是只要你们注意到仇敌相反权势的本性，就永远不敢说圣灵的本性是可变的，这仇敌就像闪电从天上坠落，放弃了真生命，因为它的圣洁原是获得的，而它的邪恶谋士也随它的变化接踵而至。所以它一旦从统一中坠落，抛弃了自己天使的尊荣，按它的品性它就被命名为“魔鬼”，它原先有福的状态消失，这种敌对力量就迸发出来。

再者，如果他把圣灵称为造物，那他就是把圣灵的本性描述为有限的。若是这样，下面这两段经文如何成立？“主的灵充满世界”[⑤]；“我往哪里去躲避你的灵？”[⑥]另外，他似乎不承认圣灵本性的单一性，因为他说圣灵是数上的一。如我已经说过，凡是数上是一的事物都不是单一的。如果圣灵不是单一的，那他就由本质和圣化组成，因而是复合的。但是有谁会疯狂到这种程度，认为圣灵是复合的，不是单一的，不是与父和子同质的？

11. 如果我们要进一步论证，转向更高的主题，那我们就专门从以下视角来思考圣灵的神圣本性。我们发现圣经提到三类创造。第一类是从

① 《哥林多后书》11：5。（应为10章。——中译者注）
② 《诗篇》19：11。
③ 《罗马书》1：4。（和合本译为“圣善的灵”。——中译者注）
④ 《罗马书》8：2。
⑤ 《所罗门智训》1章7节。
⑥ 《诗篇》139：7。

非存在向存在的发展。第二类是从坏向好的转变，第三类是从死里复活。在这些创造中，你会发现圣灵总是与父和子一同运作。当诸天进入存在时，大卫说什么来着？“诸天藉耶和华的命而造，万象藉他口中的气而成。”[①] 另外，人是借着洗礼造的，因为“若有人在基督里，他就是新造的人”[②]。救主为什么对门徒说：“所以，你们要去，教导万民，奉父、子、圣灵的名给他们施洗”[③]？这里你也看到圣灵与父和子同在。等到我们都死了，归为原来的尘土，你对从死里复活又会说些什么呢？我们本是尘土，仍要归于尘土。[④] 上帝要发出圣灵，创造我们，使地面更换为新。[⑤] 圣保罗称为复活的，大卫描述为更新。这里让我们再次聆听被提到第三层天上去的人说的话。他说了什么话？“你们就是住在你们里面的圣灵的殿。”[⑥]须知，每个殿[⑦]都是上帝的殿，如果我们是圣灵的殿，那么圣灵就是上帝。它也被称为所罗门的殿，但这里的意思是说他是殿的建造者。如果我们在这个意义上是圣灵的殿，那么圣灵就是上帝，因为“建造万物的就是上帝”。[⑧] 既然我们是受人敬拜、住在我们里面的那位的殿，那我们就要承认他就是上帝，因为你们要拜主你们的上帝，单要侍奉他。[⑨] 假如他们反对“上帝”这个词，就请他们了解这个词的含义。上帝被称为 θεὸς 或者因为他安排（τεθεικέναι）万物，或者因为他注视（θεᾶσθαι）万物。如果他被称为 θεὸς 是因为他“安排”或“注视”万物，而圣灵知道上帝的一切事，就如我们里头的灵知道我们的一

---

① 《诗篇》33：6。
② 《哥林多后书》5：17。
③ 参见《马太福音》28：19。——中译者注
④ 参见《创世记》3：19。
⑤ 参见《诗篇》103：30（和合本为104篇）。
⑥ 《哥林多前书》6：19。（参见和合本译文“岂不知你们的身子就是圣灵的殿吗？这圣灵……住在你们里头的”。——中译者注）
⑦ 希腊词 ναός（ναίω）意思是居所。希伯来语很可能指容量、接受力。
⑧ 《希伯来书》3：4。
⑨ 参见《马太福音》4：10。

切事，那么圣灵就是上帝。[1] 同样，如果圣灵的宝剑就是上帝的道，[2] 那么圣灵就是上帝，因为剑属于上帝，他也被称为道。他岂不是被称为父的右手吗？“耶和华的右手施展大能”[3]；“耶和华啊，你的右手摔碎仇敌。”[4] 而圣灵是上帝的手指，如经上所说：“我若靠着上帝的能力（手指）赶鬼”[5]，同样的话在另一篇福音书里为“我若靠着上帝的灵赶鬼”[6]。因此，圣灵与父和子本性相同。

12. 关于可敬的圣三位一体主题就暂时谈到这里。现在不可能对它做进一步的深入探讨。请你们从像我这样卑微的人这里拿去种子，为你们自己种植成熟的穗子，如你们所知的，我们在这样的例子里寻求益处。但我相信上帝，你们因清洁的生命，必会结出三十倍、六十倍、一百倍的果子。就如经上写道，清心的人有福了，因为他们必得见上帝。[7] 我的弟兄，对天国不可有别的认识，它就是对实在的沉思。圣经称之为福。因为“天国就在你们心里”[8]。

里面的人不包括别的，而是沉思。那么天国必然就是沉思。现在我们看它们，就如玻璃中的影子，以后，当我们脱离了这属地的身体，穿上不朽坏的、不死的身体，就能看到它们的原型，也就是说，要看见原型，我们的生命航程必须朝着正确的方向，我们必须跟从正当的信仰，否则，谁也不可能得见主。因为经上写道，智慧不会进入恶毒的灵魂，也不会住在犯罪的身体里。[9] 希望不要有人提出异议说，我一方面忽视陈列在眼前的事物，另一方面就无形体、非质料的事物向他们卖弄大道

---

① 《哥林多前书》2：10、11。
② 《以弗所书》6：17。
③ 《诗篇》118：16。
④ 《出埃及记》15：6。
⑤ 《路加福音》11：20。
⑥ 《马太福音》12：28。
⑦ 《马太福音》5：8。
⑧ 《路加福音》17：21。
⑨ 《所罗门智训》1章4节。

理。我觉得非常荒谬的是，允许感官在专门与它们相关的事物上自由活动，却单单不让心灵从事它专门的工作。感官接触可感知的事物，同样，心灵领会可理知的对象。我们也必须说，我们的造物主上帝并没有把自然功能包括在可教导的事物中间。没有人教导视觉去认识颜色或样子，或者教听觉去辨认声音和讲话，教嗅觉去嗅气味的香臭，教味觉品尝甘苦，教触觉感受软硬、冷热。没有谁会去教心灵探究可理知的对象。就如感官如果有疾病，或受了伤，只要经过适当治疗，就可以履行自己的职责，同样，心灵受缚于肉身，充满从这里产生的念头，需要信仰和正确的交谈使"它的脚快如母鹿的蹄，又使它在高处安稳"①。智慧的所罗门也给我们同样的劝告，他在一段经文里叫我们学勤劳的做工者蚂蚁，②赞美她积极的生活；在另一段谈到聪明的蜜蜂筑巢的工作，③由此暗示一种包含圣三位一体教义在内的自然沉思，至少当我们根据被造之物的美来设想造物主时，可以这么说。

感谢父、子、圣灵，我的信就写到这里，就如格言所说，恰如其分是最好的（πᾶν μέτρον ἄριστον）。

## 第十八封书信④

致马卡里乌（Macarius）和约翰（John）。

耕作田地的人不会觉得地里的辛苦有什么稀奇，出海航行的人不会对在海上遇到风暴感到吃惊；夏日里汗流浃背是受雇工人常有的经历；对那些选择了过圣洁生活的人，此世的患难是预料之中的。每种行业都有众所周知的、独特的劳苦，选择它不是因其本身的缘故，而是为了享

① 《诗篇》18：33。

② 参见《箴言》6：6。

③ 《便西拉智训》11章3节。据鲁非努说，只有拉丁教会认为这卷书的作者是所罗门，希腊人都认为它是《西拉之子耶稣的智慧书》(vers. Orig. *Hom. in Num.* 17. )。

④ 发表于朱利安统治时期。

受他们所指望的好事。在所有这些情形中，那在困苦中给人安慰的就是盼望，它是真正的纽带，把整个人类生活都联结起来。那些为地上的果实或者为属地的事物劳作的人，有些只在幻想中享有所渴望的东西，最终归于绝望；就算是有结果的人，预期结果一旦实现，就需要新的盼望，最初的满足迅速消失，淡出视野。唯有那些为圣洁和真理劳作的人，才有不会被任何假象破坏的盼望，没有结果能损害他们的劳作，因为等候他们的天国牢固而且确定。所以，只要真道在我们这边，我们就永远不会受谎言的诽谤和困惑；帝王的威胁不会让你受惊吓，亲人的嘲笑和挖苦，那些假装关心你的人以及妄称给你忠告，以此作为最具魅力的骗人诱饵的人的指责，都不会让你忧愁。让正当的理性向所有这些人开战，求告我们主耶稣基督的支持和救助，他是真信仰的老师，为他，受苦是甜美的，"死了就有益处"[①]。

## 第三十八封书信[②]

致弟弟格列高利，论 *οὐσία* 与 *ὑπόστασις* 之间的区别。

1. 许多人在研究圣教义时，没有区分本质或本体的共性以及位格的含义，得出同样的观念，以为说 *οὐσία* 和说 *hypostasis*（位格）没有任何分别。其结果就是，那些不假思索地接受关于这些主题的论述的人中，有些喜欢说"一位格"，正如他们喜欢说一"本质"(essence）或"本体"(substance）一样；另一方面，那些接受三位格的人以为自己必定与这一认信相一致，还通过数的类比宣称三本质或三本体。鉴于这些情况，为防止你陷入同样的错误，我以便函形式为你写了一篇小文。简单地说，

---

① 《腓立比书》1：21。

② 这封重要书信也包括在尼撒的格列高利的作品中，是写给巴西尔和格列高利的兄弟、塞巴斯特（Sebaste）主教彼得的。本笃版注说："*Stylus Basilii fetum esse clamitat.*"（直译：巴西尔的笔高喊着说，这封信是他的孩子。也就是说，从书信的风格看，这封信出于巴西尔之手，而非尼撒的格列高利所写。）此外，迦克敦会议也把它归于巴西尔名下。

这些词的含义如下：

2. 在各种名词中，有些表示数量很多的复数事物，是一般性名词，比如“人”。当我们说到这个词时，我们是用这个名词指共性，而不是指某个被称为人的个别人。比如，“人”不是指彼得，也同样不是指安得烈、约翰和雅各。也就是说，这个称谓是普遍的，可以包含所有列于这一名称之下的个体，而要理解的不是一般意义上的人，而是特定的彼得或约翰，那就需要加上一些特点。

而有些名词受到限制，含义比较狭窄，借助于这种限制我们想到的就不是事物的共性，而是事物的限定性，就其特性来说，与同类的其他事物没有任何共通之处。比如，保罗或提摩太。这样一个词，不囊括本性上共同的东西，而是把某些受限定的概念与一般观念分开，用他们的名字来表示他们。假如把两个或更多的人放在一起，比如保罗、西拉和提摩太，然后探究人类的本质或本体，没有人会就保罗下一个本质或本体的定义，就西拉下第二个定义，就提摩太下第三个定义，关于保罗的本质或本体提出的话同样适用于其他两人。可以用同样的本质或本体定义描述的人就具有同一本质或本体。①当探究者了解了什么是共性，然后把注意力转向使一者与他者相区别的特性时，囊括每个个体的一般定义就不再与包含各种特性的个别定义相吻合，尽管还可以看到有某些方面的一致性。

3. 所以我的说法是这样的。那以特定的、特殊的方式说到的，就以位格这个名称表示。假设我们说“一个人”。这个词含义不确定，听来使人产生某种含糊的意义。它指出了本性（φύσιν），但是没有显明存在的主体、这个名称所表示的专门而独特的性质。假如我们说“保罗”，那我们就通过这个名字所表明的内容阐明了存在的本性。

这就是“位格”，或“提供立足的”，“存在”，不是本质或本体的不确定概念——这样的概念因为所表示的是一般性事物，所以找不到“站立

① ὁμοουσιοι.

点”(standing)——而是通过描述的特性使一般的、未界定的事物有了“立足”和界限的概念。圣经通常都做出这种区分，比如约伯的故事和其他许多经文。约伯为了叙述他的生平故事，首先提到通用词说“一个人”，然后加上“某某”，[①] 把一般的人具体化。至于描述本质，因为不属于他的工作范围，所以他没有说，但是通过对身份的详细说明，论及住处、性格要点、能体现个性的一些外在条件，他脱离了普遍、一般的概念，从名字、住所、思想品质、外在环境来具体描述“某某人”，对这个要叙述其生平的人的描述在各方面都显得非常清晰。如果他要叙述的是本质，那在解释本性中就不会提到所有这些细节。此外，对书亚人比勒达、拿玛人琐法以及书中提到的每个人[②]都会有这样的说明。那么，把你在人事上看到的关于本质和位格的区分标准，转用于神圣教义中来，你就不会犯错。关于父的存在方式不管你想到什么，你也要同样地想到子，同样地想到圣灵。让心灵停顿在某个分离的概念上，不相信它在一切概念之外，那是徒劳无用的。[③] 因为对非受造的、不可领会者的描述无论就父来说，还是就子和圣灵来说，都是完全一样的。父、子和圣灵全都是不可领会的，是非受造的，谁也不逊色于谁。但是在三位一体中，我们必须通过注明区别才能保持清晰的特点，所以为了判断相区别的方面，我们就不考虑共性，比如非受造性，或者超越于一切理解之外的不可领会性，或者这方面的其他性质；我们只着力探究怎样才能使每个概念清楚、明确地与共同的东西区分开来。

4. 在我看来，指导我们做这种考察的正确方法是这样的。我们说，凡按神意临到我们的一切好事，都是在我们里面成就万事的恩典的运作，就如使徒所说：“这一切都是这位圣灵所运行、随己意分给各人

---

① 《约伯记》1：1（乌斯地有一个人，名叫约伯）。

② 《约伯记》2：11。

③ MSS. 对这个插入句有改变，显然有讹误。以上译文出于推测，不太令人满意。

的。”[①] 如果我们问一声，这样临到圣徒的好事是否独独源于圣灵，那么我们就在另一方面得到圣灵的教导，相信成全在我们里面的好事的创造者和原因乃是独生的上帝；因为圣经教导我们“万物都是藉着他造的”[②]，“万有也靠他而立”[③]。当我们上升到这一观念，又得到上帝启示的引导，我们就知道，万物都是靠着那权能从非存在进入存在，凡被造的，没有一样不是借着那权能造的。另一方面，有某种权能既非产生的，也非被造的，它是产生万物之原因的原因。因为子是父的子，万物都是借着他造的，圣灵与他不可分离，想到圣灵就想到他。无论是谁，若不是先得到圣灵的光照，就不可能想到子。这样说来，圣灵依附于子，造物界的一切好事都是从他而来，对他的领会与子不可分离，而且他的存在依附于父，以父为因，他也从父流溢而来；正是由于它独特的本性具有这种特征，所以他既在子之后，又与子同时为人所知，[④] 而且他还有父的实在（subsistence）。子宣称圣灵借着他自身并与他一同从父出来，单独地并以独生的方式从永生的光发出，就独特性来说，他与父、与圣灵都没有任何共同之处。他有自己固定的记号可以识别。而上帝在万物之上，为万物之王，唯有他作为父，他的位格没有任何原因，这是他自己位格的一个独特标记，也是认识他的特别记号。因此我们主张，在本质联合中，三位一体中所显示的那些特性之间没有相互接近或相互交流，由此就阐明了传道中所讲的位格的独特性，这三位每一位都靠自己独特的特点得到领会。因此，根据所示的固定记号，就发现了位格是独立的。就无限者、不可领会者、非受造者、不受限制者以及诸如此类的属性者来说，赋予生命的本性，我的意思是指父、子和圣灵的赋予生命的本性是不变的，在他们中可见的唯有某种永恒不断、连绵不绝的交流。

---

① 《哥林多前书》12：11。

② 《约翰福音》1：3。

③ 《歌罗西书》1：17。

④ 圣巴西尔对“在子之后”与“与子一同”的意思都做了进一步的解释，他说，认识三位格在顺序上是有先后的，但在本性上是同时的。

出于同样的考虑，善于思索的学生认识到所信的圣三位一体中任一（位格）的伟大，都会毫不偏离地领会其他位格。看到父、子和圣灵的荣耀，他的心灵始终知道父、子和圣灵之间没有任何间隙，因为他们之间没有任何插入之物，神性之外也不存在任何能够置入之外在物，将神性与它自身分离。没有任何间隔任何虚空能打破神圣本质的彼此和谐，分开他们的连续性。人若是意识到父，并且意识到父自身，就同时想到子；人若接受了子，就不会将他与圣灵分开，而是在表述信仰时将三者合在一起，在顺序上有逻辑先后，在本性上则同时并列。凡是只提到圣灵的，也在这种认信中包含了子，圣灵乃是子的圣灵。既然圣灵是基督的灵和上帝的灵，① 如保罗所说，那么正如人抓住链条的一端，也就拉动了另一端，同样，“吸入圣灵”②的人，如先知所说，同时也吸入了子和父。如果有人真正地接受了子，他必也拥有子的两端，一端是他自己的父，另一端是他自己的灵。他既然永恒地存在于父中，就永远不能与父分离；他既然借着圣灵成全万物，自然永远不会与自己的灵分开。同样，凡接受父的人，同时也就接受了子和圣灵；因为撇开父设想子，或者离开子设想父，这样的分割或分离观念是绝不可能有的。在某种意义上，他们身上显现的合一和分别是难以描述、无法理解的，本性的一致性绝不会因位格的独特性分离，位格的独特性也绝不会混乱本质的一致性。我论到同样的事物既是结合的又是分离的，请不要奇怪，以为它如同一个谜一样不可理解，是某种新颖而奇异的联合之分离和分离之联合。事实上，就是在感觉能感知的事物上，人只要以坦诚的、不为争辩的态度探讨问题，也会发现同样的情形。

5. 不过，我所说的话最多只能看做真理的记号和影子，而不能作为真理本身。其实，要在作为记号的事物与记号所表征的对象之间完全一

---

① 《罗马书》8：9；《哥林多前书》2：12。

② 显然错误地翻译了七十士希腊文译本的《诗篇》119：131“我吸气”（钦定本），“我气喘”（修订版）。

一对应是不可能的。那么我为什么说可感知对象中可以找到类似的分离和结合呢？你们曾在春天看到过云层中明亮的拱形，就是我们通常所说的彩虹。精通这方面知识的人说，当一定的水汽与空气混合，水汽中稠密而潮湿的部分堆积成云，然后风力把它变成雨，此时就会出现彩虹。据说虹是这样形成的。当阳光斜穿云层稠密阴暗的部分，将自己整个地投射在某堆云团上，如果遇到潮湿而闪光的物质，光线就产生反射，也就是说，光线拐弯，返回到自己身上。像火焰一样的闪光具有这样的结构，如果它们落在光滑的表面上，就会折射到自己身上；太阳的形状是圆形的，光束把这形状投射在空气中潮湿而光滑的区域。因此结果必然是，靠近云团的空气通过闪耀的光辉标画出了太阳圆盘的形状。要知道，这光辉既是连续的，又是分离的。它由许多颜色组成，由许多样式构成；在不知不觉中它的染料就把它浸染成斑驳陆离的亮丽色彩，在我们的视野之外将众多彩色之物结合在一起，我们根本无法觉察。结果，无论是蓝色与橙色之间，橙色与红色之间，红色与黄色之间，都看不到有不同颜色之间的混合或分离。因为所有光线都是同时看到的，都远远地闪耀，它们没有显示彼此结合的迹象，又无法验证，所以不可能找到哪里是光中橙色或绿色部分的界限，每一种颜色在壮观地闪现出来之前在哪一点产生。就如在这个类比中我们能清晰地区分不同的颜色，但我们不可能靠自己的感官感知到这些颜色之间的分隔，同样，我恳请你们自己推导出神圣教义的结论；位格的独特属性就如彩虹中看到的颜色，在每个位格上闪烁着各自的光辉，这些位格我们相信存在于圣三位一体中；但是就专门的本性来说，彼此之间看不到任何分别，独特的特性在共同的本质中闪烁在各自身上。即便在我们的例子中，发散出多彩光线、经阳光折射的本质只有一个，呈现出多种形式的是现象的色彩。因此我借着可见造物的论证告诉我们，无论何时遇到难以解决的问题，即使借助于可见的造物也无法解释，一想到要接受向我们提出的理论，脑袋就开始眩晕，都不要对教义的要点感到苦恼。关于可见对象，经验似乎比因果论更有说服力，同样，在超越一切知识的事上，论证的理解不如信仰有力，信仰教导我们位格上有别、本质上同一。由于我们的讨论包括圣三一体中共同的东西和有别的东西，所以我们要把共同的东西理解为本质，把各具特色的记号理解为位格。①

6. 有人可能会想，这里关于位格的叙述与使徒的话不相吻合，使徒说主是“上帝荣耀所发的光辉，是上帝位格（本体）的真像”②。如果我们教导位格是几种属性的汇流，如果承认就如对父，想到某种东西是他专门特有的，他仅由此而可认识，同样相信独生子也是这样，那么圣经为何在这个地方只把位格的名称归于父，说子是位格的样式，不是用他自己专有的特征，而是用父的特征来表明他？如果位格是几种存在的记号，父的属性限于非受生者，而子是按他父的属性造的，那么永生这个词就不能独独称谓父，独生子的存在也由父特定的特征来表示。

7. 然而我的观点是，使徒在这段话里的论述指向另外的目标；正是因为朝向这样的目标他才使用“荣耀的光辉”、“位格（本体）的真像”这些术语。人只要谨记这一点，就会发现我所说的与此没有丝毫冲突，他的论述是在特殊而特定的意义上说的。使徒论证的目标不是通过明显的特征标示出位格之间的分别，而是为了领会子与父自然不可分的亲密关系。他没有说“他是父的荣耀”（事实上他就是），这一点他视为确定无疑而省略了，然后为了教导我们不可以为父是一种荣耀，子是另一种荣耀，他就界定独生子的荣耀就是父的荣耀的光辉，并用光的例子，使我们认识到子与父处于不可分的联合之中。正如光辉是由火光发散出来的，光辉不是在火光之后，而是在火光闪现的同时就有光辉，光发出明亮的光辉，使徒的意思也是这样，认为子从父得存在，但独生子与父的

---

① 彩虹类比的科学部分自然是过时、没有价值的，但一般原则仍然有效，即神学中无法理解的内容类似于可见世界中不可思议的现象。我们不可因为发现自己的思想到了一个极限，再也无法前行，就感到惊异，迷失在思想领域。尽管无限的空间在我们的思维之外，但我们可以生活在一个有限的世界里；尽管我们不能分析或界定上帝，但我们可以信靠三位一体里显现的上帝。

② 《希伯来书》1：3。（这里的“位格”和合本译为“本体”。——中译者注）

存在不可分，没有空间上的间隔，必须始终将被引起者与引起者放在一起思想。使徒谈到“位格（本体）的真像”也与此完全一样，似乎是在解释前因的含义，目的在于通过有形之物引导我们理解无形之物。就如身体完全是有形式的，但身体的定义与形式的定义是不同的，没有人会对两者下同样的定义。然而即使在理论上你可以将形式与身体分开，本性上也不包含这种分别，对两者的理解是不可分的；正如使徒认为即使信仰原理表明位格的不同是明确而清晰的，他的语言也迫使他表明独生子与父的一致性，并且宛如将两者的关系用混凝土黏合起来。他说这话，不是说独生子自身没有位格性存在，而是说子与父的合一性不允许两者之间有任何介入，所以，人若是用心眼认真地凝视独生子的真像，也能感知父的位格，然而他们特有的性质是不会改变的，也不会混合，免得我们把某种生育的原因归于父，某种无生育的原因归于子，相反，如果我们能理解两者不可能分离，不可能单独领会其中一个，因为光是子这个名就暗示了父，那么任何人不可能只说子而不想到父。①

8. 就如主在福音书所说的，人看见了子，就是看见了父；②在此意义上使徒说独生子是他父的位格的真像。为使这个意思更明白，我再引用使徒的另一段话，他把子称为“不能看见之上帝的像”，“他圣善的像”，③不是因为根据不可分和圣善的定义，这形象不同于原型，而是因为尽管有分别，却可以显示出它等同于原型。因为如果不保存这清晰而不变的样子，形象的观念就会消失。因此人若理解形象的美，就能理解原型。同样，人若是心里领会了子的样式，就印刻了父位格的真像，在前者中看见后者，不是在反射中看见父永生的真身（若是这样，就会完全一

---

① 关于所讨论的经文中位格一词的更简单的解释就是，它包含早期的含义，等同于 *ουσια*。参见阿塔那修 *Or. c. Ar.* 3.65，4.33，以及 *Ad. Apos.* 4。

② 《约翰福音》14：9。

③ 保罗书信里没有这个短语，其实新约里根本没有出现 *αγαθοτηϛ* 这个词。“他圣善的像”摘自《所罗门智训》7章26节，被错误地包括在“使徒的话”里。

致，而没有任何分别），而是在受生者中凝视永生者的美。正如人在磨光的镜子里看见反射的样子，视之为原型的直接知识，同样，认识子的，通过对子的认识在心里接受父之位格的真像。因为凡是父的，都在子里显现，凡是子的，也就是父的；整个子都在父里，整个父都在子里。[①]因此可以说，子的位格成为父的知识的样式和外观，父的位格在子的样式中可知，而各自的特性因位格的分别而保持不变。

## 第一百二十五封书信[②]

圣巴西尔口授的关于信心的手抄本，由塞巴斯泰亚主教欧大悌[③]签名认可。

1. 不论是那些心里原本沉迷于异教信条，如今想要转向正统教会的人，还是那些现在第一次渴望获得真道训导的人，都必须接受尼西亚会议的圣教父们起草的信经的教导。同样的训练对所有被怀疑敌视真教义的人，以及那些借着似是而非的巧妙借口使其邪恶观点不为人知的人，都极其有益。这信经对这些人也是必不可少的。他们或许会改正隐藏的谬误，如果他们仍然执迷不悟，继续隐藏错误，那他们自己就将承受不诚实应得的惩罚，到了审判的日子，主要揭开暗中隐情的盖子，“显明人心的意念”[④]，我们也就能更容易地做出说明。因此，接受他们的认罪，这是适当的，不仅因为他们相信我们尼西亚教父提出的信经，也符合那些信经所表述的正确含义。但是有些人甚至歪曲这一信经里的真理之言，篡改它的含义以迎合他们自己的观念。比如马塞路斯（Marcellus），对我们的主耶稣基督的位格表达了不敬的观点，说他只是逻各斯，不是

---

① 参见《约翰福音》14：11。

② 发表于373年。

③ 塞巴斯泰亚的欧大悌是阿里乌争论的布雷（Bray）区代牧，他签署的信经可能比同时代的任何其他著名主教更多。关于他与巴西尔的关系，见第一百三十和二百四十四封书信。

④ 《哥林多前书》1：5。（应为4：5。——中译者注）

别的，[①] 他给本质同一加上某种不当含义，厚颜无耻地声称在那信经里为自己的原则找到了理由。此外，利比亚的撒伯里乌有一些不敬的跟随者，他们认为位格和本体是同一的，从同样的出处为他们渎神的言论确立基础，因为信经里写着“如果有人说子有不同的本体或位格，大公教会和使徒教会就将他咒逐。”但是他们（教父们）并没有说位格和本体是同一的。倘若这两个词表达的是完全相同的意思，那还需要用两个词吗？另一方面，很显然，有些人否认子与父具有同样的本体，有些人则论断子不具有父的本体，而具有另外的位格，因此他们（教父们）抨击这两种观点，视之为异端。当他们提出自己的观点时，他们宣称，子具有父的本体，但他们没有加上“位格”一词。前句表示对错误观点的谴责，后句直接陈述救恩的教条。因此我们必须承认子与父是同一本体，如信经上写的；但父存在于他自己特有的位格中，子在自己的位格中，圣灵也在自己的位格中，如他们在教义中清楚表明的。其实他们在“光的光”的话语中清晰而令人满意地阐明了生出光的光与被生的光是有分别的，但两者都是光，是光与光的关系；所以对本体的界定是完全同一的。[②] 现在我将尼西亚拟定的信经原原本本附录如下。[③]

2. [④]我们信独一的上帝，全能的父，创造有形无形之万物的主［创造天地有形无形之万物的主］。

我们信主耶稣基督，上帝的独生子，为父所生［在万世以前为父所生］。

---

① 据说安塞拉（Ancyra，即安哥拉，Angora）的马塞路斯教导子没有真实的人格（personality），只是父的外在显现（*Πορφορικὸς Λόγος*），但是他可能常常为自己辩护说，他与罗马主教朱利叶斯（Julius）和亚历山大主教阿塔那修是一致的。参见 Jer.，*De Vir. Ill.* chap. 86。

② 参见书信第三十八和第九十二。巴西尔急于表明他的观点与尼西亚信经是一致的，不承认在位格这个词的含义上有任何发展和变化；但是拿 Athan. *c. Afros* 里的一些段落，比如“位格就是本体，只表示存在本身，不表示其他”与圣巴西尔文中的话比较一下，就可以清楚地看出，位格并非始终是在同一个意义上使用的。“三位格”被认为是错误的理解，受到尼西亚会议的谴责，但是阿塔那修（比如“*In illud omnia*”等等，沙夫［Schaff］和威士［Wace］版，p. 90，很可能是在尼西亚会议十年后写的）本人也使用这一短语。而更普遍的做法是把 *ουσία* 与 *ὑπόστασις*等同起来。特别参见公元362年《致安提阿人书》（*Tomus ad Antiochenos*）关于“三位格”或“一位格”的可能用法。

③ 我列出希腊文信经的原文。括号里是根据迦克敦文本翻译的君士坦丁堡版信经。

④ 本信经直接译自希腊文，感谢格伦 · 汤普森教授的帮助。——中译者注

他是父的本体，出于上帝而为上帝［略］，出于光而为光，出于真上帝而为真上帝，受生而非被造，与父同体，天上地上的万物都是借着他造的［略］。

他为要拯救我们世人降临［从天降临］，并［因着圣灵，从童女马利亚］成了肉身，而为人。

［在本丢彼拉多手下，为我们钉于十字架上，］受难，［埋葬］［照圣经的话］第三天复活，升天［坐在父的右边］。

将来必［在荣耀中］再临，审判活人死人；［他的国度永无穷尽］。

我信圣灵，［赐生命的主，从父和子出来，与父子同受敬拜，同受尊荣，他曾借众先知说话。我们信独一圣而公之使徒教会。我们认信使罪得赦的独一洗礼。我们望死人复活和来世的生命。阿们］

大公使徒教会咒逐以下这种人：说"曾有一段时间他不存在"，"他受生之前并不存在"，"他从无中生成"，认为神子有不同的本质或本体，或者是被造的、可变的、不定的。［被咒逐者名单从略］

3. 这里除了一点，其他所有要点都做了准确而令人满意的界定，有些是为了纠正早已讹误百出的观点，有些是为预防可能出现的错谬。然而，关于圣灵的教义只是提及，不需要详述，因为当时会上未提出任何问题，在信徒心中关于这个主题的观点也没有受到任何攻击。但是后来不敬的毒种一点点开始生长，这种子最初由异端卫士阿里乌播下，后来由那些继承他这份有毒遗产的人传播，发育成教会的瘟疫，而不敬的常规发展导致亵渎圣灵。在这些情形下，我们必须把当尽的责任告知那些不怜悯自己的人，我们的主已经对亵渎圣灵的人发出了不可避免的威胁，他们却闭眼不看。他们必须咒逐所有称圣灵为造物的人，所有认为圣灵为造物的人，所有不承认他本性为圣，如同父本性为圣，子本性为圣一样，并拒绝圣灵在神圣本性中的位置的人。我们不将圣灵与父和子分开，这证明我们有健全的心灵，因为我们必定在我们所接受的条款里受洗，必定认信在里面受洗的条款，我们既认信，就将荣耀归于父、子和圣灵，远离所有称圣灵为造物的人，就如远离公然亵渎神圣的人。有一点大家都认为已经解决，但考虑到我们的诽谤者，有必要做出解释。我们不说圣灵是永生的，因为我们承认一位永生者，万物的一个源头，就是我们的主耶稣基督的父；我们也不说圣灵是受生的，因为信仰传统教导我们有一位独生子；我们得知真理的灵是从父源出，所以我们认信他是属上帝的，不是被造的。我们也必须咒逐所有说圣灵是服役的人，[①] 因为他们用这个术语把他贬低到了造物的层次。圣经告诉我们服役的灵就是造物，“他们都是服役的灵、奉差遣……效力”[②]。但鉴于有些人造成普遍混乱，不谨守福音的教义，我们有必要进一步指出，那些把主留给我们的顺序颠倒，把子放在父之前，圣灵放在子之前的人，必须避而远之，他们完全与真教义相对抗。我们从主的那段话领受的顺序，神圣不可侵犯，我们必须一字不改，完全照样地接受：“所以，你们要去，教导万民，奉父、子和圣灵的名给他们施洗。”[③]

我，欧斯泰西乌，主教，向您巴西尔朗读了此信，也听明白了；我同意以上所写。我当着我们的乡村主教福朗图（Fronto）、塞维鲁(Severus）以及其他几位神职人员的面签名认可。

## 第一百八十九封书信[④]

致医生欧斯泰西乌[⑤]。

1. 仁慈博爱是你们当医生的职业常识。在我看来，把你们的医术放

---

① 参见 *De Sp. S.* § 25，p. 17。关于那些认为圣灵只是服役的灵的人，参阅 Athan.，Ad *Serap*. 1。这一新的派别约于 362 年兴起于德耳塔（Delta），最初称为“Tropici”。阿塔那修第三次流放返回后在亚历山大召开的宗教会议声讨了这一派别。

② 《希伯来书》1：14。

③ 《马太福音》28：14。（和合本为“所以，你们要去，使万民作我的门徒……”——中译者注）

④ 写于 374 年或 375 年初。

⑤ 参见第“一百五十一封书信”。这篇教义宣言也见于尼撒的格列高利的作品，但属于巴西尔的可能性更大。参阅 Tillem. *Mem. Ecc*. 9. 678。

在职业生涯的首位就是做出合理而正确的决定。无论如何，如果人最宝贵的财富——生命痛苦不堪，不值得生活下去（身体健康才能好好生活下去），如果我们的健康依赖于你们的医术，那么这样说似乎一点没错。就你本人的例子而言，可以说医学有两手：你不仅将你的医术用于人的身体，还留意治愈他们灵魂上的疾病，从而扩大了公认的慈善界限。我这样写并非只是依据众人的报告，我是被许多次的亲身经历所触动，而目前这样的触动更加深刻，因为我们正处于仇敌的难以言表的邪恶之中，这种邪恶就像有毒的湍流，淹没了我们的生命。你巧妙地疏散了这股毒流，滔滔不绝的安抚话语平息了我心中的怒火。我的仇敌变换各种方式接连不断地攻击我，对此我原想我应当保持沉默，忍受他们的接连攻击，不做任何回击，不试图驳斥以谎言为武器的敌人，那种可怕的武器往往穿透真理本身的心。但是你做得很对，力劝我不要放弃捍卫真理，而要证明我们的诽谤者有罪，免得他们接连不断地说谎，可能导致很多人受伤。

2. 我的对手采取一种意想不到的仇恨态度对待我，似乎在重复古老的伊索寓言。伊索寓言里，狼（在吃羊之前）对羊提出某些指控，似乎对毫无理由地杀死一个对自己没有任何伤害的动物真的感到羞愧；然后当羊轻而易举地反驳这个诽谤者时，狼仍然继续攻击，虽然在公平上失利，在撕咬上却成为赢家。那些似乎把对我的仇恨看做一种美德的人就是如此。他们或许不好意思毫无理由地恨我，因而炮制出借口和控告，完全不遵守自己的论断，时而主张这个，时而提出那个，时而又用其他观点作为他们憎恨的理由。在任何情形中他们的恶意都不一致，一旦这个指控受阻，就依附于另一个，如果还是被挡，就求助于第三个；就算他们的所有指控都被摧毁，他们也不会终止自己的恶意。他们说我传讲三位上帝，喋喋不休地把这样的指控灌输给民众，顽固地强调这样的诽谤，似乎要把它变成真的。然而，真理在我这边战斗，公众场合我向全世界表明，私下里向遇到的人表明，我咒诅每个主张三神论的人，甚至不允许这样的人做基督徒。他们一听到这一点就随手拿撒伯里乌来极力反对我，到处造谣说我的教导受他的错谬影响。我再次拿起我惯用的真理武器为自己辩护，证明我对撒伯里乌主义和犹太教感到同样的战栗。

3. 然后怎样呢？经过所有这些折腾之后，他们是不是疲倦了？是否停下歇息了？根本没有。他们对我造出新的指控，因我认信三位格而谴责我，羞辱我主张一圣善、一权能、一神性。在这一点上他们并没有远离真理，因为我确实是这样论断的。他们指控的缘由在于他们的传统不接受这一点，圣经也不赞成这一点。我怎样回复呢？我认为把他们中流行的传统视为正统教义的律法和规则是不适当的。如果习俗是用来证明何谓正当之事的，那么我当然能够提出这里盛行的习俗来支持我。如果他们拒绝这一点，我们就没有必要跟从他们。因此就让受上帝感动而写的圣经来决定我们之间的是非，决定哪一方的教义是与上帝的话相一致的，真理的选票该投在哪一边。那么指控是什么呢？他们在指控我时同时提出了两点。一方面指责我把位格分离；另一方面指责我在使用与上帝相关的名词时从来不用复数，总是用单数谈论一圣善，如我已经说过的，一权能，一神性，如此等等。关于分离位格，那些主张上帝的本性中有不同本质的人不应当有任何异议和反对观点。因为主张三本质却反对三位格，那显然是不合理的。这样，剩下的指控就是在上帝的本性中使用单数这个问题了。

4. 要对付第二项指控有很多困难。凡是指责那些主张上帝是一的人，必然与所有主张多神的人，或者那些主张无神的人观点一致。想不出还有第三种可能性。受上帝启示而写的圣经不允许我们谈论多神，相反，无论它何时提到上帝，都用单数，比如“神本性一切的丰盛，都有形有体地居住在他里面”① 。再如，“自从造天地以来，上帝的永能和神

---

①《歌罗西书》2：9。

性是明明可知的”[①]。如果说把神复数化是受多神论错误毒害的人的特定标记，而完全否认神就是陷入无神论，那么指控我认信一神还有什么意义可言？不过，他们更清晰地暴露了心怀的鬼胎，即就父来说，承认他是上帝，同样对子也尊之为上帝，但拒不包括圣灵，虽然在上帝的观念里把他与父和子一同考虑。他们承认上帝的权能从父延伸到子，但把圣灵的本性与上帝的荣耀分离。我必须尽我所能驳斥这种观点，对我自己的观点做一简单的说明。

5. 那么我的观点是什么呢？主在向那些要成为他门徒的人传讲拯救之道时，把父、子和圣灵都联合在一起。我认为他们一旦联合在一起，就随时随地永永远远联合在一起。这里完全没有某一方面列在一起，其他方面独立分离的问题。赋予生命的权能使我们的本性从可朽的生命变为不朽的生命，在这种权能中，圣灵的权能与父和子一同得以领会，在良善、圣洁、永恒、智慧、正直、至高无上、效力中。一般而言，在所有具有高尚含义的词汇中，就如在其他许多例子中一样，圣灵都与父和子不可分割地联合在一起。由此我论断，圣灵既然在如此多的高尚而神圣的意义上与父和子联合，就应当主张圣灵永远不可分离。事实上，我完全不知道在描述上帝本性的术语中哪个更好，哪个较差，也无法想象若是认为圣灵不配高贵的术语，而让他分有低级的术语，还能称得上尊敬和正当。关于上帝的所有概念和术语都同样地高贵，因为它们在表述主题的含义上没有不同。我们的思想不会把善的属性归于一个主题，把智慧、大能和公正的属性归于另外的主题，不论你提到什么属性，所表明的事物都完全一样。如果你是指上帝，那么你用其他术语理解的也是指上帝。既然应用于神性的所有术语相对于它们所描述的对象都具有同等的力度，尽管有的强调这一点，有的强调那一点，但全都使我们的理智沉思同一个对象；那么有什么理由在所有其他术语上认可圣灵与父和子

---

① 《罗马书》1：20。

联合，唯独把他与神性分离？我们不可回避，必须确定立场：要么承认这里的联合，要么拒绝任何地方的联合。如果他在其他各个方面都配得上联合，那么在这一方面当然也配得上。如果如我们的对手所指出的，他太微不足道，不能与父和子的神性联合，那么他也不配分有任何一个神圣属性。因为只要仔细考虑术语，彼此比较，借助于每个术语的特定含义，就可以发现它们包含的恰恰就是上帝的称号。甚至许多低级的事物都用这个名称来称呼，这就是对我所说的话的一个明证。不仅如此，圣经甚至毫不犹豫地用这个词称谓完全对立的事物，比如它用“神”(god)来称呼虚无的偶像。“不是那创造天地的神，必从地上从天下被除灭。”[①] 又说：“外邦的神都属虚无。”[②] 当女巫为扫罗招来鬼灵时，经上说她看见了神。[③] 巴兰也是这样，他是个占卜师和预言家，手上有神谕，如圣经所说的，当他凭借自己的非凡才智获得神灵的教导时，圣经说他与上帝商量。[④] 从圣经的许多类似例子可以表明，上帝之名与其他用于神性的词汇相比没有任何非凡的卓越性，因为如已经说过的，我们发现它甚至毫无区别地应用于完全对立的事物。另一方面，我们从圣经得知，圣洁的、不朽坏的、公义的和良善的，这些名称没有哪个地方不加区分地用于不相配的对象。由此可知，如果他们不否认，根据真教义的用法，圣灵在专门用于神性的名称上与子和父相联合，那就没有理由拒不承认圣灵在那个词上也有同样的联合，这个词，如我所表明的，甚至可用来称呼鬼灵和偶像，虽不同义，却可同名。

6. 但是他们主张这个名称阐明了它所应用的对象的本性，而圣灵的本性不是与父和子共同的本性，因此不应当允许圣灵通用这个名称。于是，在他们看来，要通过他们所了解的方式表明本性中的这种差异。如

---

① 《耶利米书》10：11，七十士希腊文译本。
② 《诗篇》96：5。
③ 《撒母耳记上》28：13。
④ 《民数记》22：20。

果真的可能沉思神性本身；如果能通过可见事物发现什么是适合它，什么与它格格不入，那我们就自然不需要语言或者其他符号引导我们去思考所考察的对象了。然而，上帝的本性太高远，根本不能像对待感知对象那样去考察认识，关于超越我们知识之外的事物，我们只能根据大概的证据进行推论。所以我们在考察上帝的本性时必须得到它各种运作的指导。假设我们看到父、子和圣灵的运作是各不相同的，那我们就根据运作的多样性推断运作的本性也是各不相同的。因为本性不同的事物不可能在运行形式上联合；火不会结冰，冰不能取暖；本性不同意味着从本性发出的作为也不同。所以假如我们认识到父、子和圣灵的运作完全一样，任何方面都没有显示出不同或变化，那么，从这种运作的同一中我们必然可以推导出本性的同一。

7. 父、子和圣灵都同样使人成圣、赋予生命、给人启示、使人安慰。福音书里救主对父谈到他的门徒：以你的名使他们成圣，[①] 听了这话之后，谁也不会再把使人成圣的特定而特殊的工作归于圣灵。同样，其他工作也都是父、子和圣灵在一切与之相配的人中同等地成就的：每一种恩典、美德、指导、生命、安慰、变为不朽、进入自由和其他临到人身上的各样好事。不仅如此，甚至超越于我们、与理智思考和感觉感知的造物相关的天意——如果真有可能从我们所知的事物推测存在于我们之上的事物——也不能离开圣灵的运作和权能，每个个体都按各自的地位和需要得到他的相应帮助。没错，超越于我们人性的存在者如何排列，如何管理，不是我们所能认识的，然而任何人都可以根据我们已知的事物看到，得出这样的结论，即圣灵在那些存在者中运行，要比认为他没有管理超世俗之物的结论更加合理。后一种说法是一种没有根据、得不到支持的渎神言论，这样说就是以谬论来证明谬论。相反，承认我们之外的世界也由圣灵，还有父和子管理，就是提出一种得到人类生活

① 参见《约翰福音》17：11、17。

中显见的证据支持的观点。父、子和圣灵在运作上的一致性清楚地表明本性上的统一性。由此可知，即使神性这个名确实表示本性，本质的一致也表明这个名称同样完全适用于圣灵。

8. 然而，令我困惑的是，我们的对手如此聪明，却怎么拿神性这个名来作为证明本性的证据，似乎他们从未曾从圣经里听说本性不是源于设立和任命。有上帝的声音使摩西成为埃及人的上帝，说："我使你在法老面前代替上帝。"① 因此这称呼显明的是某种监管或行为的权威。另一方面，无论我们构想出什么语言，上帝的本性始终是无法解释的，就如我一直教导的那样。我们已经了解，它是仁慈的、公正的、公义的和良善的，如此等等；也得知它有各不相同的运作方式。但是我们无法通过我们对各种运作的认识明白运作者的本性。任何人都可以解释这些名称，说明它们所应用的真正本性，但他会发现对这两者的界定是各不相同的。凡是界定不一致的，本性就是不同的。所以可以看到，本质——关于它没有发现任何解释性的术语——与表示本质的某种运作或荣耀的那些名称的含义之间，有一定的分别。而我们根据术语的一致性推导出的各种运作之间没有任何分别。我们没有找到能证明本性不同的明确证据，因为，就如已经说过的，运作上的同一性表明本性是同一的。如果神性是一种运作的名称，我们说神性是一，因为父、子、圣灵的运作是一；然而，如果如众人所认为的，神性的名称表示本性，那么我们既然没有看到本性的不同，我们也就可以合理地规定，圣三位一体必然具有同一的神性。

## 第二百三十三封书信

致安菲洛奇乌（Amphilochius），对某些问题的回答。

---

① 《出埃及记》7：1。

1. 我确信我亲耳听到了此事，我也明白人类的天性。我该说什么呢？心灵是令人称奇的东西，在其中我们拥有那按造物主的形象所造的。心灵的运作也是妙不可言，在它永久的活动中，它不断地对非存在的事物形成影像，似乎它们是存在的，又不断地直通真理。但根据我们信上帝之人的观点，心灵具有两面性，一方面是恶的，是鬼魔的活动，引诱我们像他们那样背信弃义；另一方面是神圣而良善的，使我们与上帝相像。当心灵独立自存，未受干扰、也未得协助时，它思考的是与自身相称的微小事物。当它屈从于那些欺骗它的人，就丧失正当的判断力，开始关注荒谬的奇思怪想。于是它认为木头不再是木头，而是上帝；看金子不再是钱，而是崇拜的对象。①如果相反，它听从自己神圣的部分，接受圣灵的恩惠，那么就它的本性来说，它能领会神圣者。可以说，生命有三种状态，心灵有三种运作。我们的行为方式如果是恶的，我们的心灵活动也是恶的，比如通奸、偷盗、拜偶像、诽谤、纷争、恼怒、骚乱、虚荣，以及使徒保罗所列举的所有情欲的事。② 或者心灵的活动可以说是中性的，既没有什么可指责的，也没有什么可赞美的，就如我们通常所说的没有情感的机器那样感知，这些机器本性上既不倾向于美德，也不倾向于邪恶。比如，舵手或医生的活动中有什么邪恶可言？这些活动本身也不是什么美德，它们只是根据使用这些技艺的人的意志朝向这个方向或者那个方向。然而，充满圣灵之神性的心灵立时就能看见伟大的目标，它看到上帝的美，尽管只能看到恩典所赐予和它自己本性所接受的程度。

2. 那就请他们抛弃这些逻辑学的问题，去考察真理，不是追求精确，那是有害无益的，而是怀着敬畏。我们心灵的判断力是赐给我们领会真理的，而我们的上帝就是真理。所以我们心灵的最重要功能就是认

---

① 圣巴西尔的话可能指通常意义上对神龛里的金像顶礼膜拜的人，或者指事物的状态，如克拉夫（A. H. Clough）所描述的："除了货币，没有哪种金像是可以顶礼膜拜的。"

② 参见《加拉太书》5：19、20、21。

识一位上帝，但是上帝无比伟大，我们只能通过极小的事物来认识他的至大。当我们抬眼看物，并非所有可见对象都同时进入视线。不可能一眼览尽整个天，我们只能看到某些现象，事实上天上有许多事物——不说所有事物——我们都看不到，比如星辰的本性，它们的大小，它们的距离，它们的运动，它们的联系，它们的间隔，它们的其他情况，天空的真实本质，从凹面深处到凸面高处的距离。然而，没有人会因为天上有许多不知道的事物，就说天是不可见的；我们对它的认识尽管有限，却可以说它是可见的。对上帝也是这样。如果心灵受到恶魔的伤害，它就会犯拜偶像罪，或者转向另外的不敬。但如果它顺服于圣灵的帮助，就会明白真理，就会认识上帝。当然它只能如使徒所说的，有限地认识上帝，而在来生将会认识得更完全。因为“等那完全的来到，这有限的必归于无有了”[①]。因此，心灵的判断力是好的，赐给我们是为了好的目的，那就是认识上帝，当然它也只能尽力而为。

## 第二百三十六封书信[②]

致同一位安菲洛奇乌。

1. 福音书上说我们的主耶稣基督不知道末了的日子和时辰，[③] 对此不断有人提出疑问；相似派（Anomoean）不时提出一种反对观点，破坏独生子的荣耀，表明他在本质上不同于父，在位分上处于次位。因为如果他并非知道一切事，而父借自己的先见和对未来的预知能力，拥有整个宇宙的知识，那他就不可能拥有与父同样的本性，也不能认为他与父拥有同一个样式。现在你明智地把它当做新问题向我提出来。关于这个

① 《哥林多前书》13：10。

② 本书信注明的时间也是376年，进一步讨论《论圣灵》里没有直接提出来的话题：为什么说基督不知道那日子、那时辰；耶利米关于哥尼雅的预言；英克拉泰特人的反对观念；关于命运；洗礼中的显现；φάγος这个词的重音；本质和位格；关于中性的、无对错的事物。

③ 《马可福音》13：32。

问题的回答，我孩提时代就听父辈说过，由于我钟爱美好之物，我全盘接受这样的回答。我可以提供回答，但我不指望它能消除那些反基督之人的无耻，哪里有足够强大的理性推论来对抗他们的攻击？然而它或许能使所有爱主的人信服，他们的信心使他们对主充满确信，这种确信比任何理性证明都更加强大。

这里“没有人”似乎是个一般性的表述，所以它包括所有人，不排除任何一个人，但是它在圣经里的用法不是这样的意思，如我在以下经文里注意到的：“除了上帝一位之外，再没有良善的。”① 因为就是在这段经文里，子这样说也不是为了把自己排除在良善本性之外。不过，由于父是第一善，所以我们相信圣经说“没有人”这几个字蕴含了“第一”的附加词。② 经文“除了父，没有人知道子”③ 也是这样，这里绝不是要指责圣灵无知，只是证明对他自己本性的认识当然首先属于父。因此我们也认为“没有人知道”④ 是将事物的最初知识归于父，包括当下的和将来的，一般性地向人展示第一因。否则，这一经文如何与圣经里的其他证据吻合，或者与我们的共同观念一致？我们相信，独生子是不可见之上帝的形象，这形象不是形体的象，而是神性的形象，属于上帝之本质的伟大性质的形象，权能的形象，智慧的形象，因为基督被称为“上帝的能力，上帝的智慧”⑤。而知道显然是智慧的一部分；如果他有哪一部分不足，就不可能是整体的形象；我们如何能理解父既借着他造出世代，却不向他显明日子和时辰——世代的最小部分？创造宇宙的造物主怎么可能缺乏他所造之事物的最微小部分的知识？他既说当末期近了，这样那样的迹象要在天上、地上显现出来，怎么可能对末日本身

① 《马可福音》10：18。
② 原稿这里有讹误和分歧。
③ 《马太福音》11：27。
④ 《马太福音》24：36。
⑤ 《哥林多前书》1：24。

却一无所知？他说："末期还没有到。"[①] 他似乎是心知肚明地说了确定的话，而不是心存疑惑。然后，没有偏见的探询者很清楚，我们的主以人的角色对人说了很多事，比如，"请给我水喝"[②] 是我们主说的话，表达他身体上的需要，但请求者并不是无灵魂的肉身，而是神性使用赋有灵魂的肉身。[③] 所以，在这个例子里，人若这样理解子的无知——他仍是根据经世计划[④]领受一切，上帝和人的喜爱和智慧一齐增长[⑤]——就不会越出真教义解释的范围。

2. 你应当勤勉地把福音书里的话语一一列出来，把《马太福音》与《马可福音》里的那些话放在一起比较，可以看到唯有这两卷书在这段经文上是一致的。《马太福音》上的话是"那日子、那时辰，没有人知道，连天上的使者也不知道，惟独父知道[⑥]"。《马可福音》里写的是"但那日子、那时辰，没有人知道，连天上的使者也不知道，子也不知道，惟有父知道[⑦]"。这两段话里值得注意的是，《马太福音》没有提到子不知道，但在说"惟独父知道"时所意指的似乎与《马可福音》一致。我认为，"惟独"这个词用来与天使做对照，但子不知道不同于他自己的仆役不知道。

他既说"凡父所有的，都是我的"[⑧]，他不可能说假话，而父所有的其中之一就是关于日子和时辰的知识。在《马太福音》的经文里，主没提到他自己的位格，视之为毫无争议的事，只是说连天使都不知道，唯独父知道，这就不言而喻地指出，他父的知识也就是他自己的知识，因

① 《马太福音》24：6。
② 《约翰福音》4：7。
③ 参见第二百六十一封书信第二节。这里是指阿波利拿里的体系，它否认子有理性灵魂。
④ 即根据道成肉身的经世计划。
⑤ 参见《路加福音》2：52。
⑥ 《马太福音》24：36。修订版在这一段里插入"子也不知道"。巴西尔显然不知道这样的异文。关于教父们对救主的自我限制采纳的一般观点，参见 C. Gore's *Bampton Lectures*（6. p. 163，notes 48、49，p. 267）。
⑦ 《马可福音》13：32。
⑧ 《约翰福音》16：15。

为他曾在别处说过："正如父认识我，我也认识父一样"① ；既然父对子有完全的知识，没有除外的事，他知道他里面的一切知识，那么父也必清楚而完整地为子所认识，为子与生俱来的智慧和对将来之事的知识所认识。我想，这可以作为对《马太福音》里说的"惟独父知道"的一点修饰润色。至于马可的话，他显然把子排除在那知识之外，对此我的观点是这样的。没有人知道，连上帝的使者也不知道；父若是不知道，子也不会知道。也就是说，子知道的原因来自于父。对没有偏见的读者来说，这样的解释没有任何冒犯之处，因为马可没有像马太那样加上"惟独"这个词。因此马可的意思是这样的：对那日子和时辰，没有人知道，上帝的使者也不知道；如果父不知道，那么连子也不会知道，因为他的知识必然是由父赐予的。这样理解子的神性是非常恰当而得体的，因为他在整个智慧和荣耀中看到了自己的知识和存有，这智慧和荣耀就成为他的神性，他从上帝而来，与上帝同一本体。

3. 至于哥尼雅（又名耶哥尼雅，下同），先知耶利米在以下这段话里宣称已经被犹大地抛弃，"哥尼雅就像一个再无用处的器皿，被人轻看；因为他和他的后裔被抛弃，他后裔中再无一人兴起，坐在大卫的宝座上治理犹大"② 。问题一清二楚。耶路撒冷一旦被尼布甲尼撒毁灭，王国也就陨落了，再也没有人像以前那样按世袭继承王位。然而，在那个时候，被废的大卫后裔被掳，正生活在囚禁之中，撒拉铁和所罗巴伯回来之后，至高统治更大程度上取决于百姓，后来由于祭司族与王族混合，主权就转到了祭司支派，因此主在与上帝相关的事上，既是王，又是大祭司。此外，王族一直兴旺，直到基督来临，然而，哥尼雅的后裔不再坐在大卫的宝座上。"宝座"这个词描述的显然是王族的尊贵。你们知道历史，整个犹大地、以土买、摩押、叙利亚的邻区以及远至美索不达米

① 《约翰福音》10：15。
② 《耶利米书》22：28—30，七十士希腊文译本。

亚的更多国家，另一端一直延伸到埃及河的国家，都是大卫的附庸国。如果他的后裔中没有一人继承如此辽阔的主权国家，那么先知的话，即哥尼雅的后裔中再无一人能坐在大卫的宝座上，因为他的后裔中没有人继承这份荣耀，岂不是正确无误的吗？然而，犹大支派没有衰败，直到那命定要来的到来。当然，就是这一位也没有坐在质料性的宝座上。犹大王国落到了亚斯卡洛尼特人安提帕特（Antipater the Ascalonite）之子希律及其子孙手中，当彼拉多做犹大总督，提庇留（Tiberius）做罗马皇帝的时候，犹大王国被分为四个公国。他所说的主端坐的大卫宝座是指不灭的王国。他是外邦众人的指望，[①] 而不是世上极小区域的盼望，如经上写道："到那日，耶西的根立作万民的大旗，外邦人必寻求他。"[②] "我……召你……使你作众民的中保（'中保'原文作'约'），作外邦人的光"[③]，因而上帝仍然是一位祭司，尽管他没有领受犹大的圭，他也是全地上的王。于是雅各的祝福应验了，"地上万国都必"在他里面"得福"[④]，天下万邦都要称基督为有福的。

4. 至于滑稽的英克拉泰特人（Encratites）提出的令人吃惊的问题，我们为何不是什么都吃，我们要这样回答，我们对令人作呕的排泄物避而远之。就尊贵来说，肉于我们如草，但是论到有用与无用的区别，正如在菜蔬里，我们分为有益健康的和无益健康的，同样，在肉上，我们分为好做食物的和不好做食物的。芹叶钩吻是菜蔬，正如秃鹰的肉是肉；但是明智的人除非万不得已，不会吃天仙子，也不会吃狗肉。当然，即使他吃了，也不算犯罪。

5. 接下来是那些主张人类事务由命运主宰的人，不必问我的观点，只用他们自己的修辞之矛就把他们刺中。这个问题太长，要叙述的话，

---

① 《创世记》49：10。
② 《以赛亚书》11：10。
③ 《以赛亚书》42：6；《列王纪下》7：13。
④ 《创世记》22：18。

我目前有点力不从心。至于在洗礼中重生——如果你真的明白浸洗是应验三天这个预表，我不知道你为何还会提出这样的问题。任何人都不可能浸三次而没有起来三次。

我们写的 φάγος重音在倒数第二个音节。①

6. ουσία 与 ὑπόστασις 之间的区别等同于一般与特殊的区别，比如，动物与个别人的区别。因此，就神性来说，我们承认一本质或本体，免得对存在下多重定义，但我们也认信个别的位格，这样，我们的父、子和圣灵的概念就非常清晰，不会混淆。如果我们对各自的特征，即父性、子性和成圣性没有清晰的认识，只是根据一般的存在观念形成我们的上帝观，那么我们不可能对我们的信仰做出正确的阐述。因此我们在认信时必须在共性上加上个性。神性是共同的，父性是个别的。因此我们必须将两者结合起来，说："我信父神。"在认信子时也用同样的方式，我们必须把个性与共性结合起来，说："我信子神"，对圣灵我们也必然遵循同样的称呼，说："圣灵神"②。所以，认信同一的神性就能完美地保存统一性，而认信位格的独特属性就有了每个个体属性中存在的差异性。相反，那些把本质或本体与位格等同的人不得不只承认三位格，而在他们犹豫不决地谈到三位格时，又显示了他们没有避免撒伯里乌的错误，即便是撒伯里乌本人，虽然在许多地方混淆概念，却确实努力区分位格，断言同一个位格可以改变自己的形式，以适应当下的需要。

7. 最后你问，中性的、没有善恶的事物以什么方式安排给我们，是自动产生的某种偶然性带来的，还是出于上帝公义的安排？我的回答是：健康与疾病、富裕与贫穷、荣誉与耻辱，就它们不会给拥有者带来

---

① 阿波利拿里的质疑可能是因为 φαγός，荷马笔下可食用的橡木，重音在最后音节。

② 参见 *Ep*. 8.，§2 和 *Ep*. 159。两者都是他任主教之前写的。参见纳西盎的格列高利 *Or*. 43 前言，其中解释了圣巴西尔把"上帝"这个词用于圣灵的根本原因；无论是公开演讲，还是私下教导，只要不伤害别人，他就从不回避使用这个词，他的观点是众所周知的，但是他力图避免不必要的鲁莽，免得在阿里乌主义者手下招来流放的判决。他在布道书《论信心》(*De Fide*) 里从未使用过，而《论圣灵》(*De Spiritu Sancto*) 虽然竭尽全力地维护这一教义，却巧妙地避开了这个词。

好处而言，都不属于本性上善的事物，但是无论如何，考虑到前者使生活之水流得更轻松，所以在以上这些对立面中，人们总会选择前者，舍弃后者，前者具有某种价值。在某些人，这些事物是上帝赐给他们管理的，[①]比如亚伯拉罕、约伯以及诸如此类的人。对小人物来说，它们是激励他们提升自己的动力。对固守不义的人，通过上帝如此巨大的爱的记号，使他毫无推诿地受到谴责。而贤人既不会在拥有健康时心系健康，也不会在失去之后去寻求；他不是把所赐予的看为私自享用的东西，而是视为明智管理的事物。正常的人谁也不会自寻麻烦地分配别人的财产，除非他想得到世人的赞美，世人对当权者总是既尊敬又嫉妒。

贤人对待疾病就如运动员对待比赛，耐心忍受，期待冠冕。认为这些事是由另外什么人分配的，既不符合真教义，也与常识相悖。

① 在第三十一封书信中，巴西尔在写给撒摩撒他的优西比乌的信开头写道："饥荒还没有结束，所以我们还必须留在城里，不论为了尽管理之职，还是出于对患难者的同情。"

# 译名对照表

Aegean 爱琴海
Aetius 埃提乌
Africanus 阿夫里卡努
Ahaz 亚哈斯
Ambrose 安波罗修
Amphilochius 安菲洛奇乌
Anomoean 相似派
Antioch 安提阿
Antipater the Ascalonite 亚斯卡洛尼特人安提帕特
Apollinarius 阿波利拿里
Aquila 阿奎拉
Araxes 亚拉克斯
Athanasius 阿塔那修
Athenogenes 阿塞诺根尼
Bactrus 巴克图斯
Barses of Edessa 埃得萨的巴尔塞斯
Basilius of Ancyra 安卡拉的巴西利乌
Bithynia 比提尼亚
Caspian sea 里海
Celts 凯尔特人
Choaspes 克亚斯佩
Chremetes 克勒米特海
Clement of Rome 罗马的克莱门特
Constantius 康士坦丢
Cyprus 塞浦路斯
Cyril 西利尔
Darius 大流士
Democritus 德谟克利特
Didymus 狄底模
Dionysius of Rome 罗马的狄奥尼修斯
Empedocles 恩培多克勒
Encratites 英克拉泰特人
Epictetus 爱比克泰德
Epiphanius 伊比芬尼
Ethiopia 古实
Eudoxius 欧多克西乌
Eunomius 欧诺米
Eusebius of Samosata 撒摩撒他的优西比乌
Euxine Sea 优克西尼海
Eustathius of Sebasteia 塞巴斯泰亚的欧大悌
Firmilian 福尔米利安
Fronto 福朗图
Gadiera 迦德拉
Gauls 高卢人
George of Laodicea 老底嘉的乔治
Gregory of Naz. 纳西盎的格列高利
Gregory of Nyssa 尼撒的格列高利

Hellespont 达达尼尔海峡
Herodotus 希罗多德
Hezekiah 希西家
Hippolytus 希坡律陀
Hyrcanian sea 希尔卡尼亚海
Illyricum 伊利里亚
Indus 印度河
Ionian 伊奥尼亚
Irenaeus 爱任纽
Ister 伊斯特尔
Jerome 哲罗姆
Jotham 约坦
Julian calendar 公历
Justinian 查士丁尼
Lacus Asphaltitis 阿斯法提提斯湖
Leucippus 留基波
Macarius 马卡里乌
Manichaeans 摩尼教徒
Manicheism 摩尼教
Marathonians 马拉索纽主义者
Marathonius 马拉索纽
Marcellus 马塞路斯
Marcions 马西昂主义
Marcus Aurelius 马可·奥勒留
Marseilles 马赛
Mauretania 毛里塔尼亚
Mede 玛代人
Meletius 梅勒蒂乌斯
Mesopotamian 美索不达米亚人
Nestorius, Nestorian 聂斯脱利，聂斯脱利主义的
Mount Caucasus 高加索山脉
Nicomedia 尼科美底亚
Nyses 尼塞斯海
Onesimus 阿尼西母
Palus-Maeotis 帕鲁斯—马奥提斯
Paul of Samosata 撒摩撒他的保罗
Pelagius of Laodicea 老底嘉的帕拉纠
Phasis 帕西斯
Philistines 非利士人
Photius 福提乌
Phrygia 弗里吉亚
Plutarch 普鲁塔克
Polycarp 波利卡普
Posidonius 波西多纽
Praxeas 帕克西亚
Propontis 普洛旁提斯海
Ptolemaeus 托勒密
Pyrenees 比利牛斯山脉
Pytheas 皮西亚斯
Rhone 罗讷河
Ripaean mountains 拉佩尔亚山脉
Rufinus 鲁菲努
Sabellianism, Sabellius 撒伯里乌主义，撒伯里乌
Salamis 萨拉米斯
Sardinian 撒丁尼亚
Scythia 西徐亚
Seleucia 塞琉西亚
Serbonian lake 塞波尼斯湖
Sesostris 塞索斯特里人
Severus 塞维鲁
Sicilian 西西里亚
Sidon 西顿
Solon 梭伦
Stoics 斯多葛主义
Strabo 斯特拉博
Symmachus 西马库斯
Tanais 塔奈斯
Tarsus 大数
Tartessus 塔尔泰苏斯
Theodore of Mopsuestia 摩普绥提亚的西奥多
Theodoret 狄奥多勒
Theodotion 狄奥多仙
Theophrastus 西奥弗拉斯图

Tiberius 提庇留
Tychicus 推基古
Tyrrhene 伊特鲁里亚
Uzziah 乌西雅
Valens 瓦伦斯
Valentian 瓦伦廷
Valentini 瓦伦廷主义者
Wordsworth 华兹华斯

# 译 后 记

巴西尔是基督教神学黄金时期（公元4—5世纪）希腊基督教思想家中的杰出人物，是卡帕多西亚教父的领袖。本文集收录了他的两部传世名作《论创世六日》和《论圣灵》以及一些重要书信，均是汉语学界的首次翻译尝试。我深信无论对基督教还是古代晚期西方哲学研究，都会有重要的价值。

本书的翻译得到两位教父学者的帮助。格伦·汤普森（Glen Thompson）教授帮助解决了文中不少希腊文的翻译，克里斯托弗·霍尔（Christopher Hall）教授为我们挑选了七封书信。根据两位学者的意见，注释和导言中的一些法文和希腊文没有译出，因为它们是专为19世纪读者所写。其余部分的注释内容都一一译出。在此向两位学者深表感谢。

本书依 *A Selelct Library of Nicene and Post-Nicene Fathers of the Christian Church*（Second Series），Vol. VIII（T & T CLark，Reprinted 1989）版本翻译。其中《论圣灵》的翻译参考了 St. Basil，*On the Holy Spirit*（St. Vladimir's Seminary Press，2001）；七封书信的翻译参考了 St. Basil，*The Letters*，4 Vols.（English translated by J. Defeerrari，Harvard Unviersity Press，Reprinted 1972）和 St. Basil，*The Letters*，2 Vols.（The Catholic University Press of America Press，1955）。

除特别注明之外，圣经引文均出自和合本。

本书翻译为教育部人文社会科学研究项目："希腊化和古代晚期西方哲学研究"项目之一（项目批准号：08JA720024）。

此外，还要感谢编辑为校订译稿做了不少工作。我所在的工作单位浙江工商大学宽松的学术环境，为我的翻译工作提供了充足的时间。最后，还是要请读者和学者们批评指正，以利于翻译质量的提高。

石敏敏

2008年4月1日